Jacky GIRARDET
Jean-Louis FRÉROT

PANORAMA 3
DE LA LANGUE FRANÇAISE

Méthode de français

CLE
INTERNATIONAL

Cet ouvrage est le fruit d'une large concertation menée grâce à la collaboration d'enseignants et de formateurs du monde entier.

Leurs remarques, observations et suggestions ont été précieuses, qu'elles aient été formulées à l'occasion d'une intervention pédagogique, durant une table ronde ou à l'issue d'une présentation.

Qu'ils en soient ici publiquement remerciés et que veuillent bien nous excuser les très nombreux collègues dont le nom n'a pu être cité.

M. Alanko, S. Andreou, M. Anyfanti, F. Akhamlich, E. Angelmo, J. Aroutiounova, T. Atanassova, M. Attieh, AA. Aubier, E. Baumgarte, G. Bausano, K. Bilicka, A.E. Bolle-Pikaar, M. Boscardin, T. Bonini, M. Broderick, V. Bustamente, J. Cacho, M. Calvo, F. Cambouropôulou, M. Cassio, F. Castelli, O. Cazalis, G. Celoria, E. Ceragioli, V. Cerquetti, J. Charantoni, R. Chavez, G. Chudak, M. Chun-Ming, E. Cognigni-Chelli, E. Conway, D. Cornaviera, S. Courtier, E. Dalekou, V. Delaet, D. de Fazio, E. Del Col, J. Diaz Coralejo, D. D'Oria, L. Faro, C. Fanara, M. Gago, A. Gascon, S. Gavelli, A. Gazepis, J. Geiger, M. Goudkov, A. Greppi, T. Hatzimanoli, A. Haynes, G. Hovart, M. Ikonomou, U. Jackowska, A. Kaniewska, S. Kaoura, M. Karcsics, J. Kazlor, B. Klecana, K. Koslacz, I. Laffont, F. Lancien, L. Lazanaki, C. Lascu, L. Lapoux, E. Lefaible, J. Lembas, Ch. Lessart, E. Liapi, A. Luca, C. Malpartida, A. Marquez, B. Martinez, M. Mednikova, L. Meneendez, E. Miccheli, G. Migdalska, B. Molak, Ch. Montaigu, C. Mouzakis, N. Muskaug, M. Napoli, V. Neto, M. Nicholson, I. Okecka, MM.-Ch. Orsoni, M. Paine, S. Panattoni, M. Panduri, M. Panufnik, G. Paracchini, M. Penamen, K. Poraysua, M.-F. Rallier, A. Recchia, G. Reynard, F. Riehl, M. Rodger, L. Saetta, M. Sala, M. Shipton, K. Skurowska, P. Spantidakis, M. Squarzoni, B. Suter, M. Toupet, T. Takada, M. Tabone, R. Toscano, D. Voumva, M. Wai-Min-Zhiu, S. Wuattier, P. Yianneli, R. Zachariadou, M. Zajac, U. Zecchin, A. Zinopoulou, M. Zlolkowska.

Les auteurs et l'éditeur

AVANT-PROPOS

Ce troisième niveau de la méthode de français langue étrangère PANORAMA s'adresse à des étudiants grands adolescents ou adultes ayant suivi 250 heures de cours. Il vise l'acquisition d'une double compétence : communicative (compréhension et expression orales et écrites) et culturelle (connaissances et comportements).

L'utilisateur y trouvera les mêmes principes pédagogiques qui ont guidé l'apprentissage dans les deux premiers niveaux.

• **La mise en œuvre de deux approches convergentes de la communication** : l'une qui fait découvrir la langue à travers des documents écrits et oraux et qui exploite ensuite ces découvertes à des fins d'expression et de compréhension ; l'autre qui suscite d'abord un besoin de production en lançant les étudiants dans un projet généralement collectif et qui fournit ensuite les moyens linguistiques nécessaires à cette réalisation.
• **La prise en compte des spécificités individuelles d'apprentissage**. Textes et documents oraux de tous types, tableaux de vocabulaire et de grammaire, exercices pour le renforcement des automatismes ou pour l'intonation, activités de production ou de compréhension guidées constituent une gamme variée d'outils grâce auxquels l'étudiant pourra optimaliser son apprentissage.
• **L'imprégnation culturelle permanente**. Chaque exercice, chaque activité s'inscrit dans le vaste panorama des réalités françaises proposé par la méthode.

Afin de satisfaire les attentes particulières des étudiants de niveau III, cet ouvrage propose également :
• **une révision systématique des connaissances**, en particulier, des grands thèmes communicatifs déjà abordés dans les deux premiers niveaux et qui sont ici repris dans des situations moins stéréotypées et avec des moyens linguistiques plus riches.
• **une invitation constante à des productions écrites ou orales** suivies et organisées, préparées par des exercices qui se donnent pour objectifs non plus la phrase mais des développements plus larges.
• **une thématique variée** propre à susciter des confrontations entre les cultures et illustrée par des documents authentiques, brefs et variés.
• **une grande liberté dans l'utilisation de l'ouvrage**. Chacune des 12 unités de PANORAMA III se présente comme une succession de doubles pages autonomes (3 pages pour les projets) visant un objectif unique et explorant un thème particulier. Cette organisation favorise une utilisation souple du livre et permet des anticipations sur la progression. Un index des contenus (p. 156) facilite une utilisation « à la carte » de la méthode.
• **une incitation à l'autonomie**. Dans la réalisation des projets par exemple, la compréhension des consignes et des conseils ainsi que la prise en charge par les étudiants de l'organisation et de la gestion de leur travail importent tout autant que le projet lui-même.

ORGANISATION D'UNE UNITÉ	
INTRODUCTION (2 pages)	Photos nombreuses et textes courts permettant une révision des notions grammaticales qui seront enrichies dans la leçon et une présentation des thèmes qui seront développés.
GRAMMAIRE (2 pages)	Une grande notion grammaticale enrichie et développée à partir d'un thème culturel particulier. Exercices de conceptualisation et de fixation. Nombreuses activités de production de textes.
ÉCRIT (2 pages)	Présentation de textes de formes et d'origines variées (presse, littérature, etc.). Mise en place des stratégies de lecture en relation avec les types de texte. Initiation au discours sur les textes s'appuyant sur un apport culturel.
ORAL (2 pages)	• Situations pratiques mettant en œuvre les principaux actes de communication. Activités d'écoute et jeux de rôles. • Exercices pour l'intonation. • Conversations, débats, simulations à partir de supports variés.
PROJET (3 pages)	Les étudiants sont invités à mener à bien une réalisation concrète (scénario de film, etc.) ou une simulation de la vie quotidienne (parcours d'un demandeur d'emploi, etc.). Exemples et matériaux linguistiques leur sont fournis. Le projet se réalise par étapes et fait alterner des séquences de travail individuelles, en grand groupe et en petits groupes.
FAISONS LE POINT (1 page)	Les principales acquisitions de l'unité reprises dans des exercices, des jeux de rôles, des textes suivis de questions, des jeux.

Pour le professeur et la classe :

CASSETTES AUDIO

Rubrique « Entraînez-vous » des pages « Grammaire ». Dialogue et rubriques « Intonations expressives » des pages « Oral ».

Documents sonores proposés dans l'ensemble des unités. N.B. : Aucun document oral n'est transcrit dans le livre.

LE LIVRE DU PROFESSEUR

LE FICHIER D'ÉVALUATION

LA VIDÉO

Pour l'élève :

LE CAHIER D'EXERCICES

- Exercices d'enrichissement lexical.
- Exercices complémentaires de grammaire.
- Activités d'orthographe.
- Exercices de compréhension de l'écrit.
- Étude de textes littéraires.
- Activités d'expression écrite.
- Préparation au DELF.

UN DOUBLE CD AUDIO ou **DEUX CASSETTES AUDIO**

1 Le poids des mots

▶ *Réfléchir sur l'apprentissage d'une langue étrangère.*

▶ *Nommer, définir, substituer. Se débrouiller dans les situations d'incompréhension. Découvrir l'évolution des langues en France et dans le monde.*

▶ *Découvrir les dictionnaires et la richesse du sens des mots.*

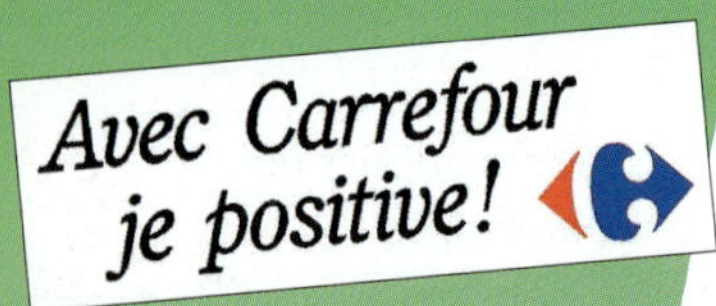

Les mots et les années

Le magazine *Ça m'intéresse* (mars 1996) a élu le « mot-clé » de ces vingt dernières années. Qu'il soit courant, fabriqué ou importé, le « mot de l'année » est représentatif de l'actualité et de l'évolution de la société. Ainsi, les mots phares du début des années 80 témoignent d'une société heureuse et insouciante avec *Glisse* (1983), *Light* (1984) et *Jetable* (1986). En 1987, *Glasnost* montre l'intérêt des Français pour les bouleversements qui se produisent en Union soviétique. Mais bientôt la crise s'installe : *Banlieues* (1989) et *SDF* (1990) ; crise que les Français essaieront d'oublier en se passionnant pour les Jeux olympiques et l'Exposition universelle : *Espagne* (1992), ou en allant voir le film *Les Visiteurs* (*Okkay*, 1993). 1994 *(Politiquement correct)* et 1995 *(Affaires)* seront des années de préoccupation morale. Quant à 1996, elle retrouve son optimisme en surfant sur la vague *Internet*.

Un mot, et tout est sauvé
Un mot, et tout est perdu

André Breton (1896-1966), poète surréaliste.

... Car le mot, qu'on le sache, est un être vivant...
Les mots sont les passants mystérieux de l'âme.

Victor Hugo (1802-1885), poète, romancier, dramaturge.

Tout a été dit. Sans doute. Si les mots n'avaient changé de sens et les sens d'idée.

Jean Paulhan (1884-1968), écrivain.

À LA DÉCOUVERTE DES MOTS D'UNE LANGUE ÉTRANGÈRE

Lorsqu'il était enfant, en Russie, Andreï Makine a appris ses premiers mots de français à travers les récits de sa grand-mère française.

[...] Notre grand-mère nous avait dit un jour en parlant de sa ville natale :

– Oh ! Neuilly à l'époque était un simple village...

Elle nous l'avait dit en français, mais nous, nous ne connaissions que les villages russes. Et le village en Russie est nécessairement un chapelet d'isbas. [...] Au nom de « Neuilly », c'est le village avec ses maisons en bois, son troupeau et son coq qui surgissait tout de suite.

Andreï MAKINE, *Le Testament français,* Mercure de France, 1995.

Hospitalisé en Allemagne et ne connaissant que quelques mots d'allemand, l'écrivain François Cavanna essaie de comprendre ce que les médecins disent à son sujet.

J'ai quand même retenu un mot, qui est revenu un peu trop souvent dans leur conversation si animée : « Blutvergiftung ». Voyons voir. « Blut », c'est le sang. De ça, au moins, je suis sûr. Je retourne dans tous les sens le bric-à-brac qui suit. Je finis par repérer « Gift ». Je connais ça. Ça ressemble à un mot anglais, et justement faut pas confondre. Voyons... « Gift », en anglais, c'est « cadeau ». En allemand, c'est... Ça y est ! « Poison » ! Gift : poison [...].

Attends. « Vergiften », c'est donc faire quelque chose avec du poison. Qu'est-ce qu'on peut faire avec du poison ? Eh, empoisonner, pardi ! Vergiften : empoisonner. Vergiftung : empoisonnement. Blutvergiftung : empoisonnement du sang.

Je me sens pâlir. Empoisonnement du sang ! [...]

Un mot d'autrefois. Aujourd'hui, on ne dit plus comme ça. On dit... On dit « septicémie ». Voilà. Je me tape une septicémie.

CAVANNA, *Les Russkoffs,* Albin Michel, 1978.

Le tout est de
tout dire
et je manque
de mots
Et je manque de
temps et je
manque
d'audace.

Paul ÉLUARD (1895-1952), poète surréaliste.

1. Réflexion sur les mots

a. À partir des documents de cette double page, réfléchissez :

– au sens, à l'emploi et à l'origine des mots ;

– aux difficultés que l'on rencontre quand on apprend une langue étrangère. Confrontez vos expériences et vos méthodes d'apprentissage.

b. Faites en groupe une liste des mots clés qui, pour chacune de ces dix dernières années, ont été représentatifs de l'actualité et de l'évolution de votre pays. Justifiez votre choix.

NOMMER – SUBSTITUER

NOMMER

■ 1. Nommer des personnes ou des choses indéfinies.

• Emploi d'un terme général

Une personne – un homme (un monsieur) – une femme (une dame) – un individu – un être – un type (fam.) – un mec (fam.) – les gens, etc.

Une chose – un objet – un instrument – un truc (fam.) – un machin (fam.), etc.

• Emploi d'un pronom

Pour les personnes : quelqu'un – chacun – autrui – quiconque – on – celui qui... / que, etc.

négation → (ne...) personne (ne...) – nul ne...

Pour les choses : quelque chose – ce qui... (que...)

négation → (ne...) rien (ne...)

■ 2. Nommer les actions ou les qualités.

Pour parler d'une action (verbe) ou d'une qualité (adjectif) :

• Transformez le verbe ou l'adjectif en nom (quand c'est possible).

• Utilisez l'expression « *le fait de* + infinitif » ou « *le fait que* + subjonctif ».

Jacques a gagné au Loto. Le fait d'avoir gagné n'a pas changé ses habitudes (Le fait qu'il ait gagné...).

• L'infinitif peut aussi avoir une valeur de nom.

« Partir, c'est mourir un peu » (proverbe).

1 PROVERBES

Reformulez les mots en italique. Imaginez des situations où l'on peut employer ces proverbes.

- *Nul* n'est censé ignorer la loi.
- *Quiconque* est coupable sera puni.
- Ne fais pas à *autrui ce que* tu ne voudrais pas qu'on te fasse à toi-même !
- *Chacun* pour soi et Dieu pour tous.
- *Rien ne* sert de courir, il faut partir à point.
- *Vouloir* c'est pouvoir.
- Fais *ce que* tu dois. Advienne *que* pourra.

2 NOMINALISATIONS

Transformez les mots en italique pour en faire les sujets des phrases incomplètes.

Histoire de la langue française.

• Au IIe siècle avant J.-C., les Romains *ont occupé* la Gaule (territoire de la France actuelle). ... a duré plusieurs siècles et la langue gauloise *a disparu*. ... s'est faite au profit du latin.

• Jusqu'à la fin du Moyen-Âge, la France est restée un pays *sans unité*, *fragile* et *politiquement instable*. ..., ..., ... ont permis à plusieurs peuples d'*envahir* le territoire français. ... des Germains, des Scandinaves et des Arabes ont laissé des traces dans la langue.

• À partir du XVIe siècle, les Français voyagent et *sont en contact avec de nombreuses cultures*. ... leur fait découvrir des choses nouvelles (le chocolat ou le café par exemple). Les noms qui désignent ces choses sont tout naturellement *empruntés* à la langue du pays d'origine. ... aux langues d'Europe, d'Amérique ou d'Asie, viennent ainsi enrichir la langue française.

Les Serments de Strasbourg *(842), premier texte connu en vieux français.*

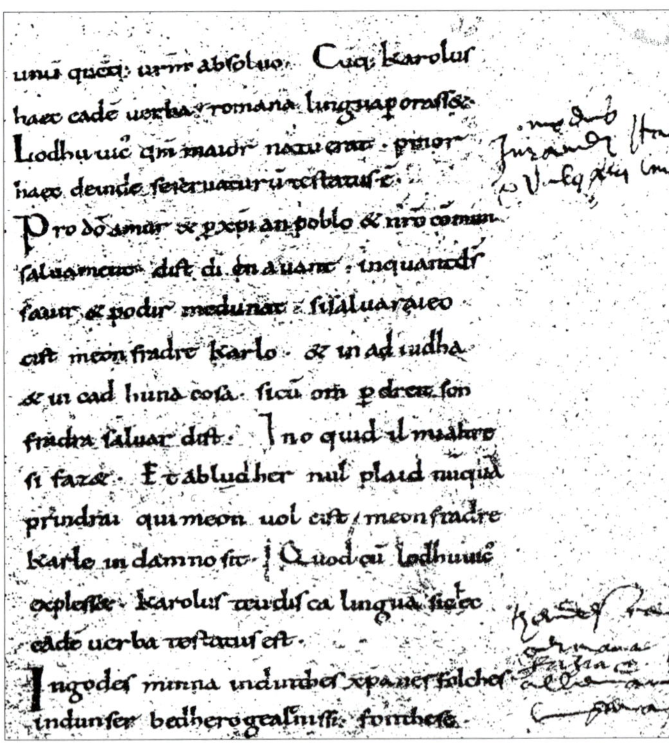

SUBSTITUER

Pour éviter la répétition d'un nom, on utilise :

a. un autre nom plus général : M. Lambert – cet homme – ce professeur, etc.

b. un pronom personnel

c. un pronom démonstratif (quand on montre ou qu'on fait référence). *(Voir p. 82).*

d. un pronom possessif (quand il y a une idée de possession).

e. un pronom indéfini (quand on fait référence à une partie d'un ensemble) :

- L'un... l'autre (un autre) – les uns... les autres (d'autres).
- La plupart – beaucoup – plusieurs – certain(e)s – quelques-uns(e)s – peu – tout (tous, toute, toutes) (quand on veut insister sur la totalité).

négation → (ne...) aucun(e) (ne...) – (ne...) pas un(e) (ne...).

3 RÉVISION DES PRONOMS PERSONNELS

a. Complétez le texte ci-dessous.

b. Faites un tableau des pronoms personnels en tenant compte :

• ***de la construction du verbe*** (sans préposition, avec la préposition « à », avec la préposition « de », avec les autres prépositions);

• ***du type de mot remplacé*** (personnes ou choses).

Conversations à propos du prénom d'un futur bébé.

Léa : Alors, cette fille, comment vas-tu ... appeler ? Quel prénom vas-tu ... donner ? Tu ... as réfléchi ? Ce sera quoi : Mathilde ? Clara ?

Myriam : Ce sont des prénoms trop à la mode. Nous voulons ... éviter. Nos deux premiers enfants ont des prénoms très classiques. Nous ... regrettons un peu. Que penses-tu de Faustine ?

Léa : C'est très original ça. Des Faustine on n'... trouve pas beaucoup. Et ça plaît à tes parents ?

Myriam : Ça, je m'... moque. L'essentiel, c'est que ça ... plaise à ... .

Léa : Et ton mari, qu'est-ce qu'il ... pense ?

Myriam : C'est ... qui ... a trouvé.

4 SUBSTITUTION PAR UN PRONOM INDÉFINI

À partir des indications suivantes, rédigez un texte de quelques lignes sur l'origine des mots français. Utilisez les pronoms indéfinis.

« Les mots de la langue française ont diverses origines. La plupart ...

ORIGINE DES MOTS FRANÇAIS	
Latin :	86,5 %
Langues germaniques :	1,5 %
Langues scandinaves :	0,1 %
Gaulois :	0,1 %
Arabe :	0,1 %
Emprunts :	11,7 %

• Origine des emprunts :

anglais (nombreux au XVIIIe siècle et depuis 1945), *espagnol et portugais* (quelques termes militaires ou littéraires et noms de produits exotiques), *grec* (formation du vocabulaire scientifique), *italien* (nombreux à partir du XVIe siècle).

Entraînez vous

1. Pronoms personnels remplaçant des personnes.

Une amie vous pose des questions à propos des personnes que vous avez rencontrées dans une soirée. Répondez en utilisant les indications suivantes.

1. Oui, ... – 2. Non, ... – 3. ... très sympathique – 4. Non, ... – 5. Oui, ... – 6. Non ... – 7. Si, ... – 8. Oui, ...

2. Pronoms remplaçant des choses.

Vous deviez acheter une maison. Un ami vous interroge. Répondez en utilisant les indications suivantes.

1. Oui, ... – 2. Non, ... – 3. Oui, ... – 4. ... dix – 5. Oui, ... – 6. Oui, ... – 7. Oui, ... – 8. Oui, ...

CES CULTURES QUI MEURENT COMME DES ÉTOILES

Le constat est brutal : sur les quelque 6 000 langues parlées dans le monde, près de 2 000 sont en danger à court terme. Or, la mort d'un idiome, cela signifie la disparition d'un mode de pensée. Des scientifiques cherchent à comprendre la diversité linguistique. Et comment la préserver.

Près d'un tiers des langues du monde sont aujourd'hui parlées par moins d'un millier de personnes et courent donc un risque immédiat. Mais les linguistes craignent que des langues regroupant des centaines de milliers de locuteurs ne succombent bientôt, elles aussi, à la pression des « grandes » langues de prestige. Au mieux, seules 600 des langues connues peuvent être décrites comme « hors de danger », estime Michael Krauss, linguiste à l'université d'Alaska, à Fairbanks. Une langue menacée d'extinction se repère facilement, dit-il, les parents cessent de l'enseigner à leurs enfants, et les enfants ne veulent plus l'apprendre. Toujours selon Krauss, 2 des 20 langues indigènes d'Alaska sont encore apprises par les enfants. Dans une ou deux générations, les autres, qui ont servi de moyen de communication pendant des siècles, disparaîtront à jamais. Dans les deux Amériques, plus de 100 langues sont aujourd'hui sur la liste des cas critiques, chacune comptant moins de 300 locuteurs.

Pourtant, tout le monde ne déplore pas cette perte de la multiplicité. Le géant des médias Rupert Murdoch, par exemple, affirme que l'homogénéisation de la langue est une force pour l'harmonie mondiale et la rentabilité économique. Prenons le cas de l'Inde. « Avec l'arrivée des médias électroniques, l'hindi se répand enfin parce que tout le monde veut regarder les meilleurs programmes de télévision », déclarait Murdoch l'an dernier. La même chose pourrait se produire en Chine, la télévision par satellite diffusant en mandarin dans tout le pays. « Dans chaque cas, nos réseaux contribueront non seulement à la prospérité, mais aussi à l'ordre et finalement à la paix », ajoutait-il.

Gail Vines, *New Scientist*, Londres, *Courrier international*, février 1996.

Au Zaïre, on compte plus de 400 langues ou dialectes. Le français (langue officielle et langue d'enseignement) est en compétition avec le lingala (langue d'une des régions) comme langue de communication nationale.

Au Japon, dans l'île d'Hokkaido existe une minorité ethnique : les Aïnous (23 000 personnes). Mais on compte seulement une centaine de personnes capables de parler ou de comprendre la langue aïnou. Récemment, un mouvement a été créé pour la défense et l'identité de cette culture.

Dans certains pays comme la Belgique, le Canada ou l'Espagne, la cohabitation de deux langues pose quelquefois des problèmes.

1 HYPOTHÈSES

a. Lisez le titre de l'article de la page 8. Imaginez différents sujets d'articles portant ce titre.

b. Lisez l'introduction. Faites une liste des informations et des arguments que l'on peut s'attendre à trouver dans l'article.

c. Lisez la première phrase de chaque paragraphe de l'extrait. Imaginez le contenu de chaque paragraphe.

2 LECTURE ET COMPRÉHENSION DU TEXTE

- *1er paragraphe : relevez les informations apportées.*
- *2e paragraphe : faites la liste des arguments de Ruppert Murdoch.*

3 DÉBATS ET ARGUMENTS

Recherchez des arguments pour ou contre les idées de R. Murdoch.

Choisissez une situation précise. Aidez-vous du vocabulaire du tableau ci-dessous.

LE DANGER – LA MORT – LA SURVIE

- ***Le danger*** : être en danger / hors de danger.
- ***Le risque*** : risquer sa vie – risquer de + *infinitif* – s'exposer (à...) – prendre des risques – courir un risque – faire quelque chose « à ses risques et périls ».
Être menacé – être dans une situation critique, risquée.
- ***Mourir*** : succomber – s'éteindre (une extinction) – disparaître – décéder (personnes).
- ***Sauver*** (le salut) : préserver – secourir (se porter au secours de...).
- ***Survivre*** (la survie – une survivance) : se conserver – se perpétuer – subsister.
- ***Renaître*** (une renaissance) : revivre – réapparaître (une réapparition).
- ***Se développer*** : progresser – s'étendre – s'épanouir / décliner.

L'UNIFICATION LINGUISTIQUE DE LA FRANCE

Au Moyen Âge, la France est politiquement et linguistiquement un puzzle de petites seigneuries plus ou moins liées entre elles mais deux grands ensembles linguistiques existent :

– dans la moitié nord, les pays de *langue d'oïl* qui ont subi l'influence germanique ;

– dans la moitié sud, les pays de *langue d'oc* qui sont restés davantage attachés au latin (« oïl » et « oc » sont les deux façons de dire « oui »).

Cette diversité, qui subsistera dans les parlers régionaux jusqu'au milieu du XXe siècle, va disparaître progressivement.

Au XVIe siècle, le français de l'Île-de-France est déclaré langue officielle.

Napoléon Ier brise l'unité des provinces qu'il divise en départements.

En 1881, la IIIe République crée une école obligatoire, laïque, gratuite. Le français est l'unique langue d'enseignement.

Au XXe siècle, la centralisation politique, économique et médiatique achèvera l'unification.

Aujourd'hui, les accents et les expressions régionales sont des survivances de l'ancienne diversité.

Certains, par nostalgie ou par militantisme politique, essaient de faire revivre les langues régionales.

4 LA SITUATION LINGUISTIQUE EN FRANCE

a. Quelles sont les étapes de l'unification linguistique de la France ?

b. D'après vous, cette évolution a-t-elle été une chose positive ou négative ?

c. Comparez avec l'évolution linguistique dans votre pays.

Au Pays basque, traditions et langue basque se maintiennent.

LA SIGNIFICATION

SITUATIONS PRATIQUES

INCOMPRÉHENSION ET EXPLICATIONS

• *Incompréhension*

Comment ? Pardon ? Quoi ? Hein ?

Qu'est-ce que vous voulez dire ? – Qu'est-ce que vous entendez par là ? – Je n'ai pas bien compris – Vous pouvez préciser, être plus clair, reprendre votre explication.

• *Interprétation*

Un malentendu – un quiproquo – une ambiguïté (ambigu).

Un sous-entendu – Qu'est-ce que vous sous-entendez, insinuez ? – À quoi vous faites allusion ?

Être clair, précis / confus, compliqué, embrouillé (s'embrouiller).

• *Explication*

Je veux dire que... – Ce que je veux dire, c'est que... – Je m'explique... – Pour être précis, clair... – Pour parler franchement...

Vous comprenez mal, de travers – Vous confondez – Ce n'est pas ce que je voulais dire – Vous déformez mes propos (ma pensée) – Ne prenez pas ce que je dis au pied de la lettre.

DÉFINIR UN MOT

• Ça signifie... – Ça veut dire...

C'est le synonyme / le contraire de...

C'est l'action de..., le fait de...

• Ça ressemble à... – C'est comme un(e)... – C'est une sorte de..., une espèce de...

• C'est une personne / un objet qui fait partie de..., qui appartient à...

• C'est quelque chose qui comporte..., qui contient..., qui sert à..., qui est utilisé pour..., avec lequel on fait...

(Voir les constructions relatives p. 42.)

1 INCOMPRÉHENSION

Écoutez ces trois scènes. Dans chacune d'elles, l'un des personnages demande des explications.

a. Relevez les mots qui posent des problèmes.

b. Notez les formules qui permettent d'exprimer l'incompréhension et celles qui permettent d'éclairer la compréhension.

2 ITINÉRAIRE
UNE EXPLICATION EMBROUILLÉE

Marie est en voiture et demande à un passant où se trouve le garage Peugeot.

a. Retrouvez l'itinéraire qu'elle doit suivre.

b. Notez : – ce qui rend l'explication du passant compliquée;
– comment Marie essaie d'aider son interlocuteur.

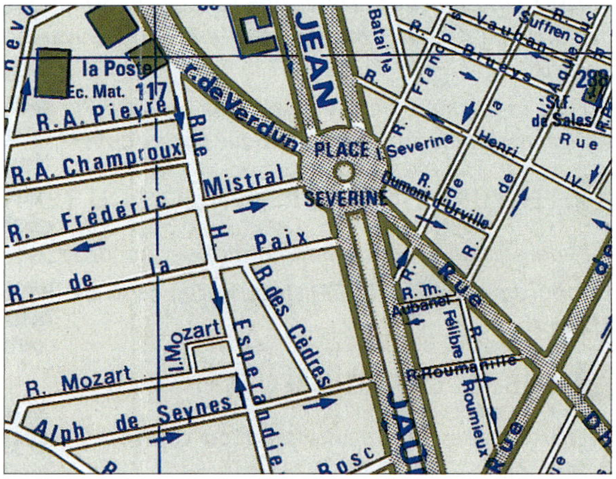

3 JEU DE RÔLES. UN MOT DE TROP

Il arrive qu'on prononce un mot de trop et qu'on doive longuement s'en expliquer.

Imaginez et jouez une de ces situations.

• Ils font des projets de week-end.

• Il faut faire attention à ce que l'on dit.

Incompréhension et explication

Intonation expressive

1. Écoutez ces courtes scènes où quelqu'un reprend la parole.
• Justifiez l'intonation par la situation.
Exemple : (1) Il veut apporter une information complémentaire.

2. Répétez les phrases qui permettent de reprendre la parole.

DÉBAT

4 LA GUERRE DES MOTS

a. Lisez le texte « Quand le franglais devient hors la loi ». Notez les informations qu'il apporte et les problèmes qu'il soulève.

b. Écoutez l'opinion de quelques Français sur ce sujet.

c. Lisez l'opinion d'Umberto Eco (écrivain et linguiste italien).

d. Organisez un débat sur ce sujet en petits groupes.

e. Résumez les conclusions de votre débat dans une lettre adressée au Commissariat général à la langue française.

L'ÉVÉNEMENT DU JEUDI : Les autorités françaises luttent contre la prépondérance de l'anglais. Qu'en pensez-vous ?

Umberto Eco : Mais c'est un fait ! Les États-Unis sont la première puissance du monde. L'Asie a accepté l'anglais. Même les Chinois... On ne peut pas le nier, ni le combattre. Dans de nombreux domaines, il faut savoir l'anglais. Ce n'est pas si terrible. Un jour, peut-être, il faudra savoir le japonais ! Nous avons déjà échappé au russe...

J'ai dû décider d'écrire certains articles scientifiques directement en anglais. Si je les avais écrits en italien, il aurait fallu compter avec le temps de traduction et de publication, et ils seraient venus trop tard. C'est peut-être regrettable mais c'est ainsi. Il faut dépasser les questions locales, et voir le panorama mondial, qui est irréfutable.

L'Événement du jeudi, octobre 1994.

QUAND LE FRANGLAIS DEVIENT HORS LA LOI

Depuis 1945, les Français utilisent de plus en plus de mots d'origine anglaise. Certains trouvent cela normal. D'autres s'en inquiètent. Pour lutter contre le « franglais », le gouvernement a créé le Commissariat général à la langue française et a fait voter plusieurs lois.

En décembre 1975, la loi Bas-Lauriol est votée. Son but : protéger le consommateur, contrer la position dominante de l'anglais dans le domaine des affaires et du travail.

Dans leur magnanimité, les législateurs acceptent certains termes étrangers : spaghetti, couscous, chorizo, salami, gorgonzola et même sandwich. Mais comment les traduire autrement ?

Cela n'empêche pas le *Petit Robert*, vénérable dictionnaire, de définir tranquillement une personne « sexy » comme « ayant du sex-appeal ». Où va-t-on ? Pour l'académicien Jean Dutourd, auteur de *Au bon beurre*, les limites sont dépassées. En 1985, il lance un plan de sauvegarde de la langue française. Parce que, dit-il, même les boutiques parisiennes portent à leur enseigne des formules qui ont le genre américain, mais qui ne sont d'aucune langue.

Entre autres monstruosités, il cite le cas d'un petit restaurant parisien, baptisé « Tart Inn ». « On imagine, commente l'académicien, la satisfaction du patron. En accouchant de ce calembour bilingue, il suggère qu'il triomphe dans la tarte aux pommes. L'inconvénient est qu'en anglais *tart* veut dire prostituée, *inn* signifiant *auberge*.»[...]

En 1989, la chasse au franglais s'intensifie. Le ministère de l'Économie publie une nouvelle liste des termes anglais qui doivent être bannis. Ainsi, le « raider » qui convoite une entreprise en bourse doit obligatoirement être un « attaquant ». Le « traveller's cheque » cède la place au chèque de voyage.

Modes et Travaux, octobre 1994.

Un dictionnaire personnel et original

Tout au long des pages 12, 13 et 14, vous réaliserez UN OU PLUSIEURS ARTICLES D'UN DICTIONNAIRE à la fois linguistique, personnel, fantaisiste et imaginaire. Les activités d'écriture proposées pourront se faire individuellement ou en petit groupe, sur un seul mot ou sur plusieurs mots.

Âge (aʒ) **n.m.** (XVIIe siècle, *eage* 1080 ; *aage* jusqu'au XVIe ; lat. pop. *œtaticum*, class. *œtas œtatis*) ♦ **1.** Vx (sauf dans certaines expressions). Vie humaine considérée dans sa durée. *À la fleur de l'âge*, en pleine jeunesse. *Il est dans la force de l'âge*, au moment où l'on atteint la plénitude de ses moyens. ♦ **2.** Temps écoulé depuis qu'un homme est en vie. « *Une femme n'a que l'âge qu'elle paraît avoir* » (Balzac). *Il paraît, il ne porte pas son âge*, on ne lui donne pas son âge. *Un homme qui n'a pas d'âge*, dont on ne peut en le voyant dire l'âge qu'il a. *Limite d'âge*, âge au-delà duquel on ne peut se présenter à un examen ou exercer une fonction. *Âge mental*, âge qui correspond au degré du développement intellectuel (mesuré par des tests). *Âge de raison*, l'âge auquel on considère qu'un enfant a l'essentiel de la raison (environ 7 ans). *Avoir passé l'âge.* ♦ **3.** Période de la vie. « *Chaque âge a ses plaisirs, son esprit et ses mœurs* » (Boileau). *Le premier âge*, l'enfance. *L'âge ingrat*, l'adolescence. *Le jeune, le bel âge. L'âge mûr*, la maturité. *Le troisième âge*, l'âge de la retraite (euphémisme pour vieillesse). *Le quatrième âge*, la vieillesse au-delà de 75 ans. *Un homme entre deux âges*, entre la maturité et la vieillesse. ♦ **4.** Période de l'histoire. Fig. : l'*âge d'or*, période prospère favorable. *Il faut être de son âge*, de son temps. *D'âge en âge*, de siècle en siècle. Grande période de la Préhistoire. *Âge de la pierre. L'âge du bronze. L'âge du renne.*

D'après le *Petit Robert*.

Michel Leiris, Amour.

1. Le dictionnaire des linguistes

a. En lisant, ci-contre, l'article Âge du dictionnaire de langue le *Petit Robert*, relevez :

- l'étymologie du mot ;
- les différentes orthographes du mot au cours des siècles ;
- les différents sens du mot ;
- les citations littéraires ;
- les différentes expressions construites avec ce mot.

Notez les expressions qui ne se traduisent pas littéralement dans votre langue.

b. Lisez le poème *Point critique*, p. 13. Ce poème a été composé à partir des différents emplois du mot « point » relevés dans un dictionnaire.

- **Donnez le sens de tous les emplois du mot « point ».**
- **Relevez deux cas où « point » a le même sens que « pas » négatif.**
- **Imaginez une interprétation du texte.**

c. À partir des différents emplois du mot « âge », rédigez un texte humoristique (poème ou prose) que vous pourriez dire à l'occasion de l'anniversaire d'un parent ou d'un ami.

d. Selon le même procédé, commencez la rédaction de votre « Dictionnaire personnel et original » en travaillant sur un mot que vous aimez.

P O I N T   C R I T I Q U E

Un point noir à l'horizon !
Point d'exclamation !
Est-ce un point chaud ?
Point d'interrogation.
Il faut faire le point
et mettre au point
les divers points de notre stratégie,
point par point.
Nos points forts : sommes-nous au point ?
Jusqu'à quel point ?
Nos points faibles : sommes-nous au point mort
et à ce point, mal en point ?
Point du tout.
Alors,
si le point noir à l'horizon
est sur le point d'attaquer
au point du jour,
nous marquerons des points.
Mais sur ce point,
point de précipitation.
Tout vient à point qui sait attendre.
Points de suspension ...

2. Le dictionnaire fantaisiste

a. Lisez l'article « Vélo » du dictionnaire fantaisiste de Pierre Desproges. Notez le moment où l'article passe du sérieux à l'humour.

Relevez ce qui fait l'humour de ce texte :

– les fausses informations ;
– les informations insolites ;
– les changements de style.

b. Imitez l'esprit de Pierre Desproges pour continuer l'article que vous avez commencé en 1.d ou pour rédiger un article fantaisiste sur un autre mot.

Vélo n.m. abrév. de vélocipède, du latin *velox*, rapide, et *pes, pedis,* pied. Véhicule à deux roues dont la roue arrière est actionnée par un système de pédales agissant sur une chaîne. Une erreur courante consiste à penser que le vélo est le mari de la bicyclette. C'est faux. C'est son amant.

À l'origine, le vélocipède était formé de deux roues de diamètres différents : la grande roue à l'avant, la petite à l'arrière, parce que si Jean-Sébastien Vélocipède, l'inventeur, avait fait le contraire, il se serait cassé la gueule[1] à peine hissé[2] sur sa selle.

Dix ans après l'invention du vélo, le jeune Paul-Émile Bicyclette commet une erreur invraisemblable à la chaîne[3] : il assemble deux grandes roues sur la même machine, et deux petites sur une autre, créant ainsi, tout à fait par hasard, ces deux grands chefs-d'œuvre du génie humain : le grand vélo et le petit vélo. D'où l'expression désormais courante : « avoir un petit vélo » qui désigne le plus souvent les gens qui se mélangent les pédales[4].

Pierre Desproges, *Dictionnaire superflu à l'usage de l'élite et des bien nantis,* Le Seuil, 1985.

---

1. faire une chute (fam.) • **2.** monté • **3.** il s'agit d'une chaîne de montage dans une usine • **4.** avoir l'esprit confus.

3. Le dictionnaire des idées reçues

C'est un genre très apprécié en France depuis Flaubert. À propos de chaque mot on note les idées reçues (idées à la mode, banalités de la conversation) et les associations de mots à la mode.

a. Lisez et expliquez les définitions du dictionnaire d'Alain Schifres.

b. Notez une ou plusieurs idées reçues à propos du mot que vous avez déjà choisi pour votre dictionnaire personnel.

> ***Amitié***
> Est-elle possible entre un homme et une femme ?
> ***Café***
> Il est faux qu'il empêche de dormir ; en tout cas pas à cette heure-ci.
> ***Chat***
> L'ami des écrivains. On ne peut pas dresser un chat. Animal magique, surtout l'égyptien.
> ***Discipline***
> Toujours précédée de l'ordre (« Dans l'ordre et la discipline ») ou suivie de républicaine (« La discipline républicaine »).
> ***Enseignement***
> Il doit s'ouvrir à l'entreprise (refrain du patronat). Nul ne parle, en revanche, de la nécessité d'adapter les patrons à l'entreprise.
> ***Garagistes***
> Tous des voleurs (voir assureurs et banquiers).
>
> Alain SCHIFRES, *Les Hexagons*, Robert Laffont, 1994.

4. Le dictionnaire des souvenirs

Comme Georges Perec (article « Rue »), notez toutes les images qui vous viennent à l'esprit à propos du mot que vous avez choisi.

> **RUE**
> Les rues de la ville sont pleines d'automobiles. Une ménagère enturbannée bat un tapis à sa fenêtre. Dans des jardinets de banlieue, des dizaines de pépiniéristes émondent des arbres fruitiers. Un détachement militaire présente les armes tandis qu'un officiel ceint d'une écharpe tricolore inaugure en la dévoilant la statue d'un général.
>
> Georges PEREC, *Espèces d'espaces*, Galilée, 1974.

LA CRAVATE
DOU
LOU
REUSE
QUE TU
PORTES
ET QUI T'
ORNE O CI
VILISÉ
OTE- TU VEUX
LA BIEN
SI RESPI
RER

5. Créations de mots

Alain Finkielkraut s'est amusé à créer des mots nouveaux en combinant deux mots :

Camenbour = Camembert + Calembour (jeu de mots).

a. Recherchez les deux mots qui sont à l'origine des créations de mots ci-dessous et appréciez les définitions.

b. Imitez ce procédé à partir du mot que vous avez choisi.

> *Camembour* : style de blagues qu'on aime bien faire entre la poire et le fromage.
> *Emirage* : cheikh sans provision.
> *Fliction* : histoire policière.
> *Néofrite* : personne qui se rend en Belgique pour la première fois.
> *Pédarogue* : professeur aigri par l'indifférence de ses classes.
> *Toutriste* : voyageur parti à l'aventure, et auquel il n'est absolument rien arrivé.
>
> Alain FINKIELKRAUT, *Petit Dictionnaire illustré*, Le Seuil, 1981.

6. Illustration de l'article

Inspirez-vous des procédés d'illustration présentés dans les pages 12 à 14.

1 SUBSTITUTION

Complétez avec un pronom personnel.

Agnès va ouvrir un magasin de confiserie (bonbons et autres sucreries).

– Alors ce magasin, tu ... ouvres bientôt ?

– Dans quinze jours.

– Et tu ... as trouvé un nom ?

– Je vais ... appeler « Cookies ».

– Tu ne peux pas utiliser de mots anglais. La loi ... interdit. Tu ... as pensé ?

– Je m' ... moque. Beaucoup de commerçants ... ont déjà utilisé. On ne ... a rien dit.

– Parce qu'on ne ... a pas encore contrôlés. Mais il paraît qu'ils commencent à ... faire. Fais ... attention.

L'émission télévisée « Questions pour un champion ».

2 PRONOMS INDÉFINIS

a. ***Pronoms servant à nommer les personnes et les choses indéfinies. Reformulez les phrases ci-dessous en remplaçant les mots en italique par :***

autrui – chacun – nul – quiconque – rien.

Leçon de morale à l'école.

- *Tous les élèves* qui bavardent seront punis.
- Il ne faut pas voler les biens *des autres.*
- *Personne* ne peut ignorer le règlement.
- *Vous* devez aider les autres.
- Le mensonge est la pire *des choses.*

SONDAGE SUR LA DÉFENSE DE LA LANGUE FRANÇAISE	OUI	NON
1. Pensez-vous que la langue française doive être défendue ?	80 %	20 %
2. Êtes-vous contre l'utilisation de mots anglais ?	15 %	85 %
3. Dites-vous « un baladeur » au lieu de « walkman » ?	3 %	97 %
4. Dites-vous « resto-vite » ou « prêt-à-manger » ?	0 %	100 %
5. Quelle est la meilleure façon de défendre la langue française ?		
• interdire les mots étrangers	10 %	
• diffuser le français à l'étranger	20 %	
• avoir une bonne image à l'étranger	30 %	
• être compétitif dans les domaines économiques et culturels	40 %	

b. ***Pronoms indéfinis de substitution (idée de répartition et de quantité). Rédigez un bref commentaire du sondage sur la défense de la langue française, en utilisant des pronoms indéfinis.***

3 DANGER, MORT, SURVIE

Vous êtes responsable d'un groupe folklorique (danse, musique, contes, etc.) et vous présentez les buts de votre action.

• *Rédigez un texte de quelques lignes en employant les verbes suivants :*

courir le risque de ... – s'éteindre – (se) perpétuer – renaître – préserver.

4 DÉFINITION

Jouez au jeu télévisé « Questions pour un champion ». Faites trouver des mots d'après plusieurs définitions.

a. ***Choisissez un mot (nom de chose, d'animal, de personne, etc.) et rédigez huit définitions de ce mot en commençant par une définition très vague et en étant de plus en plus précis.***

Exemple :

1. C'est un mot qui désigne un animal.

2. Cet animal est un poisson.[...]

5. Ce mot désigne aussi une personne dure en affaires.[...]

8. Cet animal a un rôle important dans le film *Les Dents de la mer.*

b. ***Organisez le jeu en classe avec des groupes de quatre candidats.***

Si un candidat trouve la bonne réponse avant la 3e définition, il marque 4 points.

Avant la 5e, il marque 3 points.

Avant la 7e, il marque 2 points.

Avant la fin de la dernière définition, il marque 1 point.

2 Souvenirs, souvenirs

▶ ***Comprendre et raconter une histoire.***

▶ ***Savoir s'exprimer dans les situations où il est question d'horaire, d'emploi du temps, etc.***

▶ ***Découvrir des moments de l'histoire de France, les mystères de la mémoire et quelques films récents.***

L'écrivain Michel Tournier raconte un souvenir de collège, à l'époque où il était dans la classe de René Letréguilly, professeur de grammaire latine.

René Letréguilly, petit homme doux et timide, savait établir avec ses élèves un climat de complicité merveilleuse dont profitait au premier chef [1] la grammaire latine. Je n'ai jamais connu de maître moins autoritaire et mieux obéi. Mais il pouvait aussi s'égarer dans des rêves un peu fous. Témoin ce *Ballet égyptien* de Luigini qu'il s'était mis en tête de nous faire exécuter pour la fête du collège. Il avait dessiné au tableau des robes et des tiares [2] que nous avions recopiées et fait reproduire dans nos familles. Il avait également inventé un « pas égyptien » [...] qui nous donnait l'air de descendre tout droit d'un bas-relief [3] d'Assouan. Las ! Lorsque nous eûmes entendu et réentendu la musique du ballet de Luigini, il fallut se rendre à l'évidence [4] : le fameux « pas » se révélait tout à fait incompatible avec le rythme antique du ballet pourtant « égyptien ». Il y eut une période de désarroi [5], et je reste encore fier quarante ans plus tard d'avoir sauvé la situation. Un matin j'arrivai au collège avec dans ma sacoche le grand succès de l'année, *La Danse aux lanternes japonaises* du compositeur germano-nippon Yoshitomo. Elle fut jouée sur le phonographe de la classe et religieusement écoutée. Puis nous dansâmes. Et ce fut le miracle : le pas égyptien du Breton Letréguilly s'insérait [6] à merveille dans le rythme japonais de l'Allemand Yoshitomo. Notre exhibition fut un succès, mais bien peu se doutèrent de la macédoine [7] musicale dont elle résultait.

Michel TOURNIER, *Le Vent Paraclet*, Gallimard, 1977.

---

1. principalement • 2. coiffure de chef religieux • 3. sculpture murale • 4. se rendre à l'évidence : reconnaître • 5. trouble et inquiétude • 6. correspondre • 7. mélange.

1. Le souvenir de Michel Tournier

• Faites la chronologie des différents moments de cette scène.

• Étudiez l'emploi des temps. Distinguez les événements et les circonstances.

Exemple :

1. R. Letréguilly décide de faire exécuter par ses élèves le *Ballet égyptien* → plus-que-parfait.
Portrait de R. Letréguilly → imparfait.
2. ...

2. Récit d'un souvenir personnel

a. Parmi les photos de cette double page, choisissez celle qui vous rappelle un souvenir.
Racontez ce souvenir en utilisant le passé composé, l'imparfait et le plus-que-parfait.

« Ça me rappelle... Je me souviens... C'était quand j'étais... Un jour... »

b. Profitez du récit de chaque étudiant pour faire mieux connaissance avec lui.

« Où habitais-tu ? Qu'est-ce que tu faisais à cette époque-là ? etc. »

LES TEMPS DU PASSÉ

LES TEMPS DU PASSÉ

Vercingétorix rend les armes à Alesia.

Pour retrouver la conjugaison d'un verbe, voir p. 148 à 155.

■ **1. Pour indiquer les circonstances d'un évènement passé. Pour décrire une situation passée.**

• l'imparfait

C'était en 52 av. J.-C. Les armées romaines **occupaient** la Gaule. Vercingétorix **était** le chef des Gaulois.

■ **2. Pour raconter les évènements principaux.**

• le passé composé

Vercingétorix **s'est rendu** et **a été fait** prisonnier.

• le passé simple (à l'écrit dans certains récits littéraires, historiques, de presse, etc.)

Vercingétorix **se rendit** et **fut fait** prisonnier.

■ **3. Pour présenter les évènements et les situations qui se sont passés avant.**

• le plus-que-parfait

Les Romains **avaient battu** les Gaulois à Alésia.

• le passé antérieur (en relation avec un verbe au passé simple et après une conjonction d'antériorité)

Quand les Romains **eurent battu** les Gaulois, Vercingétorix se rendit.

1 PASSÉ COMPOSÉ, IMPARFAIT, PLUS-QUE-PARFAIT

Au cours d'une promenade au col de Roncevaux (Pyrénées), un guide raconte l'histoire de Roland. Utilisez les notes ci-contre pour continuer son récit.

« Vous voyez cette brèche dans le rocher ? La légende raconte qu'elle a été faite par l'épée de Roland. C'était en 778... »

Au printemps de l'année 778, l'empereur Charlemagne et son armée traversent les Pyrénées. Ils ont conquis presque toute l'Espagne occupée par les Sarrasins et rentrent en France. Mais au col de Roncevaux, une puissante armée de Sarrasins surprend l'armée de Charlemagne commandée par Roland. Une terrible bataille a lieu.

Par fierté, Roland refuse d'appeler au secours. Quand il se décide à le faire, tous ses soldats sont morts.

La bataille est perdue. Roland essaie alors de briser son épée contre le rocher. L'épée fait une immense brèche dans la montagne mais elle reste intacte.

2 LES VERBES AU PASSÉ SIMPLE ET AU PASSÉ ANTÉRIEUR

a. Lisez, p. 19, l'anecdote sur Clovis et racontez l'histoire oralement.

b. Classez les verbes selon les quatre types de conjugaison du passé simple. Trouvez d'autres verbes correspondant à ces types de conjugaison.

1. Conjugaison en [a] : je parlai, tu parlas, il parla, nous parlâmes, vous parlâtes, ils parlèrent.

2. Conjugaison en [i] : je finis, tu finis, il finit, nous finîmes, vous finîtes, ils finirent.

3. Conjugaison en [y] : je dus, tu dus, il dut, nous dûmes, vous dûtes, ils durent.

4. Conjugaison en [ɛ̃] : je vins, tu vins, il vint, nous vînmes, vous vîntes, ils vinrent.

Roland à Roncevaux.

Clovis et le vase de Soissons.

3 L'ANTÉRIORITÉ ET LA POSTÉRIORITÉ

Réécrivez les phrases suivantes au passé comme dans l'exemple.

Exemple : (1) *Dès que* les représentants du peuple *ont compris* que le roi refusait d'entendre leurs revendications, ils ont décidé de gouverner seuls.

ou : *Dès que* les représentants du peuple *eurent compris…*

Épisodes de la Révolution de 1789.

En 1789, le roi, Louis XVI réunit les représentants du peuple et de la noblesse.

1. Les représentants du peuple comprennent que le roi refuse d'entendre leurs revendications. Ils décident de gouverner seuls. *(Dès que...)*

2. L'assemblée du peuple est constituée. Elle commence à faire des réformes. *(Aussitôt que...)*

3. Le peuple prend le pouvoir. La noblesse émigre. *(Après...)*

4. La monarchie risque de disparaître. Le roi s'enfuit à l'étranger. *(Avant que...)*

5. Le roi n'arrive pas jusqu'à la frontière. Il est reconnu et ramené à Paris. *(Avant de...)*

4 RÉCIT ORAL ET ÉCRIT

a. Rédigez au passé simple le récit d'un moment de l'Histoire que vous aimez.

b. Présentez ce récit en employant le passé composé.

L'HISTOIRE DE CLOVIS ET DU VASE DE SOISSONS

Au Ve siècle, Clovis et son armée envahirent le nord de la Gaule romaine. Quand les soldats eurent pris la ville de Reims, ils pillèrent l'église et emportèrent un magnifique vase. Mais l'évêque de Reims réclama ce vase à Clovis qui promit de le rendre.

À Soissons, quand les soldats eurent partagé le butin, Clovis voulut reprendre le vase. Mais le guerrier qui l'avait volé refusa et, de colère, il brisa le vase d'un coup de hache.

La vengeance de Clovis fut terrible. Un jour, il remarqua que le soldat était dans une tenue négligée.

Il lui dit : « Souviens-toi du vase de Soissons », et le tua d'un coup de hache.

Après cette aventure, Clovis devint un chef particulièrement respecté.

EXPRESSION DE L'ANTÉRIORITÉ ET DE LA POSTÉRIORITÉ

- **Quand... Lorsqu(e)** / **Une fois qu(e)** / **Après qu(e)** / **Dès qu(e)** / **Aussitôt qu(e)** } il a pris (il eut pris) le pouvoir, Napoléon a commencé (commença) une guerre de conquête.

Après avoir pris le pouvoir...

Après (À la suite de) son coup d'État...

- **Avant qu'Il** (ne) prenne *(subjonctif)* le pouvoir, Napoléon était un militaire ambitieux.

Avant d'être empereur...

Avant son coup d'État...

Le révolutionnaire Marat à la tribune de l'Assemblée.

Entraînez-vous

1. Le passé composé à la forme négative. Testez vos connaissances historiques.

- Napoléon a-t-il gagné la bataille de Waterloo ?

– Non, il ne l'a pas gagnée.

2. Emploi du plus-que-parfait. Testez vos connaissances historiques. Trouvez les causes.

- Pourquoi parlait-on latin en Gaule dans l'Antiquité ?

– Parce que les Romains avaient conquis et occupé la Gaule.

Les secrets de la mémoire

Causes de l'oubli et conditions d'une bonne mémorisation

La jolie mécanique du souvenir grince en bien des occasions. Pourtant, il faut distinguer les pertes de mémoire pathologiques, comme celles observées dans la maladie d'Alzheimer (appelée démence sénile), des « trous de mémoire », phénomène banal et sans gravité, qui touchent tout le monde et sont induits par un état de stress ou de fatigue. [...]

Les informations ont d'autant plus de chances d'être mémorisées « à vie » qu'elles obéissent à deux règles : la répétition (on n'oublie jamais que un et un font deux) et l'organisation. Les spécialistes pensent aussi que les souvenirs sont d'autant plus tenaces qu'ils sont associés à des émotions. Dans l'Antiquité, nos ancêtres l'avaient si bien compris qu'ils mutilaient des esclaves à l'occasion de contrats passés pour qu'ils se souviennent parfaitement des termes de l'accord !

« On oublie essentiellement pour trois raisons, résume Jocelyne de Rotrou : tout d'abord parce qu'une information ne nous intéresse pas, elle n'est pas utile. Aussitôt utilisée, elle tombe dans les oubliettes de la mémoire. Ensuite, on oublie ce qui nous dérange. Il y a blocage et inhibition, qui se traduisent par des trous de mémoire. C'est vrai pour une émotion intense, négative ou positive (une passion amoureuse par exemple), qui désorganise l'activité cérébrale et produit des perturbations chimiques importantes. Troisième raison, qui est peut-être la plus fréquente : l'information ayant été mal traitée, elle est mal restituée. Soit en raison d'interférences provenant d'apprentissages ultérieurs, soit à cause d'une réorganisation du stock mnésique[1], ou encore parce que les conditions de restitution des souvenirs sont trop différentes de celles qui existaient à leur acquisition. Toutes sortes de raisons sont encore responsables de l'oubli : des ratés toujours possibles de la mécanique cérébrale ou bien ces autres facteurs que sont l'alcool, le tabac, les toxiques et les maladies. »

Rica Étienne,
Ça m'intéresse, septembre 1992.

1. mnésique : de la mémoire.

Certains mémorisent mieux quand ils voient, d'autres quand ils entendent.
Certains développent une mémoire efficace des chiffres, des noms, des itinéraires, etc.
Il a suffi à Mozart d'entendre une seule fois le *Miserere* d'Allegri pour pouvoir retranscrire toute la partition de mémoire.

Plaques de rues, noms donnés à des bâtiments, statues, célébrations, commémorations permettent de ne pas oublier les événements et les personnalités du passé.
Dans le hall d'entrée de la Comédie-Française, théâtre national qui joue des pièces du répertoire classique, se trouve la statue de Molière.

1 COMPRÉHENSION DU TEXTE

a. Lisez le titre et le sous-titre de l'article ci-contre et faites des hypothèses sur le contenu du texte comme vous l'avez fait p. 8.

b. Lisez le texte. Relevez ensuite les mots qui sont en relation avec les mots du titre.

Secret (fonctionnement)	*mécanique*
Mémoire	*souvenir*
Oubli	*pertes de mémoire – trous de mémoire*
Causes de l'oubli	*pathologie*
Mémorisation	
Conditions d'une bonne mémorisation	

c. Faites un plan schématique du texte.

1. Distinction entre les causes pathologiques et non pathologiques de l'oubli.
2. ...

2 RÉEMPLOI DU VOCABULAIRE

Remplacez les groupes en italique par des mots du texte.

1er paragraphe.
- La porte est mal huilée. *Elle fait du bruit.*
- Les changements de pression atmosphérique peuvent *causer* des orages.

2e paragraphe.
- La chemise est tachée mais la tache *ne part pas* au lavage.
- À la suite d'un accident grave, Pierre *a perdu une jambe.*

3e paragraphe.
- Quand Marie passe un examen oral, elle *est incapable de parler* à cause de sa timidité.
- On a retrouvé les auteurs du cambriolage de la bijouterie. Les bijoux ont été *rendus* à leur propriétaire.
- L'automobile est *une cause* importante de pollution.
- Ma voiture marche mal. Le moteur *s'arrête quelquefois brusquement.*

3 LA MÉMOIRE DANS L'APPRENTISSAGE D'UNE LANGUE ÉTRANGÈRE

(Travail en petits groupes)

a. Confrontez les informations du texte avec vos expériences de mémorisation du français (vocabulaire, grammaire, conjugaison, etc.).

b. Mettez en commun et classez les différents procédés personnels que vous utilisez.

c. Rédigez une liste de conseils pour des étudiants débutants.

4 LA MÉMOIRE COLLECTIVE

(Travail en petits groupes)

a. Lisez la légende de la photo de droite, p. 20.

b. Faites des propositions pour compléter la mémoire collective de votre ville.

c. Faites des propositions pour compléter la mémoire collective de la civilisation française dans votre classe ou votre école.

5 SOUVENIR ET LITTÉRATURE

Dans son autobiographie *À la recherche du temps perdu*, l'écrivain Marcel Proust (1871-1922) raconte comment le fait de manger un jour, par hasard, un petit gâteau appelé « madeleine » en buvant du thé lui rappelle un souvenir d'enfance.

a. Analysez le mécanisme du souvenir.

b. Évoquez une expérience semblable que vous avez pu faire.

Et tout d'un coup le souvenir m'est apparu. Ce goût, c'était celui du petit morceau de madeleine que le dimanche matin à Combray (parce que ce jour-là je ne sortais pas avant l'heure de la messe), quand j'allais lui dire bonjour dans sa chambre, ma tante Léonie m'offrait après l'avoir trempé dans son infusion de thé ou de tilleul. La vue de la petite madeleine ne m'avait rien rappelé avant que je n'y eusse goûté. [...]

Et dès que j'eus reconnu le goût du morceau de madeleine [...], aussitôt la vieille maison grise sur la rue, où était sa chambre, vint comme un décor de théâtre s'appliquer au petit pavillon donnant sur le jardin [...] et avec la maison, la ville, depuis le matin jusqu'au soir et par tous les temps, la Place où on m'envoyait avant déjeuner, les rues où j'allais faire des courses, les chemins qu'on prenait si le temps était beau.

Marcel PROUST,
Du côté de chez Swann, Gallimard, 1913.

L'EXPRESSION DU TEMPS

SITUATIONS PRATIQUES

LE TEMPS ET L'ATTENTE

• *Temps et activités :* avoir le temps (tout son temps) – prendre son temps pour faire quelque chose.

Être pressé, débordé, stressé.

Perdre / gagner du temps – perdre son temps – rattraper le temps perdu.

Faire quelque chose à ses moments perdus.

• *La ponctualité* (l'exactitude) : fixer un rendez-vous (une heure).

Respecter l'heure – arriver à l'heure (à temps), en retard, à une heure indue.

Retarder – remettre à plus tard (à une date ultérieure) – se décommander – annuler.

Pierre n'a pas d'heure.

• *L'attente :* la séance dure, se prolonge, traîne en longueur, n'en finit pas.

Attendre, patienter un instant, un moment.

Trouver le temps long – languir – C'est bref – éphémère / interminable – s'attarder – temporiser.

Échelonner les réunions.

LA SIMULTANÉITÉ

• Il a rencontré Françoise ...

pendant / **durant** / **lors de**	son séjour en Italie	**quand** / **lorsque** / **pendant que** / **tandis que** / **alors que**	il faisait un séjour en Italie

• **Comme** j'arrivais chez eux, ils s'apprêtaient à partir.

• **En même temps**
Simultanément

• **Pendant ce temps**

• **À ce moment-là**
Au moment où

1 RENDEZ-VOUS

a. *Le rendez-vous impossible.*

• *Écoutez cette conversation téléphonique. À qui et pourquoi Martine Durand téléphone-t-elle ?*

• *Notez les personnes et les services qu'elle essaie de contacter ainsi que les raisons pour lesquelles elle ne peut pas leur parler.*

Exemple : le directeur → en déplacement.

b. *Jeu de rôles* (à faire par couple).

Clara travaille chez elle. Son mari Sébastien est un commercial qui a le téléphone dans sa voiture. Toute la journée, Sébastien a essayé de contacter Clara et Clara a essayé d'appeler Sébastien. Sans succès... Le soir, ils s'expliquent.

• *Jouez la scène en utilisant les mots qui expriment la simultanéité.*

2 ATTENTE ET PONCTUALITÉ

a. *Écoutez ces cinq courtes scènes enregistrées dans des lieux différents.*

• *Pour chaque scène, résumez la situation et relevez les expressions en relation avec l'idée de temps.*

Exemple : (1) Ça se passe dans une entreprise à l'heure du déjeuner...

b. *Jeu de rôles : négocier un délai.*

Nous sommes le 5 janvier. Vous devez remettre un rapport à votre directeur le 7. Pour diverses raisons (à imaginer), vous avez pris du retard.

• *Expliquez vos problèmes à votre directeur et négociez un délai.*

Intonation expressive

1. **Écoutez et répétez ces phrases. Quel sentiment, quelle attitude évoquent-elles ?**

l'ennui – la lassitude – l'indécision – l'impatience – la précipitation – le désir d'être précis.

2. **Imaginez une situation dans laquelle ces phrases pourraient être prononcées.**

PENSÉES SUR LE TEMPS

LE TEMPS C'EST DE L'ARGENT (proverbe anglais).

IL NE FAUT PAS REMETTRE AU LENDEMAIN CE QU'ON PEUT FAIRE LE JOUR MÊME (proverbe français).

IL FAUT DONNER DU TEMPS AU TEMPS (Miguel Cervantès – Une des phrases préférées de l'ancien président François Mitterrand).

IL NE FAUT PAS VENDRE LA PEAU DE L'OURS AVANT DE L'AVOIR TUÉ (proverbe, d'après La Fontaine).

L'HOMME EST FAIT POUR ATTENDRE ET LA FEMME POUR ÊTRE ATTENDUE (G. de Rohan-Chabot).

En cuisine, comme dans beaucoup de domaines, il faut savoir prendre son temps.

CONVERSATION ET DÉBAT

3 SONDAGE : LES FRANÇAIS ONT-ILS LE TEMPS ?

Un institut de sondage interroge :
Michel (fonctionnaire) – Sylvie (ouvrière) – Didier (cadre d'entreprise) – Valérie (avocate).

a. Résumez les réponses et les arguments de chacun.

b. Quels sont les comportements qui sont les plus proches des vôtres ?

4 DÉBAT

(À préparer en petits groupes)

a. Prenez connaissance des documents de cette page et commentez-les.

b. Réfléchissez aux questions suivantes et discutez.

- *Doit-on quelquefois (souvent, toujours) prendre son temps quand on fait quelque chose ?*
- *Tout va-t-il trop vite dans notre société ?*
- *La lenteur a-t-elle toujours des effets positifs ?*

Certaines sociétés ont une conception différente du temps. Attendre ne signifie pas obligatoirement perdre son temps. Les règles de ponctualité, de respect des délais ne sont pas aussi rigoureuses qu'en France.

Profession scénariste

Tout au long des pages 24, 25 et 26 vous réaliserez individuellement ou en petits groupes UN SCÉNARIO DE FILM

LE HUSSARD SUR LE TOIT,
film de Jean-Paul Rappeneau, 1995.
Été 1835, Angelo, un jeune nationaliste italien, fuit les agents autrichiens à travers une Provence décimée par le choléra. Invulnérable et pur, il affronte tous les dangers, aide les victimes et prend le temps d'aimer Pauline de Thémis, une jeune femme intrépide à la recherche d'un mari mystérieux peut-être disparu.

Base de données 3615 CINEBOX

1. Étude des scénarios types

(Travail en petits groupes)

a. Partagez-vous la lecture du texte ci-dessous.
Pour chaque type de scénario, recherchez des exemples parmi les films que vous connaissez.

b. Recherchez des scènes spécifiques à ce type de scénario.

Exemple : Scénario 1 → une course-poursuite – un meurtre – un enlèvement, etc.

c. Présentez à la classe le type de scénario que vous avez étudié en le développant et en l'illustrant par des exemples.

Les six scénarios qui marchent au cinéma

1. Le héros poursuivi par le monde entier

Le héros peut être poursuivi parce qu'il a commis des meurtres ou parce qu'on le croit coupable d'un crime. Il doit alors retrouver le meurtrier pour démasquer ses accusateurs. Parfois, on veut sa peau parce qu'il est un témoin gênant ou qu'il est différent. Les forces ennemies peuvent être aussi animales ou démoniaques.

2. La chasse au trésor

Le trésor peut être un diamant, un billet de loterie égaré ou la formule secrète d'une arme dévastatrice. Parfois, comme dans les films de Hitchcock, les personnages courent après un trésor qui n'existe pas.

3. Grandeur et décadence

La déchéance est un thème qui a inspiré de nombreux films. Elle peut être causée par l'amour, l'alcool ou la pauvreté. Parfois, après être tombé au plus bas, le héros se relève et sort grandi de ses épreuves.

4. L'élément étranger

L'élément étranger peut venir d'une autre planète ou d'un milieu social différent. Il peut être un animal, un fou, etc. Parfois, l'élément étranger fait des dégâts. Dans d'autres cas, il bouleverse d'une manière bénéfique le monde dans lequel il fait irruption.

5. La rencontre adulte-enfant

Depuis *Le Kid* de Chaplin, le cinéma consomme beaucoup d'enfants. La complicité entre les grands et les petits intervient dans des drames ou dans des comédies. Parfois, à l'inverse, c'est l'opposition de caractère entre les adultes et les enfants qui fait la trame des films.

6. Le prince et la bergère

Ce thème éternel connaît actuellement une nouvelle jeunesse. Les princes y sont des golden-boys ou des stars du cinéma et les bergères des vendeuses de supermarché ou des prostituées au grand cœur. Ce scénario se conjugue parfois dans l'autre sens. Dans *Vacances romaines*, une princesse tombe amoureuse d'un reporter roturier.

D'après *Ça m'intéresse*, juin 1994.

UN CŒUR EN HIVER,
film de Claude Sautet, 1992.

Amis depuis toujours, Stéphane et Maxime partagent le métier de luthier. L'arrivée de Camille, violoniste prometteuse, va troubler leur paisible existence. Maxime en tombe amoureux. Mais Stéphane ne croit pas à ces sentiments-là. Pourtant comme malgré lui, il va se livrer à un jeu qui petit à petit capte l'attention de Camille.

Base de données 3615 CINEBOX

Un Indien dans la ville Film d'Hervé Palud, 1994

Stéphane était marié avec Patricia. Mais un jour, celle-ci l'a quitté sans explication pour s'établir en Guyanne. Treize ans ont passé. Stéphane est devenu courtier en bourse, s'est associé avec Richard Montignac et a rencontré Charlotte qui veut l'épouser. Il se rend donc en Guyanne pour régler son divorce avec Patricia et découvre avec stupéfaction que son ex-femme vit dans une tribu d'Indiens chiwawas et qu'il a un fils de treize ans, Mimi-Siku, élevé à la mode indienne.

Mimi-Siku tente d'initier son père à l'art de la chasse dans la jungle, le sauve des dents d'un crocodile et réussit à le convaincre de l'emmener à Paris.

Mais à Paris, Mimi-Siku ne se débarrasse pas facilement de ses habitudes de petit Indien. Il élève une mygale dans l'appartement de Charlotte, se nourrit de pigeons qu'il tue avec son arc et des poissons de l'aquarium, escalade la tour Eiffel, séduit et enlève la fille de Richard Montignac qu'il transporte en pirogue sur une île de la Seine.

Face à cet enfant qui trouve les habitudes occidentales ridicules et inutiles et pour qui les mots horaire ou travail n'ont aucun sens, Stéphane se rend compte qu'il mène une vie de fou. D'autant qu'avec Richard il s'est embarqué dans une sombre affaire de vente de soja qui, heureusement, finit par tourner à son avantage...

Tout le monde se retrouvera donc chez les Indiens chiwawas. Peut-être pour toujours...

2. Étude d'un scénario

a. Lisez le résumé de scénario ci-dessus. À quel type appartient-il ?

b. Recherchez comment les scénaristes ont essayé de plaire et d'intéresser le public :

– les oppositions (lieux, personnages, etc.) ;
– les thèmes à la mode (évasion, etc.) ;
– les situations inattendues ;
– les gags, etc.

3. Idées de scénarios

Trouvez l'idée de départ de votre scénario.
Inspirez-vous d'une aventure personnelle, d'un livre, d'une anecdote de l'Histoire, d'un fait divers lu dans la presse ou du fait divers ci-dessous.

Pour s'être assoupi dans l'avion qui devait le mener à Manille, l'Anglais Stephen Rees a été trimbalé d'un aéroport à un autre pendant dix-sept jours, non sans avoir perdu l'emploi qui l'attendait dans la capitale philippine. Le calvaire commence à Tokyo où il atterrit avec 50 livres en poche. Un job dans le bâtiment lui permet d'acheter un billet pour Séoul. Pas de visa : la douane le « déporte » à Hong Kong qui le réexpédie en Corée du Sud. La Korean Air Lines lui offre un billet pour Londres... où il est arrêté par la police de l'air et des frontières. Exténué, crasseux, Rees ne ressemblait plus à la photo sur son passeport.

Daily Mail, Courrier international, février 1996.

UNE ÉPOQUE FORMIDABLE,
film de Gérard Jugnot, 1992

Michel Berthier, cadre supérieur, est licencié de sa boîte. Il le cache à sa femme, s'empêtre dans ses mensonges et se retrouve à la rue sans argent ni voiture. L'apprentissage de la vie de clochard est rude mais, heureusement pour lui, on y rencontre de vrais amis [...].

Base de données *3615 CINEBOX*

4. Le scénario

Imaginez votre scénario.

a. Le canevas général. Inspirez-vous des scénarios types (p. 24).

b. Les épisodes secondaires et les circonstances. Imaginez-les à la manière des conteurs.

• Lisez ci-contre un canevas d'histoire drôle.

• Écoutez un humoriste raconter cette histoire drôle. Notez tous les éléments qu'il a rajoutés au canevas.

c. N'oubliez pas les ingrédients indispensables :
l'amour, l'argent, l'aventure, les rebondissements de l'histoire.

Un canevas d'histoire drôle

Un homme a passé l'après-midi à ramasser des escargots. Sur le chemin du retour, il s'arrête dans un café où il retrouve des amis. Chacun paie sa tournée. Ils bavardent. Si bien que l'homme rentre chez lui à deux heures du matin, complètement saoul.

En montant l'escalier, il rate une marche et lâche son sac d'escargots qui se répandent sur les escaliers.

Réveillée par le bruit, sa femme ouvre la porte de la chambre en criant :

– C'est à cette heure-ci que tu rentres !

Alors le mari se retourne vers l'escalier et dit aux escargots :

– Allons dépêchons-nous ! Vous avez assez traîné comme ça.

D'après Jean Peigné, *La Grande Encyclopédie des histoires drôles*, Éditions de Fallois, 1996.

5. Présentation du scénario

a. Rédigez et présentez votre scénario.

b. Discutez de ses qualités et de ses défauts.

De nombreux scénarios de films sont plus ou moins inspirés de faits réels. *Lawrence d'Arabie* raconte la vie héroïque du célèbre colonel Lawrence. Quant aux aventures d'Indiana Jones, elles ont pour point de départ la vie de Roy Chapmann Andrew, scientifique américain qui, en 1923, découvrit des œufs de dinosaures en Mongolie.

1 RÉCIT AU PASSÉ

En utilisant les notes ci-dessous, commentez cette image comme si vous racontiez l'histoire à un ami.

« Cette image représente un épisode de l'histoire de France qui s'est passé au XIVe siècle... »

Une ruse de Bertrand Du Guesclin

Époque : XIVe siècle. Pendant la guerre de Cent Ans entre l'Angleterre et la France.

Cause de cette guerre : le roi d'Angleterre a épousé une Française dont il revendique les territoires (plusieurs provinces). Il trouve en France des alliés.

Héros : Bertrand Du Guesclin, breton, militaire fidèle au roi de France.

Évènement : la prise par Du Guesclin du château du Grand-Fougeray (château pro-anglais). Du Guesclin a appris que des paysans doivent apporter du bois au château. Lui et quelques-uns de ses hommes se déguisent en paysans, cachent leurs armes dans le bois et réussissent à se faire ouvrir la porte du château. Après avoir mis hors de combat les soldats de garde, ils appellent le reste de la troupe.

2 TEMPS ET MÉMOIRE

Préparez et jouez avec un(e) autre étudiant(e) la suite de scènes suivantes (6 à 8 phrases en moyenne par scène).

a. À Paris, un vendredi, vous avez rendez-vous à 17 heures dans un café de Montparnasse. Vous devez assister à un spectacle à la Cartoucherie de Vincennes. Votre ami(e) doit vous y conduire en voiture. Vous arrivez au rendez-vous avec une heure de retard. Excuses. Justifications.

b. Au moment de partir, votre ami(e) ne se souvient plus de l'endroit où il (elle) a garé sa voiture. Suppositions. Réflexions et souvenirs sur les trous de mémoire.

c. Finalement, après avoir retrouvé la voiture, vous partez. Mais il est 19 heures et les rues de Paris sont très encombrées. Incitation à aller plus vite... Souvenirs d'un meilleur itinéraire.

d. Ouf, vous êtes arrivé(e) à temps. Mais au bout d'un moment, le spectacle vous ennuie. Vous trouvez le temps long.

3 VOCABULAIRE

Voici des extraits de cinq conversations dont on a surpris quelques mots. Dans chaque cas, imaginez qui parle, à qui, et quel est le sujet de la conversation.

1. « ... la réunion a traîné en longueur ... Je suis désolé d'arriver à une heure indue ... »
2. « ... Maintenant il nous faut trouver le butin et ses complices ... »
3. « ... J'ai eu un blocage...Ça m'a perturbée ... Je l'ai raté. »
4. « Ils ont envahi son pays. Ils ont pillé sa maison. Il s'est enfui. »
5. « La trame est bonne. Mais ça manque de gags. »

4 JEU-TEST

Deux équipes de deux étudiants s'affrontent. Chaque équipe prépare dix questions à partir du contenu de l'unité.

→ **équipe A :** de la page 16 à la page 21

→ **équipe B :** de la page 22 à la page 26

• Ces questions peuvent être culturelles :

Exemple : Donnez trois causes des trous de mémoire.

• Ou porter sur le vocabulaire :

Exemple : Qu'est-ce qu'une sacoche ?

Les équipes se posent les questions et comptent un point par réponse juste.

3 Aspirations

▶ ***Exprimer ses sentiments et sa volonté en utilisant le subjonctif (présent et passé).***

▶ ***Parler de la psychologie des personnes et des personnages littéraires.***

▶ ***Découvrir le parcours d'un demandeur d'emploi.***

Brigitte Bardot, actrice. Dans la France conservatrice des années 60, elle incarne un idéal de beauté et de libération des mœurs.

Les nouvelles idoles des Français

L'auteur explique comment, dans les années 80, les journalistes et les animateurs de la télévision sont devenus des stars qui font rêver les Français.

Le bouleversement du paysage audiovisuel répondait aux attentes d'un public sevré d'idoles. Où étaient donc passées les stars du cinéma français ? Depardieu, Deneuve, Adjani... ? Un peu mince pour composer une galaxie digne de ce nom. Au lieu de produire du rêve, la génération du café-théâtre a enfanté de bons comédiens, mais totalement dépourvus de mystère. Trop proches de nous. Or, que demandons-nous essentiellement aux stars de cinéma ? D'avoir du talent bien sûr, mais surtout de nous faire rêver. Quelles étoiles alors ajouter à la galaxie ? Les vedettes de la chanson ? Johnny, Eddy, Sardou... des astres luminescents mais déclinants. Les joueurs de foot ? Une ou deux superstars, cela reste bien maigre, sans compter les baisses de forme et les affaires de gros sous. Quant aux héros de la politique, ils appartiennent à un passé que les héritiers n'ont pas su conjuguer au présent. Du coup, les stars de la télé ont occupé l'espace laissé vacant. En fait, leurs seuls concurrents sont désormais les top-models.

Laurent Neumann, *Les dieux de la télé existent, je les ai rencontrés,* Plon.

Martine Aubry, ancien ministre d'un gouvernement de gauche. En France, il est rare qu'une femme accède à un poste très important en politique. À droite comme à gauche, celles qui s'y sont essayées ont vite été découragées.

← Claudie André-Deshays a été, en 1996, la première cosmonaute française. À 39 ans, ce médecin spécialisé dans plusieurs domaines scientifiques a réalisé son rêve d'enfance : faire un voyage dans l'espace.

↑ Georges Le Gloupier, sorte de star anti-star. Sa spécialité : lancer des tartes à la crème sur des personnalités qui se prennent trop au sérieux et qui ne lui sont pas sympathiques.

Claudia Schiffer, → top-model. Elle incarne l'idéal de beauté et de réussite professionnelle des années 90.

Bernard Pivot, animateur → d'émissions littéraires et culturelles à la télévision depuis les années 70. Un livre présenté chez Pivot est assuré d'un certain succès. Il a aussi réussi le pari de transformer en jeu l'épreuve de la dictée, cauchemar des élèves français.

Johnny Halliday, chanteur. Dans les années 60, il popularise la musique anglo-saxonne, ses rythmes, ses mélodies et ses thèmes. En 1997, il tient encore à la perfection son rôle d'idole des jeunes.

Pierre-Gilles de Gennes, prix Nobel de physique 1991. Grâce à sa personnalité attachante – il est père de famille, musicien, curieux de tout et présente ses découvertes avec simplicité et humour –, il est devenu la star scientifique de la fin du siècle.

1. Texte : Les nouvelles idoles

Pour chaque catégorie évoquée (cinéma, théâtre, chansons, etc.), commentez les explications de Laurent Neumann.
Comparez avec la situation dans votre pays.

2. Le panorama des stars en France

a. Commentez et complétez celui qui est proposé.

b. Réalisez un panorama des stars de votre pays.

3. Rêvez...

Créez-vous une biographie idéale.

« J'aimerais être ... parce que je pourrais ... j'aurais ... »
« Comme père, j'aurais aimé avoir... Ainsi, j'aurais été ... j'aurais pu ... Nous aurions fait ... »
« J'aurais voulu avoir un(e) ami(e) qui soit ... »

EXPRESSION DE LA SUBJECTIVITÉ

EXPRESSION DES ATTITUDES ET DES SENTIMENTS

J'aurais voulu...	**voir** Pierre à la soirée de Mireille
Je regrette...	qu'il **ne soit** pas **venu**
On **pourrait...**	l'**inviter**
J'**aimerais** bien...	qu'il **vienne**
Moi aussi, j'**espère...**	qu'il **viendra**

■ 1. Le verbe qui exprime une attitude ou un sentiment se met :

• **au conditionnel présent** (attitude présente ou future) ou **au conditionnel passé** (attitude passée) quand il exprime un souhait, une suggestion, une demande polie ou quand on veut atténuer l'expression de la volonté ou de l'obligation.

• **à l'indicatif** dans les autres cas.

■ 2. La situation sur laquelle porte l'attitude ou le sentiment se met (selon le type de verbe et selon la construction) :

• **à l'infinitif** quand l'attitude et la situation concernent le même sujet

• **au subjonctif présent** (situation présente ou future) ou **passé** (situation passée) après la plupart des verbes exprimant une attitude ou un sentiment

• **à l'indicatif** après certains verbes.

■ 3. Autres emplois du subjonctif que ceux qui sont présentés ici :

doute, possibilité, impossibilité (p. 154)
opinions et jugements (p. 142) - but (p. 55)
antériorité (p. 19) - conséquence (p. 91)
opposition (p. 102) - hypothèses (p. 67)
emploi dans les propositions relatives (p. 43)

SUITE DE SCÈNES DE FAMILLE...

... à imaginer, à rédiger, à jouer en employant les expressions ci-contre.

Vous pouvez selon votre imagination ajouter des évènements, des situations, des circonstances.

1 INSATISFACTIONS

Isabelle écrit à son amie Agnès pour lui faire part de ses insatisfactions.

• Rédigez la lettre en tenant compte des sentiments qu'elle veut exprimer (indiqués entre parenthèses).

Exemple : Je suis bien contente d'avoir trouvé (que nous ayons trouvé) un appartement.

Ma chère Agnès

Nous sommes maintenant installés à Vierzon. L'appartement est trouvé *(satisfaction)*... Il n'est pas très grand *(regret)*. J'ai commencé à travailler. L'atmosphère au bureau n'est pas très sympathique *(crainte)*. Mon chef de service est-il compétent ? *(doute)*. Mes deux collègues m'ont déjà invitée *(appréciation positive)*. Je me ferai peut-être des amis *(espoir)*.

Mais le vrai problème vient de Pierre. Il n'est jamais à la maison *(regret)*. Il a passé quinze jours à l'étranger sans me téléphoner *(indignation)*. A-t-il trouvé une autre femme ? *(crainte)*. Ce n'est pas un bon exemple pour les enfants *(peur)*.

Quand par hasard il est à la maison, il ne fait rien. Il ne m'aide pas *(regret)*. Va-t-il changer, s'améliorer ? *(espoir)*.

...

• Les verbes suivants sont présentés selon leur sens et leurs constructions. La préposition entre parenthèses est celle que l'on emploie dans la construction avec l'infinitif.

• Le subjonctif se construit avec « **que** » ou avec « **à ce que** » (verbes du type « **tenir à** »).

• Quand les verbes marqués de * sont à la forme affirmative, ils ne sont pas suivis du subjonctif.

■ 1. Expression des sentiments

Je regrette de partir. Je regrette qu'il parte.

Regretter (de) - souhaiter - craindre (de) - avoir peur (de) - avoir honte (de) - être effrayé (de) - être heureux (de) - être content (de) - être satisfait (de), etc.
* Espérer - * avoir le sentiment (de) - * avoir l'impression (de).

■ 2. Expression de la volonté

a.

Je veux partir. Je voudrais que tu viennes avec moi.

Vouloir - désirer - exiger (de) - tenir à - veiller à - faire attention à - accepter (de) - refuser (de).

b.

Je lui interdis de sortir.
J'interdis qu'il sorte.

Demander (de) - ordonner (de) - prier (de) - proposer (de) - suggérer (de) - conseiller (de) - recommander (de).
Interdire (de) - défendre (de) - permettre (de) - autoriser (à).

■ 3. Expression de l'obligation

a.

Je dois travailler.
Vous devez travailler.

Devoir - avoir à - être obligé (de) - être forcé (de) - être tenu (de) - être contraint (de) - être chargé (de).

b.

Il me faut travailler.
Il est nécessaire que je travaille.
Il te faut travailler.
Il faut que tu travailles.

Il faut... il est nécessaire (de) – il est obligatoire (de) – il est indispensable (de).

2 SOUHAITS ET SUGGESTIONS

De son côté, Pierre se plaint d'Isabelle à son ami François. Elle l'a déçu. Il imaginait une autre femme. Et François qui veut les réconcilier lui fait des suggestions.

- *Imaginez leur conversation.*

Tu devrais...
Il faudrait que...
Et si tu lui offrais...

J'aurais souhaité...
J'aurais voulu qu'elle soit...

Isabelle...
ne veut jamais sortir - n'aime pas voyager - fait une cuisine trop lourde - ne s'intéresse pas à l'art - n'est pas sportive - etc.

3 DÉSIRS ET DÉCISIONS

Isabelle est une femme de tête. Lors d'un séjour de Pierre à l'étranger, elle lui écrit et lui pose ses conditions. Sa lettre est un catalogue d'exigences.

À partir de maintenant
je veux que...
je tiens à ce que...
je t'interdis de...
je ne te permets plus de...
j'ai décidé de...

1. Emploi du temps : retour le soir - week-ends - vacances
2. Participation aux tâches de la maison : courses - cuisine - nettoyage - lessive
3. Vie de famille : enfants - parents
4. ...

- *Rédigez la lettre en utilisant les verbes qui expriment la volonté.*

4 OBLIGATIONS

Mais Pierre est un fin négociateur. Il a une discussion franche avec Isabelle. Chacun fixe à l'autre et se fixe à lui-même des obligations pour l'avenir.

- *Rédigez le dialogue en utilisant les verbes qui expriment l'obligation. Utilisez le subjonctif passé.*

D'ici ce soir,
il faut que tu aies réparé le robinet de la salle de bain...
D'accord, je serai chargée de...
D'accord, je dois...

Avant la semaine prochaine, il faut que nous soyons allés au moins une fois au cinéma...

Entraînez-vous

1. Expression des sentiments. Subjonctif ou infinitif ? Elle donne des nouvelles de sa famille. Étonnez-vous comme dans l'exemple.

- Pierre a peut-être échoué à son bac. J'en ai bien peur.

– Tu as peur qu'il ait échoué à son bac !

2. Expression de la volonté. Un chef d'entreprise donne des ordres à son chef du personnel. Confirmez comme dans l'exemple en utilisant le subjonctif.

- Je permets à M. Legal de prendre une semaine de congé.

– Vous permettez qu'il prenne une semaine de congé !

DEUX MILLE ANS D'INTERPRÉTATION DES RÊVES

Les Égyptiens et les Grecs de l'Antiquité ont été parmi les premiers à tenter de percer le mystère des songes. Pour eux, les rêves, les cauchemars sont des messages des dieux que seuls les prêtres ou les prêtresses peuvent décrypter. Ils y trouvent des prédictions pour l'avenir et des instructions pour leur comportement. Pendant tout le Moyen Âge et malgré l'interdiction de l'Église catholique, on propose des « clefs des songes », petits livres qui donnent des traductions des rêves au premier degré. Par exemple, rêver d'un lion signifie la force.

Aux antipodes de ces naïves croyances, Sigmund Freud, en 1899, explique dans son *Interprétation des rêves,* que le rêve exprime un désir refoulé qui a son origine dans la sexualité infantile. Disciple de Freud, Carl Gustav Jung se démarque de son maître. Pour lui, le rêve révèle les grandes aspirations et les angoisses de la société. Le symbolisme du rêve est davantage culturel qu'individuel.

Les neurobiologistes d'aujourd'hui ne rejettent pas l'interprétation freudienne mais ils expliquent que le rêve sert avant tout à traiter les informations accumulées pendant la journée, à constituer nos souvenirs et à nous débarrasser des acquisitions superflues. Sans cette reprogrammation permanente de notre cerveau, notre personnalité serait totalement effacée par la famille et la société.

D'après *Ça m'intéresse,* décembre 1995.

Henri Rousseau (dit le Douanier),
La Charmeuse de serpent, 1907,
musée d'Orsay.

COMMENTAIRE ET INTERPRÉTATION

• *Pour dégager la signification d'un texte*

Exprimer (ce texte exprime...) – être l'expression de – traduire – être la traduction de... – représenter – symboliser.

C'est un signe de...

• *Pour mettre en relation le texte avec autre chose*

Correspondre à – être en correspondance avec... – être lié à... – être relié à... – être en relation avec... – suggérer – faire penser à... – décrire (une description) – raconter (un récit) – évoquer (une évocation).

1 L'INTERPRÉTATION DES RÊVES

• ***Lisez le texte ci-dessus. Faites la liste des différentes interprétations données au rêve au cours de l'histoire. Donnez votre avis sur ces interprétations.***

• ***Relevez les mots qui sont en relation avec l'idée de signification.***

Exemple :

Interpréter (une interprétation) – etc.

Victor Brauner, →
Les Amoureux, messagers du nombre.
1947. (Col. particulière.)

Les rêveries de madame Bovary

Nous sommes au milieu du XIXe siècle. Emma, la fille d'un fermier de Normandie, vient d'épouser Charles Bovary, le médecin du village.

Elle songeait quelquefois que c'étaient là pourtant les plus beaux jours de sa vie, la lune de miel, comme on disait. Pour en goûter la douceur, il eût fallu [1], sans doute, s'en aller vers ces pays à noms sonores où les lendemains de mariage ont de plus suaves [2] paresses ! Dans des chaises de poste [3], sous des stores de soie bleue, on monte au pas des routes escarpées, écoutant la chanson du postillon, qui se répète dans la montagne avec les clochettes des chèvres et le bruit sourd de la cascade. Quand le soleil se couche, on respire au bord des golfes le parfum des citronniers ; puis, le soir, sur la terrasse des villas, seuls et les doigts confondus, on regarde les étoiles en faisant des projets. Il lui semblait que certains lieux sur la terre devaient produire du bonheur, comme une plante particulière au sol et qui pousse mal tout autre part. Que ne pouvait-elle s'accouder sur le balcon des chalets suisses ou enfermer sa tristesse dans un cottage écossais, avec un mari vêtu d'un habit de velours noir [...] et qui porte des bottes molles, un chapeau pointu et des manchettes !

Gustave FLAUBERT, *Madame Bovary,* 1857.

1. forme ancienne pour « il aurait fallu » • 2. d'une grande douceur (mot poétique) • 3. véhicule du XIXe siècle tiré par des chevaux et conduit par un postillon.

Odilon Redon, Le char d'Apollon, *musée d'Orsay.*

2 LES RÊVERIES DE MADAME BOVARY

a. Relevez :
- les différents lieux évoqués par Emma ;
- les sensations suggérées dans ce rêve (sons, odeurs, couleurs, etc.).

b. Modernisez le rêve d'Emma. Comment verriez-vous aujourd'hui :
- une lune de miel idéale ?
- une rencontre amoureuse idéale ?

3 LE RÊVE DE CLAUDE ROY

a. Dessinez le lieu de ce rêve. Situez les personnages et indiquez leurs mouvements.

b. Recherchez ce que peuvent symboliser les lieux, les personnages, les objets, les mouvements.

Exemple : la neige et le fleuve gelé : la peur de l'extérieur.

4 L'INTERPRÉTATION DES TABLEAUX

Considérez chacun de ces tableaux comme un rêve. Imaginez les désirs et les préoccupations de leurs auteurs.

Un rêve de Claude Roy

Je fais souvent (encore) ce rêve :
Il faut absolument que je sorte de la maison parce que de l'autre côté de la neige et du fleuve gelé on m'appelle, mais je sais que la porte du parc est fermée à clef. Je monte au premier étage et je demande la clef à mon père et ma mère qui jouent aux cartes avec deux femmes dont les voilettes noires me cachent le visage. Ma mère, sans rien dire, me tend un panier qui contient des centaines de clefs. Je les essaie ensuite sur la serrure de la porte de bois qui sépare la muraille du parc de la campagne, mais je ne trouve pas la clef qui ouvrirait la porte. Loleh[1] arrive dans la neige et me parle, je sais qu'elle m'indique à mi-voix laquelle des clefs il faut choisir. Mais je m'aperçois qu'elle parle une langue que je ne comprends pas (ou plus ?).

Claude ROY, *Moi je,* Gallimard, 1969.

1. l'épouse de Claude Roy.

Victor Brauner, Les amoureux, *1947.*

DEMANDES – SATISFACTIONS ET INSATISFACTIONS

SITUATIONS PRATIQUES

DEMANDER – INSISTER

• *Précautions.* Excusez-moi... Je suis désolé... Je suis très ennuyé, très embêté (fam.), de vous déranger (de vous importuner, de vous ennuyer). – Est-ce que vous auriez un moment ? – Est-ce que vous pourriez m'accorder un instant ?

• *Demandes.* Est-ce que vous pourriez... – Est-ce que vous auriez la gentillesse de... – Est-ce qu'il vous serait possible de...

Il me faudrait... – J'aurais voulu, souhaité... – J'aimerais bien que...

• *Insister.* Je me permets d'insister, de vous rappeler que..., de vous redemander...

1 DEMANDES EN SITUATIONS DÉLICATES

a. *Écoutez ces deux scènes.*

1. Une étudiante qui vient d'échouer à un examen téléphone au secrétariat de sa faculté pour connaître ses notes. Normalement, ces notes ne peuvent être communiquées que par courrier.

2. Un employé du service de vente par téléphone de la société « Mobilier d'aujourd'hui » essaie de retenir l'attention de son interlocutrice.

• Notez les précautions qu'ils prennent pour présenter leur demande et pour retenir l'attention de leur interlocuteur.

b. Jeu de rôles. Préparez et jouez l'une des scènes suivantes. Dans chaque situation, l'interlocuteur est au départ hostile à la demande.

1. Vous avez fait une demande d'emploi auprès d'une entreprise et vous n'avez reçu aucune réponse. Vous téléphonez pour avoir des informations.

2. Un(e) employé(e) demande une augmentation à son patron.

3. Un(e) employé(e) demande un congé exceptionnel à son patron.

SATISFACTIONS / INSATISFACTIONS

• *Constructions pour l'expression des sentiments*

• *La satisfaction et le manque*

Satisfaire (ça me satisfait) – satisfait / insatisfait – contenter / mécontenter – content / mécontent – combler.

Il (me) manque – Ça laisse à désirer.

Je ne manque de rien – Ça me suffit – J'ai tout ce qu'il me faut.

• *La déception et le regret*

Je suis déçu – Il m'a déçu – J'ai perdu mes illusions J'en ai gros sur le cœur – Je m'en mords les doigts.

Regretter – déplorer.

• *La honte et la fierté*

Avoir honte – faire honte à quelqu'un – être confus, gêné, embarrassé – Je m'en veux – être fier (de) – être honoré (de).

• *La joie et la peine*

→ Le bonheur / le malheur – heureux / malheureux.

La joie (joyeux) – se réjouir de... – l'euphorie – être au septième ciel – être aux anges.

La gaieté – la bonne humeur – l'entrain – être épanoui – être enchanté, ravi.

→ La peine (peiné) – le chagrin (chagrin) – la tristesse (triste) – la déprime (déprimé) – avoir le cafard – avoir des idées noires.

La préoccupation (préoccupé) – le souci (soucieux) – l'ennui (ennuyé).

2 EXPRESSION DE LA SATISFACTION ET DE L'INSATISFACTION

a. Jugements sur l'entreprise. Mathilde fait le bilan de ses trois premiers mois de travail dans une entreprise de produits pharmaceutiques. Elle passe en revue les personnes, les lieux, les activités.

• Complétez le tableau.

Sujets abordés (personnes, lieux, etc.)	***Caractérisation de ces sujets***	***Sentiments éprouvés par Mathilde***
le salaire	intéressant	comblée

b. Jeu de rôles. Vous retrouvez un(e) ami(e) que vous n'avez pas vu(e) depuis un an. Faites ensemble un bilan de l'année écoulée (satisfactions, regrets, etc).

Intonation expressive

1. Écoutez et répétez ces huit demandes. Pour chacune, imaginez une situation.
Caractérisez l'intonation : « Il / elle a l'air en colère, etc. »

2. Écoutez et répétez ces six réponses à la question : « Comment ça va ? ». À partir de la deuxième situation, imaginez une suite à la réponse « Ça va » (comme dans la première situation).

DÉBAT

3 REVENDICATIONS

Voici des catégories professionnelles qui se plaignent de leur condition. Leurs revendications vous paraissent-elles justifiées ? excessives ? illégitimes ?

En 1996, suite à l'épidémie dite « de la vache folle » qui a entraîné une baisse de la consommation de viande de bœuf, les agriculteurs ont réclamé à l'État l'indemnisation d'une partie de leurs pertes.
En 1995, les fonctionnaires français ont fait grève pendant un mois pour empêcher le gouvernement d'aligner leurs conditions de retraite sur celles des salariés du secteur privé. (40 ans de cotisations sont nécessaires dans le privé pour obtenir une retraite complète, 37,5 ans dans le secteur public).

LES CADRES MÉCONTENTS [1]

D'après une étude de l' Union confédérale des cadres-CFDT menée auprès de 1 000 cadres, 23 % d'entre eux déclarent travailler en moyenne entre 46 et 50 heures. Et 26 % de 51 à 60. Contre 45 heures en moyenne il y a dix ans. « *Plus il y a des problèmes sociaux, plus les cadres trinquent* [2] » explique Pierre Vial, secrétaire national de l'UCC-CFDT. Traditionnellement peu enclins [3] à revendiquer, les cadres commencent à faire de la résistance. Voire [4], comme le note Marc Vilbenoît, président de la fédération CFE-CFDT, à parler d'« exploitation ».

« *Il y a des négociations sur le temps de travail dans les entreprises, mais les cadres n'en recueillent pas les fruits. Non seulement beaucoup travaillent de 50 à 60 heures, mais ils risquent de subir une réduction de salaire. L'entreprise a lâché l'encadrement. L'encadrement va lâcher l'entreprise* » confirme André Visse, secrétaire de la Confédération française de l'encadrement-CGC chez Danone et vice-président de la Fédération agro-alimentaire CGC, qui réclame, lui aussi, pour l'ensemble de la branche la restauration des pointeuses [5].

Le Nouvel Observateur, mars 1996.

1. bien qu'il y ait des écarts importants selon les emplois, on peut estimer le salaire net mensuel d'un cadre à 20 000 F • **2.** être désavantagé, subir un désagrément • **3.** disposé à • **4.** et même... • **5.** machine qui sert à contrôler les heures d'arrivée et de départ des employés.

Le parcours du demandeur d'emploi

Tout au long des pages 36, 37 et 38, vous suivrez LE PARCOURS D'UN DEMANDEUR D'EMPLOI

Vous réaliserez cette simulation avec un(e) partenaire. Chacun de vous sera tour à tour demandeur et recruteur.

PUB com

ASSISTANT CHEF DE PUBLICITÉ H/F

Âgé d'environ 30 ans, vous êtes diplômé d'une école supérieure de commerce. Vous avez une solide formation et une expérience professionnelle dans le domaine de la publicité. Vous parlez parfaitement anglais et vous pouvez communiquer dans une ou deux autres langues. Vous êtes à l'aise dans les relations internationales.

Vous serez l'interlocuteur privilégié de nos clients étrangers depuis la prospection des marchés jusqu'au suivi des produits.

PUBCOM.SA • 101, rue du Marché • 75016 PARIS

Les erreurs à éviter

Pour le CV : rédiger son autobiographie ; ne pas le taper à la machine ; le signer ; employer les temps du passé ; rédiger un CV-fleuve ; ajouter une photo de mauvaise qualité où vous vous montrez avec un nœud papillon ou un décolleté plongeant ; indiquer son salaire ; titrer « curriculum vitae ».

Pour la lettre de motivation : utiliser des formulations compliquées ; recopier les termes de l'annonce d'offre d'emploi ; répéter ce qui est mentionné dans le CV ; la taper à la machine ; adopter un ton arrogant du type : « Je suis l'homme que vous cherchez. »

Aujourd'hui, 18 octobre 1995.

1. Le secteur professionnel

Choisissez votre secteur professionnel.

• Faites en grand groupe une liste des différents secteurs du monde du travail : administration – aéronautique – assurance – banque – etc.

• Formez vos groupes de deux selon vos affinités (chacun doit connaître un peu le secteur professionnel choisi par l'autre).

2. L'offre d'emploi

Rédigez votre offre d'emploi.

• Dans l'exemple ci-contre, observez comment l'entreprise qui recrute cherche à éviter les candidatures mal orientées.

• Chacun des partenaires rédige son offre d'emploi sur ce modèle.

3. La lettre de motivation

Préparez et rédigez votre lettre de motivation.

Une demande d'emploi comporte *un curriculum vitae* (voir *Panorama II*, cahier d'exercices, p. 8) et *une lettre de motivation.*

a. Lisez ci-contre les erreurs à éviter quand on rédige ces deux documents.

b. Lisez et analysez la lettre de motivation de la page 37. Il s'agit d'une candidature au poste proposé dans l'annonce ci-dessus.

Recherchez les moyens utilisés par le candidat pour :

– mettre en valeur ses compétences,

– attirer l'attention du recruteur,

– ne pas l'ennuyer.

c. Rédigez votre propre lettre de motivation en réponse à l'offre d'emploi proposée par votre partenaire.

4. La lettre de votre partenaire

a. Étudiez la lettre de votre partenaire. Notez les renseignements qu'il vous donne. Préparez les questions que vous lui poserez dans l'entretien (p. 38).

b. Faites l'analyse graphologique de cette lettre. Résumez vos observations sur la psychologie du candidat dans un texte de quelques lignes.

Ce que révèle notre écriture

Aujourd'hui, de nombreux recruteurs utilisent la graphologie pour se faire une idée de la personnalité des candidats à un emploi. Mais tous les graphologues sont formels : la graphologie ne révèle pas forcément ce que nous sommes réellement. Elle permet seulement de donner des indications sur certaines tendances de notre personnalité.

• **La mise en page de la lettre**

Marge à gauche : étroite : *réserve* – large : *ouverture aux autres.*

Marge à droite : étroite : *assurance* – large : *difficulté, crainte de l'avenir.*

Blanc en haut : étroit : *indépendance, audace, spontanéité* – large : *prudence, hésitation.*

Blanc en bas : trop grand ou trop petit : *manque de sens de l'organisation et de la planification.*

• **Les lignes**

Espace entre les lignes : large : *esprit d'indépendance ou timidité* – étroit : *sociabilité.*

Inclinaison des lignes : vers le haut : *optimisme* – vers le bas : *pessimisme* – horizontal : *équilibre, maîtrise de soi.*

• **Forme générale des lettres**

Dimensions : petites : *modestie* – grandes : *orgueil.*

Inclinaison des lettres : vers la droite : *aisance affective, générosité, gentillesse* – vers la gauche : *repli sur soi, retour sur le passé* – verticales : *maîtrise de soi.*

Liaisons entre les lettres : lettres liées entre elles : *personnalité réfléchie* – absence de liaison : *vivacité d'esprit et enthousiasme.*

• **Détails des lettres**

1.
2. Veuillez, je vous prie
3.

1. Partie supérieure : haute : *spiritualité* – courte : *esprit concret, terre à terre* – arrondie : *imagination* – anguleuse : *manque d'imagination.*

2. Partie intermédiaire : arrondie : *amabilité, douceur* – anguleuse : *dureté, sécheresse* – ouverte : *sincérité, franc-parler* – fermée : *discrétion.*

3. Partie inférieure : longue : *activité, sens pratique* – courte : *tendance à la passivité, paresse* – arrondies : *sensualité, goût des plaisirs* – anguleuse : *fermeté, autorité, agressivité* – ouverte : *insatisfaction.*

Roi de Galice, ayant pour ville Compostelle ;
nous, ses oncles, avons sur lui droit de tutelle ;
nous l'allons verrouiller dans un couvent. pourquoi ?
C'est qu'il est si petit qu'il est à peine roi.

VICTOR HUGO

Embrasse bien tendrement Louis
de cette lettre, si tu m'aimes un
faire pour toutes les bontés dont

STENDHAL

Ma petite maman

Vous êtes une adorable maman. J'ai eu un plais de fou à ouvrir votre paquet. J'en ai sorti de trésors...

SAINT-EXUPÉRY

Vincent Dupuy
108, rue d'Aleyrac
75016 Paris
Tél. : xx xx xx xx xx

Michel Rabat
Pubcom SA
101, rue du marché
75016 Paris

Paris, le 19 juillet 1994

Monsieur,

Diplômé de l'ESC Toulouse, spécialisation Communication-Marketing, je suis séduit par votre agence qui sait allier créativité et rigueur marketing.

Je souhaite vous rejoindre comme assistant chef de publicité. Une première expérience significative dans une grande agence française m'a permis d'aborder tous les aspects de ce métier. De la réflexion stratégique au suivi des créations, j'ai ainsi travaillé sur des budgets de grande consommation comme Ariel et Oil of Olaz. Je suis donc en mesure d'être immédiatement opérationnel.

Dans l'attente de vous rencontrer, je vous prie de croire, Monsieur, à l'expression de mes salutations distinguées.

Signature

S. DUHAMEL et V. LACHENAUD, *Le Guide de la lettre de motivation*, BP Partners, 1995.

Le parcours du demandeur d'emploi

5. L'entretien d'embauche (rôle du recruteur)

a. Lisez le document ci-contre. Complétez chaque point avec l'une des qualités suivantes :

calme – enthousiaste – imaginatif – ouvert – organisé – perspicace – résolu – scrupuleux – serviable – sociable – souple – tenace

Exemple : 1 → scrupuleux

• **Recherchez les questions que vous poserez au candidat pour savoir s'il possède ces qualités.**

Exemple : (1) conscience professionnelle et fiabilité → Combien de temps êtes-vous resté dans la dernière entreprise où vous avez travaillé ? Pourquoi l'avez-vous quittée ? Etc.

b. Lisez le formulaire de compte rendu d'entretien que vous devrez remplir après l'entretien. Complétez la liste des questions que vous poserez au candidat.

LES QUALITÉS ATTENDUES PAR LES CHEFS D'ENTREPRISES

1. **Être consciencieux, fiable**
2. **Savoir analyser les situations**
3. **Savoir travailler en équipe**
4. **Faire preuve de rigueur, de méthode**
5. **Informer les autres**
6. **Savoir s'adapter au changement**
7. **Savoir prendre des décisions**
8. **Se montrer optimiste**
9. **Être dévoué à l'entreprise**
10. **Apporter des idées nouvelles**
11. **Résister au stress**
12. **Être persévérant**

D'après Alain Bernardini, *Réussir un entretien d'embauche*, Marabout.

CONSEILS POUR L'ENTRETIEN D'EMBAUCHE

- Habillez-vous de façon classique
- Soyez ponctuel. Ne manifestez pas votre impatience
- Ayez une poignée de main franche
- Répondez très précisément aux questions que l'on vous pose
- Ne critiquez pas votre ancien employeur
- Donnez de vous une image positive sans exagérer
- Ne racontez pas votre vie
- Ne parlez du salaire qu'à la fin de l'entretien
- Montrez votre intérêt pour le poste en demandant des renseignements
- Ne vous opposez pas trop énergiquement aux remarques du recruteur
- Réussissez aussi votre sortie : ne vous attardez pas, remerciez pour l'attention qu'on vous a accordée

6. L'entretien d'embauche (rôle du candidat)

Lisez, commentez en groupe et complétez éventuellement la liste de conseils ci-contre.

7. Jouez les deux entretiens

Chaque étudiant est successivement recruteur et candidat.

8. Rédigez un bref compte rendu d'entretien

COMPTE RENDU D'ENTRETIEN

Nom du candidat
Études
Expérience professionnelle
Personnalité
→ d'après l'étude graphologique
→ d'après l'entretien
Qualités du candidat (pour le poste)
Défauts du candidat (pour le poste)
Avis général (très favorable, favorable, etc.)

1 EXPRESSION DE LA VOLONTÉ ET DE L'OBLIGATION

Ils expriment leur volonté ou fixent des obligations. Faites-les parler. Variez les verbes exprimant la volonté ou l'obligation.

Exemple : « J'exige que ce dialogue soit refait… »

a. Une star capricieuse.

Ce dialogue doit être refait.
Tous les curieux doivent partir.
Quelqu'un doit aller me chercher de l'aspirine.
On doit faire des retouches à ma robe.
Ce projecteur est mal placé.

b. Un père ambitieux parle à sa fille.

Dans cinq ans tu dois avoir passé ta licence…
être entrée dans une grande école.
Dans dix ans, le fils de Dupont-Breuilly t'a épousée…
Vous avez eu deux beaux enfants.
Dans quinze ans, tu es élue député de ton département.

2 EXPRESSION DES SENTIMENTS

Florent et Corinne se sont disputés. Corinne en parle à une amie. Construisez les phrases en exprimant le sentiment indiqué entre parenthèses.

Il m'en veut. *(crainte)*
Il ne me téléphonera pas. *(peur)*
Peut-être qu'il m'écrira. *(espoir)*
Nous nous sommes disputés. *(regrets)*
Je lui ai dit des choses blessantes. *(honte)*

3 EXPRESSION DES DEMANDES

Formulez (en une ou plusieurs phrases) les demandes suivantes.

a. Demandes orales

• Il est quatre heures du matin. Vous venez d'arriver à l'aéroport de Roissy. Les transports publics et les taxis sont en grève. Vous téléphonez à un ami pour qu'il vienne vous chercher.

• Votre collègue de bureau parle trop fort quand il téléphone. Expliquez-lui que cela vous gêne dans votre travail.

• Votre rue est en très mauvais état. Au cours d'un cocktail, vous avez l'occasion d'en parler au maire de votre ville.

b. Demandes écrites

• Vous demandez à un collègue en congé que vous n'avez pas pu joindre par téléphone de vous remplacer le mercredi 7.

• Vous travaillez dans une entreprise ou dans une administration et, pour une raison que vous imaginerez, vous souhaitez changer de service. Faites la demande à la direction.

4 INTERPRÉTATION

Observez le tableau de Kandinsky. Rédigez un texte de quelques lignes pour exprimer :

– la signification de ce tableau ;
– ce à quoi il vous fait penser ;
– les sentiments que vous éprouvez en le regardant.

Kandinsky, Lyrique, *1911, musée Boymans Van Beurigen, Rotterdam.*

5 SATISFACTIONS ET INSATISFACTIONS

Que leur dites-vous dans les situations suivantes ?
Formulez quatre sentiments différents dans chaque situation.

Exemple : (1) Je suis déçu... Ton attitude me...

1. Votre ami a changé. Il était sympathique, travailleur, honnête, etc. Il est devenu agressif, méchant, malhonnête, etc.

2. Votre ami (ou votre fille) a gagné une médaille d'or aux Jeux olympiques.

3. Vos amis Pauline et Charles vous ont invité (e) il y a six mois. Vous avez passé une soirée extraordinaire. Mais depuis, vous ne les avez pas contactés.

6 PSYCHOLOGIE

Jeu des caractères.

Choisissez un personnage connu (contemporain ou historique, réel ou pris dans la littérature).

• ***Rédigez, à propos de ce personnage, une liste de traits de caractères et de comportements.***

• ***Votre voisin(e) doit trouver le nom du personnage d'après cette liste.***

En cas d'échec, donnez des indices concrets (époque, profession, etc.).

Don Juan.

Exemple : Il est orgueilleux.
C'est un grand séducteur.
Il est infidèle et inconstant.
Il est courageux et n'hésite pas à défier Dieu.

4 Vivre ensemble

▶ *Apprendre à s'informer, à donner des informations sur les personnes et les choses grâce aux constructions relatives.*

▶ *Comprendre les mots inconnus d'un texte.*

▶ *Découvrir des modes d'organisation sociale : les villes et l'habitat, la famille et les associations, les rites et les coutumes.*

UNE MAISON BOURGEOISE DE PROVINCE

Bâtie sous Henri IV par Pierre Cormon, intendant du dernier duc d'Alençon, la maison où demeurait mademoiselle Cormon avait toujours appartenu à sa famille. [...] Ce vieil hôtel était situé précisément au milieu de la rue du Val-Noble, appelée par corruption le Val-Noble, sans doute à cause du pli que fait dans le terrain la Brillante, petit cours d'eau qui traverse Alençon. [...] La maison était donc divisée en deux parties égales. D'un côté, sur la cour, se trouvaient la cage d'escalier, une grande salle à manger donnant sur le jardin, puis un office par lequel on communiquait avec la cuisine ; de l'autre, un salon à quatre fenêtres, à la suite duquel étaient deux petites pièces, l'une ayant vue sur le jardin et formant boudoir, l'autre éclairée sur la cour et servant de cabinet. Le premier étage contenait l'appartement complet d'un ménage, et un logement où demeurait le vieil abbé de Sponde. Les mansardes devaient sans doute offrir beaucoup de logements depuis longtemps habités par des rats et des souris dont les hauts faits nocturnes étaient redits par mademoiselle Cormon au chevalier de Valois, en s'étonnant de l'inutilité des moyens employés contre eux. Le jardin, d'environ un demi-arpent[1], est margé par la Brillante. [...] Ce jardin, plein de fleurs communes, est terminé naturellement par une terrasse, formant un quai, au bas de laquelle se trouvent quelques marches pour descendre à la Brillante. Sur la balustrade de la terrasse imaginez de grands vases en faïence bleue et blanche d'où s'élèvent des giroflées ; à droite et à gauche, le long des murs voisins, voyez deux couverts de tilleuls carrément taillés. Quelle paix ! Quel calme ! Rien de pompeux, mais rien de transitoire : là, tout semble éternel. [...] Là, tout respirait la vieille, l'inaltérable province.

BALZAC, *La Vieille Fille,* 1836.

---

1. environ 1 200 m².

1. La maison de Mlle Cormon

a. Lisez la description de la maison de mademoiselle Cormon faite par Balzac.

• Dessinez-en le plan général (maison et jardin).

• Relevez les mots caractérisés par des propositions relatives. Quelle information apportent ces propositions ?

Exemple : première phrase

la maison [où demeurait mademoiselle Cormon] → relation de lieu.

b. À partir de cette description, que peut-on apprendre sur le personnage de mademoiselle Cormon ?

2. Lieux d'habitation

a. Décrivez et caractérisez les lieux d'habitation représentés sur les photos (aspects esthétique, fonctionnel ; confort ; etc.).

Imaginez pourquoi ces lieux d'habitation ont été créés ou choisis.

b. Présentez d'autres types d'habitat que vous connaissez.

3. Votre habitation idéale

Faites une description de votre habitation idéale en utilisant des propositions relatives.

LES PROPOSITIONS RELATIVES

LES PRONOMS RELATIFS

1. Qui, que (qu'), où (rappel).

Rome est une ville qui me plaît, c'est la ville que je préfère.

Figurez-vous que c'est la ville d'où je viens.

C'est une ville où j'ai souvent passé mes vacances. Ah! les monuments romains, à l'heure où le soleil se couche! Et la via Appia avec ses cyprès!

C'est une route par où je ne suis jamais passée.

2. Emplois de « dont »

• **Complément d'un verbe construit avec « de »**

Le restaurant dont je vous ai parlé se trouve Piazza Navona.

• **Complément d'un nom**

C'est la place dont une des fontaines représente quatre fleuves.

• **Complément d'un adjectif**

C'est une place dont je suis amoureuse.

• **Idée d'inclusion**

Cette fontaine représente quatre fleuves dont le Nil.

3. Les relatifs composés

• **Complément d'un verbe construit avec « à »**

→ **à qui** (pour une personne).

→ **auquel, à laquelle, auxquels, auxquelles** (plutôt pour les choses).

Christiane est une amie **à qui** j'ai parlé de Rome. C'est une ville **à laquelle** je suis très attaché.

« Vous savez ce **à quoi** je pense? On pourrait aller au restaurant Renzo. – C'est celui **auquel** je pensais aussi! »

• **Complément d'un verbe construit avec un groupe prépositionnel terminé par « de »**

→ **de qui** (pour une personne).

→ **duquel, de laquelle, desquels, desquelles** (plutôt pour les choses).

« Le parc près **duquel** vous habitez s'appelle bien le parc Savello?

– Oui, c'est celui à côté **duquel** se trouve la villa Médicis. »

• **Complément d'un verbe construit avec une autre préposition**

→ **qui** (pour une personne).

→ **lequel, laquelle, lesquels, lesquelles**.

« Cette colline que j'aperçois, c'est bien le Janicule?

– Oui, c'est une colline **sur laquelle** se trouvent plusieurs monuments intéressants. C'est celle **depuis laquelle** on a la meilleure vue sur Rome. »

1 LES PROPOSITIONS RELATIVES AVEC *QUI, QUE, DONT, OÙ*

À l'aide des indications ci-contre, rédigez un texte de trois phrases sur l'origine et les caractéristiques de Versailles.

Utilisez les propositions relatives introduites par **qui, que, dont, où.**

2 LES PRONOMS RELATIFS COMPOSÉS

Complétez avec une forme de **lequel, auquel** *ou* **duquel.**

Le centre des villes françaises, vestige de la ville du Moyen Âge.

Les Américains du Nord ou du Sud qui visitent la France sont souvent étonnés de voir que les villes françaises sont différentes de celles ... ils sont habitués. Leur centre est un dédale de rues étroites et de petites places dans ... on se perd facilement. Cette organisation peu géométrique s'explique par le fait que le centre est un vestige de la ville médiévale à partir ... la ville moderne s'est construite.

Au Moyen Âge, la ville n'est qu'un village autour ... on construit une ceinture de remparts. Ces remparts délimitent un espace sur ... s'installent les paysans qui veulent se mettre à l'abri des guerres. On y trouve donc des maisons, des jardins ... s'ajoutent des vignobles et des prairies pour l'élevage.

LA VILLE DE VERSAILLES ET SON CHÂTEAU

1. Peu après son accession au pouvoir, en 1661, le roi Louis XIV décide d'aller vivre en dehors de la capitale. Il a passé son enfance au palais du Louvre, au cœur de Paris. Les révoltes fréquentes du peuple l'ont effrayé.

2. Avec ses architectes, il imagine la ville de Versailles. Versailles sera située à trente kilomètres de Paris. Toutes les avenues de Versailles convergent vers le château du roi.

3. Ce château est un somptueux palais. Louis XIV a voulu qu'il soit le plus beau de son époque. 20 000 courtisans peuvent y vivre. Le roi pourra ainsi les surveiller en permanence.

3 LA CONSTRUCTION PRONOM DÉMONSTRATIF + PRONOM RELATIF

Complétez avec ce/celui (celle, *etc.*) + *pronom relatif.*

Un Parisien vante les mérites de son quartier.

« J'ai enfin trouvé un logement dans le quartier Denfert-Rochereau. Après dix ans passés en banlieue, c'est ... je rêvais.

... me plaît dans ce quartier, c'est que j'y trouve tout ... j'ai besoin : des commerces, des cinémas, la proximité des librairies du quartier Latin et du jardin du Luxembourg. Et puis, pour moi qui voyage beaucoup, c'est pratique : je suis à deux pas du RER : ... va directement à l'aéroport de Roissy. J'aime bien aussi l'ambiance de ma rue et la gentillesse de ... l'habitent. Ils sont simples, aimables, ... j'apprécie beaucoup. »

LE SUBJONCTIF DANS LES PROPOSITIONS RELATIVES

Il est employé dans les cas suivants si on veut exprimer une éventualité, une vue de l'esprit. Mais on peut aussi utiliser l'indicatif pour souligner le caractère incontestable d'un fait.

a. Après une idée d'intention ou de but

Je cherche quelqu'un { qui pourra m'aider (fait concret) / qui **puisse** m'aider (éventualité) }

b. Après une proposition interrogative, négative ou conditionnelle

Connais-tu quelqu'un...
Je ne connais personne...
Si tu connais quelqu'un... } qui **puisse** m'aider

c. Après un adjectif au superlatif ou après « le seul », « l'unique », « le premier »

Rome est la ville la plus belle que j'**aie** (jamais) vue.

4 PROPOSITIONS RELATIVES AU SUBJONCTIF

Après avoir lu les notes sur la ville de Brasilia, mettez en pratique les trois cas d'utilisation du subjonctif dans les propositions relatives.

• ***Construisez trois phrases sur chacun des sujets suivants :***

1. Un architecte présente la ville de Brasilia :
« Nous avons voulu créer une ville qui ... »

2. Un habitant de Brasilia parle de sa ville :
« C'est la ville la plus moderne qui ... . C'est la seule qui ... où ... »

3. Un habitant de Brasilia critique sa ville :
« Il n'y a rien qui ... »

Brasilia : ville entièrement moderne, construite dans les années 50 sur un plateau désertique du Brésil. Tout y est conçu d'une manière rationnelle. Les activités de la ville sont regroupées en zones nettement séparées : quartiers pour l'habitat, pour les affaires, pour les loisirs (même les églises sont regroupées dans une zone spéciale). De grandes voies de circulation relient ces différentes zones. Beaucoup d'espaces verts. Monuments d'aspect très moderne.
Il n'y a donc pas de centre, ni de rues au sens traditionnel du terme. Pas de traces du passé.
Depuis sa création, des banlieues misérables se sont développées, en dehors du plan directeur.

Brasilia, la place des Trois Pouvoirs.

Entraînez-vous

1. Construction « pronom démonstratif + relative ».
Pour rénover sa maison, Marie a engagé un architecte d'intérieur. Confirmez ce qu'elle dit ou étonnez-vous comme dans l'exemple.

• Finalement, j'ai décidé de prendre un architecte d'intérieur.
– C'est ce que tu as décidé !

2. Construction « pronom démonstratif + pronom relatif » en début de phrase.
On vous interroge sur votre ville. Faites des réponses personnelles en utilisant la construction donnée en exemple (les réponses enregistrées portent sur Paris).

• Qu'est-ce qui vous plaît dans votre ville ?
– Ce qui me plaît, c'est qu'il y a des quartiers très différents.

UNE NAISSANCE, AU LIBAN, À LA FIN DU XIXe SIÈCLE

La scène suivante se déroule dans le village chrétien de Kfaryabda, au Liban, à la fin du XIXe siècle. Lamia, la femme de Gérios, est en train d'accoucher. Gérios est le serviteur et l'homme de confiance du chef du village (le cheikh).

(Les mots en italique sont des mots de l'arabe local.)

L'enfant naquit en une journée d'été claire et clémente. Un fin nuage adoucissait le soleil, et le cheikh avait fait étaler des tapis sur une terrasse dominant la vallée, pour déjeuner en plein air. Se trouvaient en sa compagnie le curé, *bouna* Boutros, deux autres notabilités du village, ainsi que Gérios ; et, un peu à l'écart, assise sur un tabouret, la cheikha, son *tantour* sur la tête et son fils sur les genoux. L'arak aidant, tout le monde semblait de bonne humeur. [...] Dans sa chambre, non loin de là, Lamia gémissait en poussant l'enfant hors d'elle à l'instigation de la sage-femme. Sa sœur lui tenait la main, sa grande sœur, la *khouriyyé*, l'épouse du curé.

Mariage au Caire au XIXe siècle.

Une petite fille arriva en courant vers les convives, prête à leur annoncer la nouvelle qu'ils attendaient ; leurs regards durent l'intimider, car elle rougit, se cacha le visage, et se contenta d'un mot murmuré à l'oreille de Gérios, avant de s'enfuir. Mais l'empressement de la messagère l'avait trahie, tout le monde avait compris, et le mari de Lamia, sortant pour une fois de sa réserve, annonça à voix haute : « *Sabi !* » Un garçon !

On remplit les coupes pour fêter l'évènement, puis le cheikh demanda à son intendant :

– Comment penses-tu l'appeler ?

Gérios allait prononcer le prénom qu'il avait en tête quand il sentit, par l'intonation de la voix du maître, que ce dernier avait également son idée ; aussi préféra-t-il dire :

– Je n'y ai pas encore réfléchi. Tant qu'il n'était pas né...

Il accompagna ce pieux mensonge d'une moue fort caractéristique signifiant que, par superstition, il n'avait pas osé choisir un nom à l'avance, car c'était présumer que ce serait un garçon et qu'il naîtrait vivant.

– Eh bien moi, dit le cheikh, il y a un nom qui a toujours eu ma préférence, c'est Abbas.

Par habitude, dès que le maître avait commencé à parler, Gérios s'était mis à hocher la tête en signe d'assentiment, et lorque le prénom fut prononcé, sa décision était déjà prise :

– Ce sera donc Abbas ! Et on dira plus tard au garçon que c'est notre cheikh en personne qui lui a choisi son nom !

Promenant son regard réjoui sur l'assistance pour recueillir les approbations d'usage, Gérios remarqua que le curé avait les sourcils froncés, et que la cheikha s'était mise soudain à serrer son enfant contre elle avec une rage incompréhensible.

Il faut dire qu'à Kfaryabda, et depuis des générations, il y avait des coutumes précises en matière de prénoms. Les villageois, « ceux d'en-bas », comme on les appelait, donnaient à leurs garçons des prénoms de saints, Boutros, Boulos, Gérios [...].

Dans la famille du cheikh – « ceux d'en-haut » –, on avait d'autres habitudes. Les garçons devaient porter des prénoms évoquant la puissance ou les gloires passées.

Amin MAALOUF, *Le Rocher de Tanios,* Grasset et Fasquelle, 1993.

1 LECTURE ET COMPRÉHENSION DU SENS DES MOTS NOUVEAUX

a. Premier paragraphe. Expérimentez ces trois manières de comprendre un mot nouveau sans utiliser le dictionnaire.

1. Recherchez si le mot est formé d'après un mot connu :

adoucir → doux → rendre plus doux, plus supportable

cheikha → ...

2. D'après les mots qui sont autour du mot nouveau :

... journée d'été claire et *clémente*. Un fin nuage adoucissait le soleil → douce, pas trop chaude.

étaler → ... ; un tabouret → ... ; un tantour → ... ; de l'arak → ... ; une sage-femme → ... ; à l'instigation de → ...

3. D'après la situation générale :

L'enfant *naquit* → d'après le titre et la scène qui est décrite : naître (au passé simple).

un curé → ... ; les notabilités → ... ; gémir → ...

b. Deuxième paragraphe. Trouvez le sens des mots suivants :

1. D'après la formation du mot : intimider – une messagère – l'empressement.

2. D'après l'environnement : murmurer – s'enfuir – trahir.

3. D'après la situation : les convives.

c. Mettez en pratique ces trois techniques de compréhension avec les mots nouveaux de la suite du texte.

2 UNE SOCIÉTÉ DIFFÉRENTE

a. Relisez le texte en faisant la liste de tous les comportements qui vous paraissent différents des vôtres.

b. Caractérisez le type de société qui apparaît à travers ce récit :

– les relations sociales en général
– les relations entre les hommes et les femmes
– les relations entre les adultes et les enfants
– les coutumes à l'occasion d'une naissance, en matière de choix de prénom, etc.

Cérémonies célébrant l'entrée dans l'âge adulte en Afrique.

3 COUTUMES ET ÉVÈNEMENTS DE LA VIE

(Travail en petits groupes)

Les différentes sociétés du monde célèbrent différemment les moments de la vie.

• Mettez en commun vos connaissances pour décrire comment se déroulent les évènements suivants en France, dans votre pays, dans les pays dont vous avez entendu parler :

– la naissance
– le baptême (ou l'entrée dans la vie religieuse)
– le passage de l'enfance à l'âge adulte
– le mariage
– la mort et les funérailles.

COUTUMES ET TRADITIONS

• *Une coutume* (être accoutumé, habitué à...) – *un usage* (suivre, observer, se conformer à un usage, une règle) – un mode de vie – les mœurs d'une société – les traditions.

• *Une cérémonie* (organiser une cérémonie) – un rite (de baptême, etc.), un rituel (de naissance, etc.) – accomplir un rite.

Funérailles à Bali.

S'INFORMER

SITUATIONS PRATIQUES

INTERROGER

La question porte...	
sur une personne	sur une chose
Qui (est-ce qui) parle ?	**Qu'est-ce qui** fait du bruit ?
Il aide **qui** ? **Qui est-ce qu'**il aide ?	Il fait **quoi** ? **Qu'est-ce qu'**il fait ?
À qui il parle ? **À qui est-ce qu'**il parle ? **À qui** parle-t-il ?	**À quoi** vous pensez ? **À quoi est-ce que** vous pensez ? **À quoi** pensez-vous ?
De qui vous parlez ? Etc.	**De quoi** vous parlez ? Etc.
Avec qui... Pour qui vous travaillez ?	**Avec quoi... Sur quoi** vous travaillez ?
Lequel (laquelle, etc.) vous choisissez ? **Auquel (à laquelle**, etc.) vous vous êtes adressé ? **Duquel (de laquelle**, etc.) vous avez besoin ?	

• **Interrogation indirecte.** La construction est différente de l'interrogation directe dans les cas suivants :

Tu pars ? → Dis-moi **si** tu pars.

Qu'est-ce qui fait du bruit ? → Dis-moi **ce qui** fait du bruit.

Qu'est-ce qu'il fait ? → Dis-moi **ce qu'**il fait.

L'ORGANISATION

• *Organiser (une organisation) :* désorganiser (la désorganisation) – structurer (une structure) – restructurer (une restructuration) – coordonner (une coordination) – planifier (une planification).

• *De la partie vers le tout :* faire partie de... – appartenir à... – dépendre de... – s'intégrer à... – être un élément de... – être rattaché à...

Réunir – rassembler – assembler – mettre ensemble.

• *De la totalité vers les parties :* être composé de... – comprendre – compter – être fait de... – intégrer – comporter – contenir.

Diviser – séparer – morceler.

• *Inclusion / exclusion :* inclure / exclure – tenir compte de... / ne pas tenir compte de...

Compte tenu de... / sans tenir compte de... – en dehors de... – compris / non compris.

• *Liaison :* être lié (relié) à... – être en liaison avec... – avoir un lien avec... – être associé à...

Ça correspond à... – Ça a un rapport avec...

• *L'ordre et le désordre :* être en ordre / en désordre, sens dessus dessous – une organisation bien conçue, bien structurée / confuse, embrouillée.

1 ÉTABLISSEMENTS ET SERVICES POUR L'ENSEIGNEMENT DU FRANÇAIS À L'ÉTRANGER

Écoutez. Isabelle travaille dans un centre culturel à l'étranger. Notez tout ce que vous apprenez :

– sur l'organisation des établissements et des services pour l'enseignement du français à l'étranger ;

– sur l'organisation de son centre culturel.

• ***Représentez ces organisations sous forme de tableaux.***

2 LES ASSOCIATIONS

46% des Français sont membres d'une ou plusieurs associations (fin 1993). 20 % font partie d'une association sportive, 17 % d'une association culturelle ou de loisirs, 9 % d'une association de parents d'élèves, 8 % d'une organisation syndicale, 5 % d'une association religieuse, 3 % d'une association de jeunes, 3 % d'une association de défense de l'environnement, 3 % d'un parti politique, 1 % d'une association de consommateurs. Les adhérents sont plus souvent des hommes actifs, diplômés, habitant en province. Depuis quinze ans, les associations à vocation de loisirs (sport, culture...) ont connu un engouement croissant.

Gérard Mermet, *Francoscopie*, Credoc, 1995.

a. Lisez le document ci-dessus.

Écoutez. Jean-François parle des associations et des groupes dont il a fait partie au cours de sa vie. Notez ces différentes associations. Indiquez leur rôle.

b. Interrogez votre voisin(e).

A-t-il (elle) fait partie de groupes ou d'associations. Quels étaient leurs buts ?

c. *Écoutez. Quelqu'un vous parle du mode d'association le plus répandu en France : l'association dite « loi 1901 ».*

Notez ce que vous apprenez :

– sur l'organisation de ce type d'association ;

– sur son utilité.

Intonation expressive

1. Intonation de l'interrogation. Brigitte et Frédéric sont au mariage d'un cousin de Brigitte. Frédéric ne connaît pas la famille de Brigitte.

• Répétez les questions que Frédéric pose à Brigitte.

2. Intonation des phrases avec propositions relatives. Florent a passé plusieurs années en Inde. Il parle de l'organisation de la société indienne.

• Répétez ses phrases :

a. première partie : la proposition relative est liée au mot qui précède ;

b. seconde partie : la proposition relative est détachée.

DÉBAT

3 LA FAMILLE

a. Dans le texte ci-dessous, recherchez :

– si les Français estiment que la famille est quelque chose d'important ;

– les différentes formes que peut prendre la famille aujourd'hui ;

– les problèmes posés par les nouvelles formes de familles.

b. Donnez votre opinion sur ces différentes formes de familles. Quels problèmes pose chacune d'elles ? Quels avantages présentent-elles ?

c. *Écoutez. Un ethnologue parle de certaines organisations familiales particulières. Notez leurs caractéristiques. Complétez éventuellement ces informations avec vos connaissances.*

LA FAMILLE EN FRANCE, AUJOURD'HUI

Contestée en 1968, la famille caracole[1] aujourd'hui en tête des sondages. En effet, 58 % des Français estiment qu'elle est la valeur la plus importante (selon un sondage effectué en janvier 1994 et réalisé pour *La Croix-L'Événement*-CSA) avant l'honnêteté, la justice et l'amour.

Mais famille ne signifie plus forcément mariage. Le grand bouleversement de ces dernières années, c'est l'union libre : 1 couple sur 8 aujourd'hui, contre 1 sur 35 en 1968. Perçue comme un mariage à l'essai, la cohabitation est en vogue chez les moins de 25 ans. Et cette forme de vie est parfaitement acceptée par la société puisque, selon l'institut de sondage de la Sofres, 76 % des Français reconnaissent un couple vivant en cohabitation comme une famille. Et, libéré des contraintes institutionnelles, le périmètre familial a tendance à s'étendre et à prendre de multiples formes, de la plus simple, monoparentale, à la plus vaste, la « tribalisation » dans laquelle grands-parents, oncles et tantes jouent à nouveau un rôle de premier plan.

Curieuse, difforme, la famille de 1995 apparaît comme un cercle à géométrie variable. On a trouvé des mots pour la qualifier : éclatée, recomposée, etc. Car, séparés ou divorcés, hommes et femmes tentent de refaire leur vie et de recomposer une famille avec un autre conjoint. Le ou les enfants vivent alors avec chacun de leurs deux parents et des demi-frères ou sœurs. Ils font partie de cette famille recomposée. « Plutôt que soustraction, il y a alors abondance de parents. [...] »

Ballotté[2] entre deux foyers, l'enfant souffre souvent de problèmes de références. On estime aujourd'hui à quelque 660 000 le nombre de familles recomposées en France. Et ce chiffre augmente d'autant plus que le nombre des divorces est en train d'exploser : 1 mariage sur 3 se termine aujourd'hui par un divorce, avec même une pointe à 2 sur 3 dans la région parisienne !

Patrice BOLOU et Sylvie BRIEUX, *Ça m'intéresse*, avril 1995.

1. marcher fièrement en tête • 2. être secoué et porté vers la droite puis vers la gauche.

Tout au long des pages 48, 49 et 50, vous imaginerez UNE UTOPIE c'est-à-dire une société idéale, parfaite. Vous concevrez l'organisation de cette société.

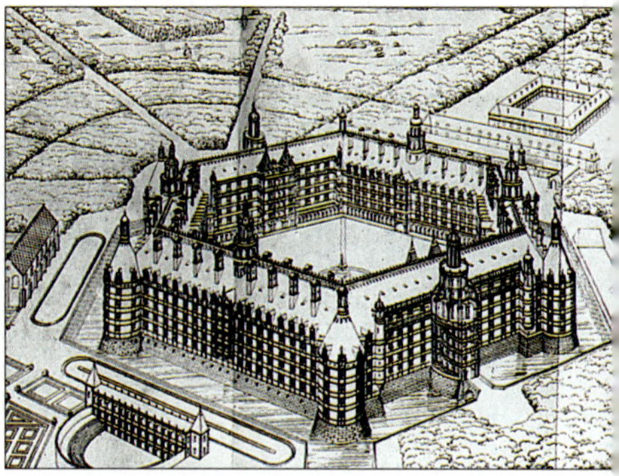

Au XVIe siècle, François Rabelais, auteur de récits comiques et philosophiques (comme *Gargantua*) imagine un lieu d'éducation idéal : l'*abbaye de Thélème*. C'est un luxueux bâtiment situé sur les bords de la Loire dans lequel chaque étudiant (garçon ou fille) dispose d'une chambre particulière. Les professeurs et les domestiques qui s'occupent des jeunes gens sont nombreux et le règlement de l'abbaye ne comporte qu'une seule phrase : « Fais ce que (tu) voudras. »

1. Présentation générale de la terre d'Utopie

a. Découvrez sur cette page quelques utopies célèbres.

• Comparez-les (lieu, organisation et règles).

• Connaissez-vous d'autres utopies ? Présentez-les.

b. Imaginez et décrivez brièvement le lieu et l'aspect général de votre terre d'Utopie. Par exemple à la manière d'un voyageur qui découvre ce pays :

– le lieu géographique (île, montagne, etc.) ;
– l'aspect de l'habitat ;
– les vêtements des habitants ;
– etc.

La terre d'Utopia que nous décrit le philosophe Thomas More en 1516 a la forme d'un croissant et comprend cinquante-quatre villes de six mille familles chacune. Comme dans l'Empire inca, on s'y habille de façon identique. Différence avec la civilisation inca, la cité n'est pas dirigée par des guerriers mais par des marchands ayant démontré qu'ils savaient gérer leurs affaires [...]. Toutes les rues sont droites et si semblables qu'il est difficile de distinguer l'une de l'autre. Toutes les villes d'Utopia sont également identiques, ce qui, dit le philosophe, rend inutiles les voyages. C'est autant de gagné pour le travail et la reproduction. Tout le monde mange au réfectoire et la sonnerie d'une trompette annonce l'heure des repas. Ceux du soir sont pris en musique, la musique adoucissant les mœurs et conduisant au sommeil. Et si des individus refusent de s'insérer dans l'ordre social, c'est à eux que l'on confie les tâches les plus rebutantes.

Michel Ragon, *L'Homme et les villes*, Albin Michel, 1975.

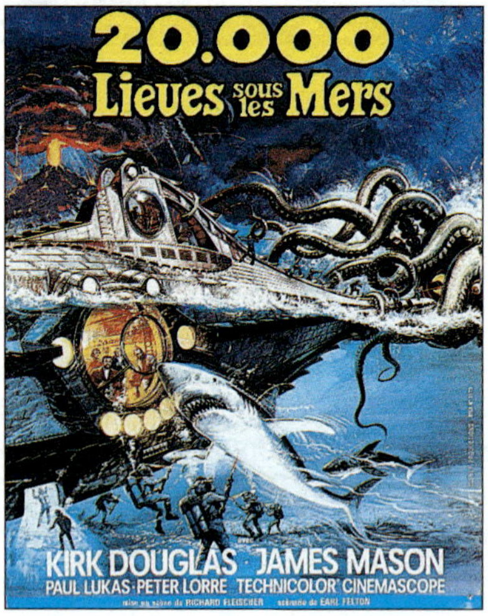

Dans le roman de Jules Verne *Vingt Mille Lieues sous les mers*, le *Nautilus* et son organisation parfaite est aussi une utopie.

Pour la population du Groenland, le paradis se situe au fond de l'océan. Y règne le perpétuel été du soleil de minuit. Ceux qui ont peiné ici-bas peuvent enfin se reposer et jouir du fruit de leurs efforts. Là est un royaume d'abondance, où ne manquent ni les chiens, ni les rennes, ni les poissons, ni les ours. Les phoques s'y trouvent tout cuits et prêts à être mangés.

Bernard Werber, *Les Thanatonautes*, Albin Michel, 1994.

Chaque religion a sa vision du paradis qui peut être aussi considéré comme une utopie.

2. L'organisation politique et administrative

a. Découvrez ci-dessous l'organisation politique et administrative de la Suisse. Repérez :

- les divisions administratives du territoire ;
- l'organisation des pouvoirs ;
- le système de désignation des pouvoirs ;
- l'histoire de cette organisation.

• Représentez le système politique suisse sous forme d'un organigramme.

b. **Écoutez. Un professeur de sciences politiques vous présente brièvement le système politique français. À partir des informations qu'il vous donne, réalisez un organigramme détaillé de ce système.**

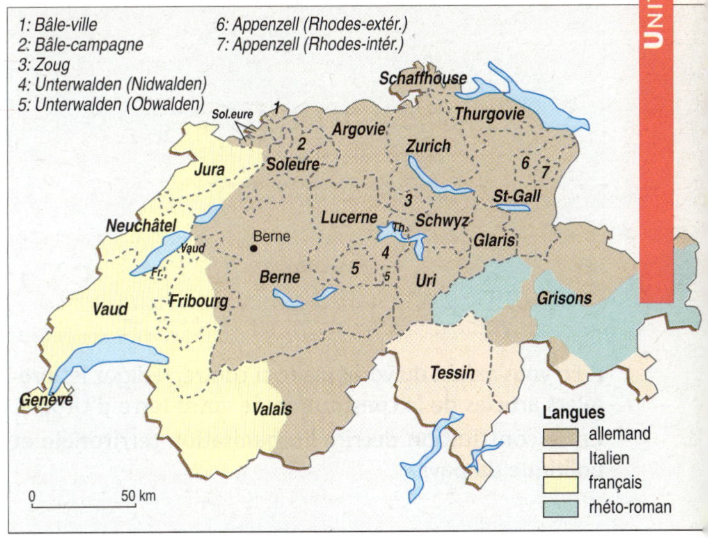

La Suisse est un pays plurilingue. On y parle allemand, français, italien et romanche.

La Suisse : gouvernement et administration

La Suisse est un État neutre, un puzzle politique composé de 23 cantons, dont 3 (Appenzell, Bâle et Unterwald) sont divisés en demi-cantons. Chacun d'eux peut se comparer à un petit État souverain, doté de son gouvernement, de son parlement, de ses lois propres et de son organigramme judiciaire. Les cantons eux-mêmes sont composés de 3 000 municipalités qui disposent d'un certain degré d'autonomie. L'ensemble de ces structures forment la Confédération helvétique dont la capitale est Berne.

La Confédération est née il y a un peu plus de sept cents ans, en 1291. Des fermiers montagnards des cantons forestiers d'Uri, de Schwytz et d'Unterwald se sont réunis et se sont juré aide et assistance en vue de préserver leurs libertés traditionnelles contre les visées de la maison de Habsbourg. L'idée d'États unis sans sacrifice de leur souveraineté commençait à germer. Mais le premier État fédéral tel qu'on le connaît aujourd'hui ne s'est pas constitué avant 1848. Chaque canton dispose de son administration autonome. Sa souveraineté s'exerce dans les domaines de l'instruction publique, de la justice, de la police, des ponts et chaussées, de la fiscalité et de la culture. Les grands services : politique étrangère, défense nationale, politique économique, devises, chemins de fer, poste, sont du domaine dévolu à la Confédération.

La constitution de 1848 a été modifiée en 1874 sans remise en cause toutefois de la structure politique de base du système constitutionnel. Le pouvoir exécutif appartient au Conseil fédéral, composé de 7 membres élus pour 4 années par l'Assemblée fédérale. Chaque membre du Conseil fédéral est placé à la tête d'un ministère.

L'Assemblée fédérale est constituée par la réunion du Conseil national et du Conseil des États. Le Conseil national représente le peuple à raison d'un député par tranche proportionnelle d'habitants dans chaque canton. Le Conseil des États représente les cantons à raison de deux représentants par canton et d'un représentant par demi-canton. Berne est la capitale administrative de la Confédération. C'est là que réside le président de la Confédération. Élu pour un an par l'Assemblée fédérale, il est choisi parmi les membres du Conseil fédéral comme le *primus inter pares* et n'est pas rééligible avant 6 ans au moins. Il ne dispose pas de pouvoirs particuliers. Les Suisses se méfient toujours du pouvoir personnel.

Le Grand Guide de la Suisse, Gallimard, 1994.

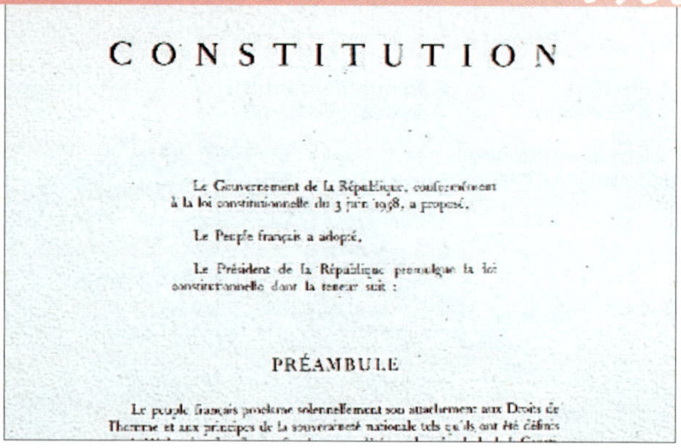

CONSTITUTION

Le Gouvernement de la République, conformément à la loi constitutionnelle du 3 juin 1958, a proposé,

Le Peuple français a adopté,

Le Président de la République promulgue la loi constitutionnelle dont la teneur suit :

PRÉAMBULE

Le peuple français proclame solennellement son attachement aux Droits de l'homme et aux principes de la souveraineté nationale tels qu'ils ont été définis

c. En vous aidant du vocabulaire ci-contre, rédigez les premiers articles de la constitution de votre terre d'Utopie. Cette constitution décrira l'organisation territoriale et politique du pays.

3. Organisation et transmission de la propriété

a. Lisez et commentez les documents ci-dessous.

b. Imaginez et rédigez une conception idéale de l'organisation et de la transmission des biens.

• L'HÉRITAGE

Dans la société traditionnelle comorienne (îles de l'océan Indien), ce sont les filles qui héritent des biens de leurs parents. Les garçons quittent très jeunes la maison familiale et vont vivre dans une maison commune de célibataires sous la protection de leur oncle. Ils ne pourront faire fortune que grâce à leur travail personnel ou en réussissant à faire un « grand mariage » avec une femme riche.

• LA PROPRIÉTÉ

Le premier qui, ayant enclos un terrain, s'avisa de dire « ceci est à moi », et trouva des gens assez simples pour le croire fut le vrai fondateur de la société civile. Que de crimes, de guerres, de meurtres, que de misères et d'horreurs n'eût point épargnés au genre humain celui qui eût crié à ses semblables : « Gardez-vous d'écouter cet imposteur ; vous êtes perdus et vous oubliez que les fruits sont à tous et que la terre n'est à personne ! »

Jean-Jacques Rousseau, *Discours sur l'origine et les fondements de l'inégalité parmi les hommes*, 1755.

POLITIQUE ET ADMINISTRATION

• ***Les régimes politiques :*** une république – une monarchie (absolue, constitutionnelle, parlementaire) – un roi, une reine.

Une dictature, un dictateur – un empire, un empereur.

Un régime libéral, totalitaire, militaire, capitaliste, communiste, etc.

• ***Les divisions du territoire :*** une commune (une municipalité) – un canton – une circonscription – un département – une région – un pays.

Un groupement – une fédération – une confédération – une communauté – une union – une colonie – un territoire.

• ***Les pouvoirs :*** un conseil (municipal, régional, etc.), un haut conseil (un conseiller) – une assemblée (nationale) – une chambre (des députés) – un sénat (un sénateur) – un parlementaire – un gouvernement (un ministre ; le Premier ministre) – un président.

Désigner – nommer – élire (une élection).

• ***Gouverner et légiférer :*** conduire une politique – gérer les affaires d'un pays.

Voter, promulguer une loi, un texte législatif.

Se prononcer sur un texte – voter pour / contre – approuver / rejeter un texte (à la majorité des voix, par 25 % des voix).

• L'ARGENT

Dans un petit village du sud-ouest de la France, une population de RMIstes (qui touchent seulement un Revenu minimum d'insertion attribué à ceux qui n'ont ni salaires ni indemnités de chômage) expérimente une société sans argent. C'est par l'échange (le troc) qu'ils arrivent à satisfaire leurs besoins.

1 PROPOSITIONS RELATIVES

Combinez les phrases de chaque groupe en utilisant des pronoms relatifs.

L'île de la Réunion.

1. L'île de la Réunion fait partie des départements français d'outre-mer. Elle est située dans l'océan Indien. La ville principale de la Réunion est Saint-Denis.

2. Sa population est composée essentiellement de descendants d'Européens et d'Indiens. Il faut ajouter à ceux-ci 20 000 Chinois.

3. Cette île a un relief volcanique. À propos de cette île on a pu dire que, vue d'avion, elle ressemblait à une fleur.

4. Il faut séjourner à Saint-Gilles-les-Bains, la station balnéaire de l'île. Vous pourrez y faire tous les sports nautiques. À partir de cette ville, vous pourrez entreprendre de nombreuses excursions.

2 L'INTERROGATION

Complétez le dialogue avec des questions.

En France, les riches doivent payer un impôt spécial : l'ISF (Impôt de solidarité sur la fortune). Un inspecteur des impôts pose des questions à un contribuable (personne qui paie un impôt).

- ..... ?

– Je vis de mes rentes.

- Pouvez-vous me dire ..... ?

– Non, je n'ai aucun autre revenu.

- ..... ?

– Mon capital me vient d'un héritage.

- ..... ?

– J'ai hérité de mon oncle, il y a trois ans.

- ..... ?

– J'ai cinq immeubles. Quatre à Paris. Un à Nice.

- ..... ?

– J'habite dans celui de Nice.

- L'an dernier, vous aviez déclaré six immeubles !

– J'ai donné le sixième à l'un de mes enfants.

- ..... ?

– À l'aîné.

3 POLITIQUE ET ADMINISTRATION

a. ***Classez les divisions administratives françaises suivantes par ordre d'importance.***

Indiquez quels sont les pouvoirs relatifs à ces divisions administratives.

- le canton
- l'état
- la circonscription
- la commune
- la région
- le département

b. ***Complétez avec un participe passé.***

Un homme politique : Raymond Barre.

Professeur de droit et de sciences économiques, Raymond Barre a été .... Premier ministre en 1976. Il a ..... les affaires du pays jusqu'en 1981 et il a ..... une loi de libéralisation des prix. En 1981, après l'élection de François Mitterrand à la présidence de la République et l'arrivée de la gauche au pouvoir, Raymond Barre a ..... de son poste de Premier ministre. En 1988, il s'est ..... à l'élection présidentielle mais il a été battu. Il a été ..... maire de Lyon en 1995.

4 FAMILLE

Quelles réflexions sur la famille vous inspire ce dessin de l'humoriste Piem ?

OPPORTUNITÉ

PIEM, *Petits-enfants, grands-parents mode d'emploi*, Le Cherche-Midi, 1989.

5 Perspectives

- Parler du futur. Faire un projet en indiquant ses buts et ses conditions de réalisation.
- Comprendre un récit littéraire.
- Exprimer des sentiments et des attitudes face à l'avenir.
- Découvrir les possibilités du monde de demain dans les domaines scientifique, technologique et humain.

De nouveaux matériaux

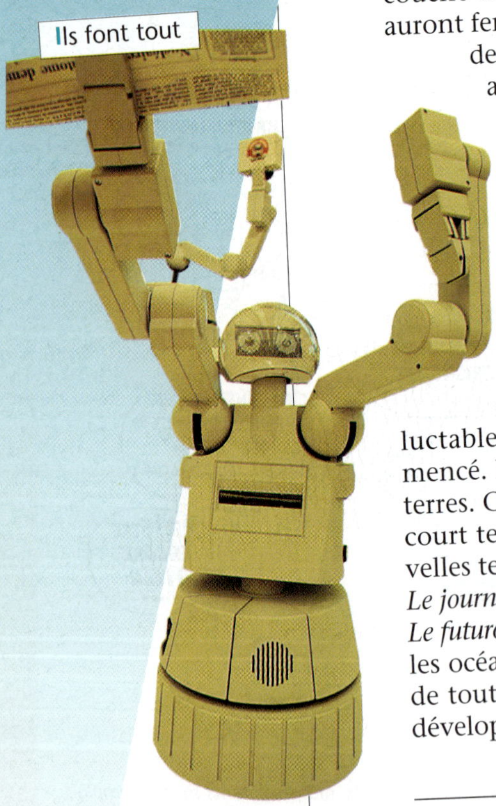

Ils font tout

Prévisions pour le XXIe siècle

Un journaliste interroge un futurologue.

Le journaliste : Vous affirmez que dans la première moitié du XXIe siècle la température de la Terre augmentera de trois degrés.

Le futurologue : Oui, à cause de l'effet de serre[1] et de la diminution de la couche d'ozone[2]. En 2050, de nombreuses stations de sports d'hiver auront fermé faute de neige. Les grandes plaines à blé du Middle West des États-Unis seront devenues des déserts. Les glaces des pôles auront en partie fondu, entraînant une élévation du niveau des mers et inondant les plaines côtières.

Le journaliste : Donc la Charte de l'environnement n'aura pas été appliquée ?

Le futurologue : Non, l'augmentation importante de la population de la planète rendra impossible son application.

Le journaliste : Supposons que nous soyons en l'an 2030… Que se passe-t-il ?

Le futurologue : Les changements climatiques se sont déjà fait sentir. On sait que désormais leurs conséquences sont inéluctables. D'ores et déjà, des mouvements de population ont commencé. Les habitants des zones inondées reculent vers l'intérieur des terres. Ceux des zones désertiques s'installent près des cours d'eau. À court terme, des conflits vont opposer ceux qui convoitent les nouvelles terres fertiles de Sibérie et du Canada.

Le journaliste : Triste perspective…

Le futurologue : Pas forcément, car l'homme fera en sorte que les mers et les océans deviennent son nouvel écosystème. Vers 2050, il disposera de toutes les technologies nécessaires pour que les villes marines se développent. L'avenir est à ces nouvelles villes en partie immergées.

D'après Thierry Gaudin, *2100, récit du prochain siècle*, Payot, 1990.

1. phénomène de concentration de certains gaz dans l'atmosphère (en particulier les gaz de combustion qui emprisonnent la chaleur autour de la Terre) • 2. gaz de l'atmosphère qui filtre une partie du rayonnement solaire.

Des capteurs solaires dans l'espace

L'exploitation de Mars

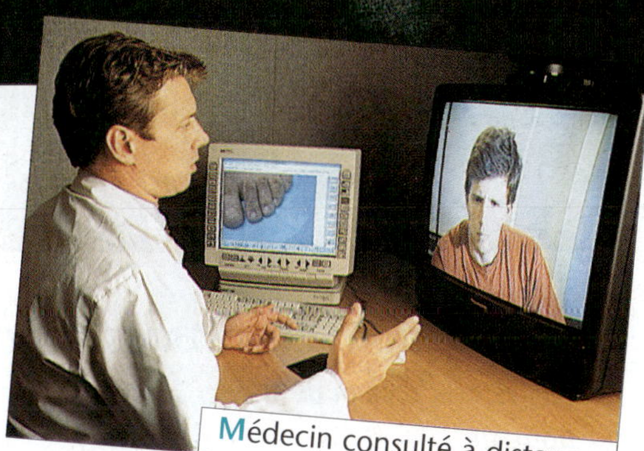

Médecin consulté à distance

1. Prévisions pour le XXIe siècle

a. Résumez l'enchaînement des évènements décrits dans ce texte.

b. Quelles seront les conséquences de ces évènements dans votre pays et en France (voir carte, à l'intérieur de la couverture).

c. Relevez les expressions de temps (« dans la première moitié, etc. ») et observez l'emploi des temps.

À chacun son avion

2. Futurologie

(travail en petits groupes)

Imaginez l'avenir de chacun des domaines représentés par les photos de cette double page.

Qu'est-ce qui aura changé dans 50 ans ? dans 100 ans ?

« Les véhicules individuels fonctionneront grâce à...

Les stations-service auront fermé leurs portes...

Tous les constructeurs automobiles actuels auront disparu et seront remplacés par... »

PROJETS ET CONDITIONS

L'EXPRESSION DU FUTUR

• **Action future proche dans l'esprit de celui qui parle**

• **Action future**

• **Résultat futur – action antérieure à une autre action future**

• **Expression de l'imminence**

Je **vais** / Je **suis sur le point de** / Je **ne vais pas tarder à** } partir

... dans une seconde, une minute, un instant.
Mon départ est proche, imminent.
Bientôt – dans peu de temps – sous peu.
À court / moyen / long terme.

• **Point de départ**

Dès... À partir de... aujourd'hui (demain), je fais (ferai du sport). J'ai **d'ores et déjà** commencé.
Désormais (dorénavant) j'en ferai tous les jours.

• **Durée**

D'ici à la semaine prochaine..., **dans** sept jours, j'aurai perdu 1 kg.
Il paraît qu'on peut perdre 3 kg **en** un mois.
Je continuerai **jusqu'à ce que** j'aie perdu 10 kg.
Au bout d'un an, je serai mince.

1 PRÉPOSITIONS ET ADVERBES DE TEMPS

Complétez avec un mot de la liste.

au bout de... dans... désormais... d'ores et déjà... dorénavant... d'ici à... jusqu'à...

Technologies de l'éducation. Propos d'un spécialiste.

• Je suis persuadé que ... trente ans notre manière d'apprendre aura complètement changé.

• ... , plus personne ne peut assimiler toutes les connaissances qui sont à notre disposition.

• ... , il s'agira surtout d'apprendre à apprendre.

• ... l'an 2020, l'enseignement va s'individualiser grâce aux technologies qui sont ... disponibles.

• Certes ... maintenant, l'école est restée très attachée à ses traditions et ceux qui parlent aujourd'hui de nouvelles technologies ne seront écoutés qu' ... quelques années. Mais je crois que ... l'évolution est irréversible.

2 LES TEMPS DU FUTUR

Un ingénieur parle du développement des sources d'énergie. À partir des notes suivantes, rédigez ce qu'il dit en variant les temps du futur.

La recherche de nouvelles sources d'énergie.

• À moyen terme
- Épuisement des réserves de pétrole de la planète.
- Développement de l'énergie des vents et des marées.
- Récupération de la chaleur emmagasinée dans la terre.
- Réduction du coût de l'énergie solaire.
- Poursuite de l'exploitation de l'énergie nucléaire.

• À long terme
- Installation de capteurs d'énergie solaire dans l'espace.
- L'eau remplace l'uranium comme combustible nucléaire.
- Toutes les productions d'énergie sont non polluantes.

Exemple : *Les réserves de pétrole vont petit à petit s'épuiser...*

L'EXPRESSION DU BUT, DE LA CONDITION ET DE LA RESTRICTION

1. Le but

- Il faut fixer une date de réunion...

pour que... afin que... / **de façon que... de sorte que...** } nous fassions le point *(subjonctif)*

pour... afin de... de façon à... faire le point

- Il faut **faire en sorte que** nous fassions le point.

Cette réunion **sera destinée à**...
Notre **intention**, notre **but** sera de...
C'est **en vue d'**une mise au point que...

- Avoir pour but (pour intention) de... – projeter (de) – envisager (de) – prévoir (de).

2. La condition

- **La condition avec « si »**

Si nous terminons le prototype en mars, nous le présenterons.
Si on travaillait 60 heures par semaine, on le terminerait (hypothèse).
Si nous avions commencé plus tôt, nous n'aurions pas eu de problèmes (hypothèse passée).

- **Autres formes**

Il sera terminé **à condition que** nous fassions des heures supplémentaires (à condition de faire...).
Du moment que nous travaillerons beaucoup, il sera terminé.

3. Dépendance et restriction

3 EXPRESSION DU BUT

Un ingénieur parle de la voiture du futur. Rédigez ce qu'il dit en expliquant le but de chaque innovation.

Exemple : « Nous avons imaginé un nouveau carburateur pour que les gaz polluants... »

Les futurs équipements des automobiles.

- **Nouveaux carburateurs** (élimination des gaz polluants).

- **Radars** (informations sur le trafic routier – conseils d'itinéraires – suppression des embouteillages – amélioration de la circulation).
- **Freinage automatique** (sécurité).
- **Sièges** (s'adaptant à la forme du corps – confort).

→ **À long terme :** conception d'un véhicule qui roule et vole.

4 EXPRESSION DE LA CONDITION

Un représentant commercial vous propose de remplacer votre vieux téléphone par un visiophone. Vous êtes sceptique et vous vous posez des questions. Imaginez ce que vous dites au représentant en utilisant les formes de la restriction, de la dépendance et de la condition.

Exemple : « Ça m'intéresserait à moins que... ça dépend de... à condition que...»

Entraînez-vous

1. Construction avec deux pronoms à la forme affirmative. Un chef de projet prépare un voyage d'affaires avec son assistante. Répondez pour elle.

- Vous m'avez préparé les plans du nouveau moteur ?

– Oui, je vous les ai préparés.

2. Construction avec deux pronoms à la forme négative. Un inspecteur du contre-espionnage industriel interroge un chef d'entreprise.

- Vous avez parlé de vos projets à vos amis ?

– Non, je ne leur en ai pas parlé.

Le Délégué

Quand il sortit des ateliers où l'on avait passé dix ans à le mettre au point, on le jugea tellement parfait qu'au premier moment on se demanda si, vraiment, il ne fallait pas lui accorder une carte d'identité et l'inscrire aux assurances sociales.

Mais, après tout, ce n'était qu'un robot. Physiquement, il n'avait rien de très extraordinaire. Il n'était ni très grand ni même particulièrement séduisant. Un homme comme beaucoup d'autres, c'est ainsi qu'il avait été conçu. Peut-être pour dissimuler les incroyables capacités dont on avait doté son système cervical ? Car ces capacités étaient indéniables et tellement vastes qu'elles posaient un problème nouveau : à quoi allait-on employer ce robot ?

Il n'y avait que l'embarras du choix, mais le choix était infini. La société qui l'avait conçu sentit soudain combien la complexité des affaires commerciales était chose relative, car cette société et toutes ses succursales, le robot aurait pu les diriger sans la moindre difficulté.

Mais comme le directeur général de la société se croyait irremplaçable et que chaque responsable d'un service avait la même impression, on décida de considérer ce robot comme s'il avait été un employé normal, ni plus doué ni moins doué qu'un autre.

On décida même de lui faire gravir peu à peu les échelons de la hiérarchie. C'est ainsi que, pour commencer, on le relégua au sous-sol, au rayon de l'expédition. En une seule heure, le robot liquida dix jours de retard, tout le travail de la journée et celui qui était préparé pour le lendemain. On l'envoya au rez-de-chaussée, car on jugea que cet exemple était néfaste pour les manutentionnaires.

D'emballeur, le robot devint secrétaire. Après une demi-heure de travail, il avait terminé le travail de toutes les dactylos, après quoi il se mit à répondre, anticipant avec génie à des lettres qui n'étaient pas encore arrivées, bâclant sans bavure le courrier des jours à venir.

Le comité d'administration de la société comprit que jamais on ne pourrait employer le robot dans un endroit où il aurait à côtoyer d'autres employés. Il était urgent de l'isoler, sous peine de provoquer à travers tous les services une irrémédiable épidémie d'infériorité.

On fit donc du robot un délégué.

Son travail était complexe, mais bien défini : voyager de ville en ville, faire la liaison entre les diverses succursales de l'affaire, envoyer régulièrement des rapports et, à la rigueur, des suggestions. Pendant un an, le délégué accomplit son travail. Coordonnant, organisant, rapportant, voyageant, sans prendre une seule heure de repos. Quant aux milliers de suggestions qu'il fit à la direction, elles permirent à la société de tripler son chiffre d'affaires en un mois et de devenir, après quelques mois, un trust dont les ramifications ne pouvaient plus être assimilées par les responsables, bref une affaire colossale qui écrasait ses dirigeants, comme ses directeurs et sous-directeurs.

Puis, un jour, on perdit le contact.

On avait envoyé le délégué en Italie. Il était bien arrivé, il avait adressé un premier rapport. Puis plus rien. On était sans nouvelles. Et personne ne connaissait son adresse à Rome.

[...]

Jacques STERNBERG, *Univers Zéro*, Marabout, 1970.

1 LE ROBOT

Faites la liste de toutes les caractéristiques physiques et intellectuelles du robot.

2 LE ROBOT DANS L'ENTREPRISE

Dans le tableau suivant, notez les détails du parcours du robot dans l'entreprise.

	1	2
Service	Rayon expédition	...
Emploi	Emballeur	...
Activités	Emballage	...
	Expédition des colis	...
Problèmes posés	...	...
par le robot	...	...

3 LA FIN DE L'HISTOIRE

Imaginez plusieurs suites à ce récit de science-fiction selon la morale que vous souhaitez donner à l'histoire.

Exemple : Morale : les robots domineront les hommes

→ Fin de l'histoire :...

4 ADAPTATION DU RÉCIT EN BANDE DESSINÉE

a. Comparez le début du récit et son adaptation en bande dessinée. Remarquez comment l'auteur de la BD a traduit le contenu du texte.

– par l'image

– dans les légendes

– dans les bulles (dialogues)

b. Imaginez maintenant la suite de la BD. Pour chaque image, faites une rapide description, indiquez le texte du dialogue et de la légende.

Exemple :

• Image 2 : Le bureau du P.-D.G. d'une entreprise. Les ingénieurs présentent le robot au P.-D.G.

• Dialogue :

Un ingénieur : Voilà, il est au point.

...

ATTITUDES FACE À L'AVENIR

SITUATIONS PRATIQUES

ATTITUDES FACE À L'AVENIR

• ***Faire un projet***
J'envisage de... – J'ai l'intention de... – Je compte faire... – Je songe à... – J'ai prévu de...
La conception (concevoir) – l'exécution (exécuter) d'un projet – mener à bien un projet, une entreprise / abandonner – laisser tomber un projet, une idée – un projet avorté.

• ***Faire une promesse***
Je vous promets de... Je m'engage à...
Je vous garantis (garantir) / Je vous assure / Je vous jure } qu'il n'y aura aucun problème

• ***Exprimer la confiance et la méfiance***
Avoir confiance en quelqu'un, quelque chose – faire confiance à quelqu'un.
On peut / on ne peut pas... compter sur lui, se fier à lui, s'en remettre à lui.

• ***Sentiments face à l'avenir***
La peur et le courage (voir p. 70).
L'embarras : Je suis embarrassé, ennuyé – Cette situation m'embarrasse, m'ennuie, me préoccupe.
Les perspectives positives : Cette perspective m'enchante – Je me réjouis de... – J'ai hâte de... – Je languis de...

• ***Rassurer / alarmer***

1 RÉACTIONS À PROPOS D'UN PROJET

a. **Changement de vie.**

Nicolas est ingénieur. Il fait part à sa femme (Marianne) et à son frère (Loïc) de son projet d'abandonner son métier pour se consacrer à sa passion : la musique.

- Faites la liste des arguments des uns et des autres.

- Notez les petits mots (interjections, expressions, brèves) qui expriment les réactions spontanées.

b. Jeu de rôles.

En utilisant les expressions du tableau et du dialogue ci-dessus, préparez et jouez l'une des scènes suivantes à trois personnages :

- l'un présente un projet ;

- un autre émet des réserves, exprime son inquiétude, sa méfiance, etc. ;

- le troisième encourage, exprime sa confiance, rassure.

1. Un(e) étudiant(e) décide d'arrêter ses études pendant un an pour faire un voyage autour du monde.

2. Un(e) fonctionnaire décide d'abandonner son emploi et sa sécurité pour créer une entreprise.

3. Un(e) lycéen(ne) de 18 ans décide de se marier.

2 SITUATIONS EMBARRASSANTES

a. Que faire ? Mathilde se trouve dans une situation embarrassante. Laquelle ? Notez les raisons de ses hésitations et les conseils que lui donne son amie Brigitte.

b. Jeu de rôles. Préparez et jouez avec un(e) partenaire l'une des situations suivantes ou une autre situation embarrassante de votre choix.

Intonation expressive

Écoutez et répétez ces dix courtes scènes.
Dans chaque scène, la même phrase est répétée deux fois mais son intonation change la deuxième fois. **Qu'exprime cette intonation ?**

DÉBAT

3 POUR OU CONTRE LA RÉVOLUTION CYBERNÉTIQUE

a. Écoutez. Trois personnes expliquent comment l'ordinateur et les outils multimédias les aident dans leur vie quotidienne et professionnelle.

Notez et regroupez les avantages qui sont exposés.

b. Lisez et commentez le tableau « Faut-il y croire ou s'en méfier ? ».

Organisez un débat sur chacune des raisons présentées.

c. Lisez l'opinion de Philippe Quéau. À quoi compare-t-il la révolution cybernétique ? Donnez votre propre opinion sur cette comparaison.

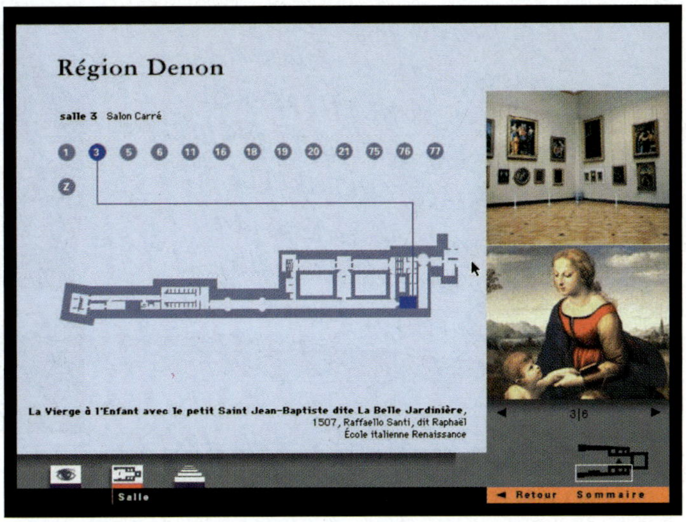

Le CD ROM sur le musée du Louvre.

Multimédia Faut-il y croire ou s'en méfier ?

5 RAISONS D'Y CROIRE

1. Des métiers pour l'avenir

Le multimédia ouvre de nouvelles perspectives aux professions : artistes, scientifiques, vendeurs, juristes...

2. Le village planétaire

Grâce à un réseau comme Internet, chacun peut avoir des correspondants en direct partout dans le monde.

3. Le plaisir et la facilité d'apprendre

La connaissance est envisagée sous des angles inédits et attractifs : avec le multimédia, on apprend plus et mieux.

4. La vie quotidienne simplifiée

Chaque jour, toute la famille peut accéder à de multiples services : Bourse, achats à distance...

5. Toutes les générations réunies

Les anciennes générations comblent leur retard sur les plus jeunes : chacune a accès au même savoir.

5 RAISONS DE S'EN MÉFIER

1. Le repli sur soi et sur son ordinateur

Le monde virtuel limite les relations solides et véritables avec les autres.

2. La vie privée menacée

Toute personne connectée à un réseau et malintentionnée peut en espionner une autre grâce à ses « traces » numériques.

3. Le multimédia trop cher

Longtemps encore, les plus démunis et le tiers-monde en seront privés : le fossé risque de se creuser davantage.

4. L'imagination en danger

Le multimédia a la capacité de tout imaginer. À notre place ? Quel sera l'avenir du livre ?

5. Une aubaine pour les criminels

Ils sont libres d'échanger sur réseau des données codées et de pirater des informations secrètes.

Le Quid, 1996.

L'opinion de Philippe Quéau, créateur du salon « Imagina »

La révolution du virtuel ne fait que commencer. Il s'agit d'un véritable « cyber-bang » dont les conséquences économiques, sociales, politiques sont incalculables [...]. Tout va s'accélérer. Internet incarne l'idée d'une interconnexion à l'échelle de la planète de toutes les machines à communiquer. Cela ne va plus cesser de se développer. Des pans entiers de l'économie vont être affectés par le développement de la civilisation de l'immatériel et du virtuel. La révolution actuelle est comparable, dans son essence, à la révolution de la Renaissance et de la Réforme au début du XVIe siècle. La nouvelle imprimerie, c'est le virtuel. La nouvelle Amérique, c'est le cyberspace. La nouvelle Réforme, c'est celle – encore à faire – qui nous permettra de changer nos visions étriquées et apeurées, pour bâtir un monde encore inconnu.

L'Express, février 1996.

Une réalisation pour notre époque

Tout au long des pages 60, 61 et 62, vous concevrez et rédigerez LE PROJET D'UNE ENTREPRISE OU D'UNE RÉALISATION TECHNIQUE, COMMERCIALE, CULTURELLE, ETC. Ce projet devra correspondre à un besoin de votre ville, de votre région, etc.

Le Parc Astérix, créé en 1989 et proche de Paris, est un parc de loisirs pour enfants situé dans une zone paysagère. Les célèbres aventures des bandes dessinées *Astérix le Gaulois* y sont prétexte à des activités récréatives et à des découvertes de l'Histoire.

1. Mettez-vous en condition

a. Lisez le texte ci-dessous. Relevez les étapes du parcours de Claude Paulin. Recherchez ses motivations, ses échecs et ses réussites.

b. Quels ont été les facteurs de succès de son projet de création d'hôtel (L'Esplan à Saint-Paul-Trois-Châteaux) ?

c. Connaissez-vous des réussites semblables ? Présentez-les.

CLAUDE PAULIN
De la caisse à la réception

Jusqu'à l'âge de 40 ans, Claude Paulin a fait une carrière dans la banque...

Et puis soudain, à 40 ans, ce père de deux garçons démissionne, abandonne son costume et ses privilèges, puis quitte sans remords sa villa de fonction[1]. En route pour l'aventure ! « J'avais envie de rencontrer des gens qui ne soient plus en représentation[2]. »

D'abord, il erre[3] un peu. Obsédé par le « bien-être » et l'« équilibre », il travaille sur un projet de centre de santé à Dieulefit, dans la Drôme. Trois ans plus tard, les investisseurs se rétractent[4]. Mais le Club Med, lui, rachète l'idée et installe à Dieulefit un complexe de balnéothérapie : l'idée de Paulin n'était donc pas qu'une lubie[5]. Il hypothèque[6] alors sa maison et se porte acquéreur de l'Esplan, un petit hôtel dans le Dauphiné, à Saint-Paul-Trois-Châteaux. Plus question d'échouer : il met sa femme au travail. Persuadé que le succès de son hôtel passe par le soutien de personnalités, Claude Paulin multiplie les mondanités pour faire connaître l'Esplan. Il séduit les célébrités avec ses « week-ends truffes[7] » et invente au fil des saisons des formules pédago-gastronomiques, histoire de dynamiser l'Esplan. Une bâtisse de 35 chambres toutes différentes pour rompre avec le prêt-à-dormir des grandes chaînes hôtelières : « Je l'ai voulu anti-hall de gare, mais compétitif. »

L'hôtelier compte aussi attirer les hommes d'affaires du Tricastin, le technopôle proche. Originaire de la tribu « costume-cravate-stress », il sait, dit-il, les décompresser !

Aujourd'hui, son restaurant affiche complet [...]. Il n'est pas exclu que demain, l'hôte de Saint-Paul-Trois-Châteaux fasse du concept de l'Esplan une petite chaîne[8]...

Karen SARANGA, *L'Express*, juin 1996.

1. habitation prêtée gratuitement par l'entreprise • **2.** le fait d'être obligé de se montrer toujours à son avantage • **3.** aller sans but précis • **4.** annuler un contrat • **5.** idée passagère et un peu folle • **6.** mettre une propriété en gage contre un prêt bancaire • **7.** bulbe aromatique rare et apprécié des gastronomes • **8.** ensemble d'entreprises du même type.

Le tunnel sous la Manche. Un projet qui date du XVIIIe siècle et qui a été réalisé en 1994 par la société Eurotunnel. Le TGV « Eurostar » permet la liaison Paris-Londres en trois heures.

MÉDECINS DU MONDE

Médecins du Monde. Une organisation créée en 1980 qui apporte aux pays du tiers monde une aide dans le domaine de la santé.

ÉTAT DES LIEUX

- ***L'existence et le manque***

L'existence/l'inexistence – Il existe... – Il y a... – On trouve...

Le manque – Dans cette école, il manque une classe – Une classe manque – Cette école manque d'espace

Une classe fait défaut – L'école a été privée de...

On remarque la présence/l'absence de...

Le besoin – avoir besoin de... – nécessiter – exiger.

- ***L'état des choses***

Être en bon/mauvais état – avoir des défauts, des carences en..., des imperfections

Un bon/mauvais fonctionnement – un dysfonctionnement – Ça fonctionne bien/mal.

→ La dégradation – (se) dégrader – une détérioration (se détériorer) – (s')abîmer.

Démolir – détruire – endommager – casser – briser.

Être en ruine, démoli, détruit, etc.

→ Améliorer – perfectionner – revoir – corriger – rectifier – amender.

Réparer – refaire – remettre en état.

- ***Organisation et désorganisation*** *(voir p. 46).*

2. Choisissez votre projet

a. Faites en groupe la liste de quelques grandes réalisations qui vous ont frappé(e) dans votre ville, votre pays, en France et dans le monde. Observez les photos des pages 60 à 62.

b. Choisissez votre projet (il peut s'agir d'une création ou d'une amélioration).

3. État des lieux. Analyse des besoins

a. Lisez le dernier paragraphe de l'article. « Il faut sauver le Taj Mahāl. » De quel projet s'agit-il ?

Lisez le reste de l'article en notant tout ce qui justifie le projet.

b. Recherchez des justifications aux différentes créations représentées sur les photos des pages 60 à 62.

c. Rédigez le début de votre projet. Il s'agit de le justifier, de montrer qu'il correspond à un besoin.

Le Taj Mahāl est un immense monument funéraire élevé à Agra (Inde) au milieu du XVIIe siècle.

Il faut sauver le Taj Mahāl

Le Taj Mahāl est en danger. Depuis quinze ans, les habitués remarquent que le marbre se ternit[1], que les taches grises se multiplient, que des fissures apparaissent, annonciatrices de dégâts futurs. La rivière Yamunā, autrefois limpide, charrie[2] des eaux boueuses. L'air est chargé des poisons des usines de la région. Dans son bureau de Delhi, le responsable des monuments de l'Archeological Survey of India, le Dr Agrawal, lui aussi amoureux du Taj, se démène[3] pour que les pollueurs soient punis et les citoyens informés. [...]

Mais voilà, il doit veiller sur un territoire immense, avec un patrimoine de plusieurs milliers d'édifices superbes. Seize d'entre eux sont inscrits sur la liste de l'héritage mondial de l'Unesco. Une gloire lourde à assumer *[car derrière le Taj Mahāl se trouve la grande ville industrielle d'Agra]*. C'est l'énergie de cette ville, résolue à tout prix à sortir de la misère, qui menace le dôme immaculé du Taj. Et, à 40 kilomètres au-delà de la Yamunā, la raffinerie de Mathura, protégée comme une centrale nucléaire, projette dans l'atmosphère des fumées chargées de soufre.

À ce grand monument, il manquait un grand projet. La Banque asiatique de développement vient de proposer de reloger les usines loin de la ville, de déplacer une partie de la voie rapide Delhi-Jaipur.

L'Express, août 1996.

1. perdre sa couleur • **2.** transporter • **3.** être très actif.

4. L'enchaînement des arguments

Pour apprendre à présenter des arguments, complétez le projet suivant avec les mots du tableau.

PROJET D'AMÉNAGEMENT D'UNE ZONE TOURISTIQUE PRÈS DU SITE DU PONT-DU-GARD.

1. Étude des besoins.

Le Pont-du-Gard est le monument le plus célèbre de notre région. Pourtant, les touristes qui le visitent ne s'y arrêtent que quelques heures car [...], ils ne trouvent sur le site [...] hôtels, [...] restaurants, et [...], les deux villes où ils peuvent trouver un logement (Avignon et Nîmes) sont à plus de 20 km. [...], beaucoup de touristes déclarent que le site manque d'un lieu d'information.

[...], aucun espace n'a été prévu pour les enfants. [...] la sécurité du site, elle laisse quelque peu à désirer.

2. Projet.

Situation. La zone touristique pourrait être située [...] à 3 km à l'est, [...] à 4 km au sud. Les deux solutions présenteraient l'avantage de la proximité. [...], la beauté du site serait préservée puisque [...] les constructions se feraient en dehors de la zone protégée des gorges du Gardon, et [...] elles ne seraient pas visibles même depuis le sommet du monument.

LA SUCCESSION DES ARGUMENTS

• ***Relier deux arguments***

Et – ainsi que – ensuite...

Ou... ou (bien)... – soit (que)... soit (que)...

Ni... ni... *(après une négation).*

D'une part... d'autre part – non seulement... mais aussi... – d'un côté... de l'autre.

• ***Mettre en valeur un argument supplémentaire***

En outre – de plus – par ailleurs...

Autre fait (problème, solution, etc.) – et surtout...

• ***Présenter un argument d'un ordre différent***

Quant à... – à propos de... – en ce qui concerne... – en matière de...

• ***Succession de plusieurs arguments***

→ Tout d'abord – premièrement – pour commencer...

→ Ensuite – deuxièmement – en second lieu...

→ Enfin – pour finir – en dernier lieu – dernier point...

N.B. : Les mots énumérés dans une phrase peuvent ne pas être précédés d'un article :

« Commerçants, particuliers, professionnels du tourisme, entreprises sont intéressés par ce projet de construction d'autoroute. »

Le Pont-du-Gard. Aqueduc de l'époque romaine enjambant la rivière le Gardon. Le projet d'aménagement touristique fait l'objet d'un conflit entre ceux qui souhaitent le développement touristique de la région et ceux qui veulent préserver l'aspect sauvage du site.

5. Rédaction du projet

a. Selon le type de projet que vous aurez choisi, sélectionnez dans la liste suivante les points que vous pourrez développer (3 ou 4 lignes par point).

- Buts, vocation de l'entreprise ou de la réalisation.
- Situation – Zone d'activité.
- Description – Organisation – Durée.
- Personnel – Coût – Financement.

b. Présentez et argumentez votre projet. Soulignez ses avantages.

6. Présentation du projet

a. Présentez oralement votre projet.

b. La classe porte une appréciation sur sa justification et pose des questions complémentaires.

Réinsertion des jeunes délinquants. Une association organise des croisières pour les jeunes qui ont commis des délits importants. Ils y réapprennent la vie de groupe et la solidarité. Ils reprennent goût à la vie.

1 LISEZ L'ARTICLE ET OBSERVEZ LES PHOTOS

2 SITUATIONS VERBALES À RÉDIGER SELON LES INSTRUCTIONS

a. • Le chef de projet du barrage présente les buts de son projet (3 phrases – Variez l'*expression du but*).
• Il présente ce que sera devenue la région dans 10 ans (3 phrases – Utilisez le *futur antérieur*).
• Un écologiste décrit ce que sera devenue la région dans 10 ans (3 phrases – Utilisez le *futur antérieur*).
b. Un responsable de la Banque mondiale dit à quelles conditions il acceptera de financer le barrage (3 phrases – Utilisez *l'expression de la condition, de la dépendance, de la restriction*).
c. Petit dialogue (10 phrases) entre le maire d'un village qui se trouve sur l'emplacement du futur barrage et un villageois.
Le villageois exprime ses craintes et sa méfiance. Le maire rassure, exprime sa confiance et fait des promesses.

3 RÉPONDEZ À CES QUESTIONS D'UN JOURNALISTE

- Qui sont les partenaires du projet ?
- La réalisation du projet a-t-elle commencé ?
- Pourquoi la Banque mondiale hésite-t-elle à financer ce projet ?
- À qui profitera la réalisation du barrage ?
- À court terme, qui seront les perdants dans cette affaire ?

4 VOCABULAIRE

Trouvez dans le texte un mot correspondant à ces définitions.

- Faire mourir en immergeant dans l'eau.
- Arbre souvent peint par Van Gogh.
- Héberger, protéger.
- Spécialiste.
- S'interroger.
- Fausse raison.

5 RELEVEZ LES MOTS QUI PERMETTENT LA PRÉSENTATION ET L'ENCHAÎNEMENT DES ARGUMENTS

Laos. Pressions pour un barrage

Nouveau problème écologique pour la Banque mondiale : doit-elle ou non financer le barrage hydroélectrique de Nam-Theum au Laos ? Comme d'habitude, pour ce type d'ouvrage, il est difficile de concilier l'économie et l'écologie. D'un côté, ce barrage serait une source de richesse pour ce pays pauvre car il permettrait de revendre pour 1 milliard de francs d'électricité par an à la Thaïlande. Mais, de l'autre, son lac de retenue noierait une forêt extrêmement rare de cyprès qui abrite, en outre, de nombreuses espèces animales protégées (aigles, tigres, ours, etc.). Et surtout il faudrait déplacer 4 000 villageois.
D'ores et déjà, les militaires ont commencé à couper les arbres. C'est qu'un cyprès centenaire peut se vendre jusqu'à 12 000 F. Certains experts se demandent même si les très nombreux projets de barrage dans l'Asie du Sud-Est ne sont pas qu'un prétexte pour exploiter les bois précieux. En cinquante ans, la forêt du Laos a diminué de moitié.
La Banque mondiale osera-t-elle refuser de financer ce barrage ? De fortes pressions s'exercent sur elle. Non seulement au Laos, mais aussi de la part des cinq grosses compagnies étrangères qui se partageront les trois quarts de la propriété du barrage.

D'après *Le Point*, juin 1996.

6 Au-delà du réel

- Faire des hypothèses et exprimer les causes ou les origines des évènements.
- Comprendre des textes à caractère scientifique. Donner des explications sur des sujets scientifiques.
- Exprimer des sentiments éprouvés face à une réalité inattendue (surprise, inquiétude, indifférence, etc.).
- Découvrir quelques aspects de la France mystérieuse, les religions en France et certains problèmes scientifiques.

Les signes du monde

Christel raconte un étrange évènement qu'elle a vécu, une nuit, dans un train.

Je revenais une nuit d'Angers à Nantes par le rapide[1]. Il y a là presque à mi-parcours un paysage que j'aime, où la Loire se resserre entre de hautes collines boisées, couronnées de châteaux, un val vraiment royal. J'étais seule dans le couloir, affrontée à une nuit monotone, zébrée de pluie. Comme il m'arrive souvent, je « parlais à mon propre cœur ». Je vis très seule et souvent je dialogue ainsi avec moi-même. Je trouve là, moi qui ai tant l'esprit et la conversation de l'escalier[2], mes plus beaux effets oratoires, et je m'échauffe[3] parfois jusqu'à une bizarre émotion. J'imaginais un interlocuteur, et je le préparais à cet effet de lumière sur la Loire que j'ai si souvent remarqué au même endroit. « Mais quel dommage, quel dommage vraiment qu'il soit nuit noire. » Et juste à ce point, juste, – l'espace de deux à trois secondes, il fit clair *comme en plein jour*, une lumière d'apocalypse, une lumière déchirante de magnésium, jusqu'à l'extrême horizon. Je restai là, pâle comme une statue, sans remuer bras ni jambes, pâle comme on pourra l'être au son de la trompette du Jugement[4]. [...] Le lendemain, j'appris par les journaux qu'un bolide[5] avait traversé la Loire et semblait s'être abîmé[6] à une centaine de kilomètres en mer. Je ne pourrai oublier de ma vie ce « qu'à cela ne tienne »[7] fabuleux. J'ai placé le bolide au rang des signes de mon zodiaque.

Julien Gracq, *Un beau ténébreux*, José Corti, 1945.

1. train rapide • 2. une conversation faite de banalités • 3. s'enthousiasmer, s'exciter • 4. selon le livre de l'Apocalypse (extrait de la Bible), la fin du monde sera annoncée par les trompettes des anges et par la lumière de Dieu • 5. une météorite • 6. tomber • 7. l'expression signifie « peu importent les conséquences ». Ici, l'apparition du bolide ne tient pas (n'est pas liée) au souhait de Christel. Et pourtant elle reste une coïncidence mystérieuse.

Signes mystérieux.

La ville d'Ys (Bretagne) a été recouverte par l'eau au Ve siècle. Mais par temps calme, on entend quelquefois sonner la cloche de l'église de la ville engloutie.

LES CRÉATURES VENUES DU CIEL.

Au pic Saint-Loup, au nord de Montpellier, des passionnés d'OVNI (Objets Volants Non Identifiés) attendent l'arrivée des extraterrestres. Et comment expliquer que certains jours de pluie les grenouilles tombent du ciel ?

FANTÔMES ET LIEUX HANTÉS.

Au Hameau de la Reine, à Versailles, plusieurs témoins ont affirmé avoir vu en plein jour le fantôme de Marie-Antoinette, femme de Louis XVI, décapitée pendant la Révolution.

TRACES ET LIEUX MYSTÉRIEUX.

Comment et pourquoi ont été tracées ces mystérieuses figures géométriques dans une région du Pérou ?

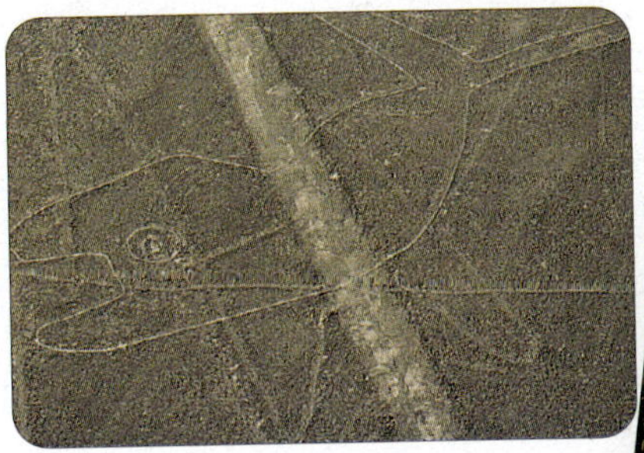

PERFORMANCES HUMAINES EXTRAORDINAIRES.

Comment certains peuvent-ils se mettre en lévitation, avaler des charbons brûlants, supporter sans vêtements des températures glaciales ?

PRÉDICTIONS.

On consulte encore les écrits de l'astrologue Nostradamus (1503-1566) qui, dès le XVIe siècle, avait prédit les circonstances et la date de la mort du roi Henri II, le grand incendie de Londres, la Révolution française et les terribles guerres du XXe siècle.

MIRACLES ET GUÉRISONS.

Des millions de pélerins vont chaque année à Fatima (Portugal) et à Lourdes (France) où s'accomplissent des guérisons que les croyants considèrent comme miraculeuses. Sont considérés comme des miracles également les statues de la Vierge qui pleurent ou qui sourient, les Christ qui saignent, etc.

1. Compréhension du texte de J. Gracq

a. Détaillez les quatre moments de cette scène :

1. la situation (le lieu) – 2. les pensées de Christel – 3. l'évènement – 4. la conclusion.

Caractérisez ces détails par des adjectifs.

b. Pourquoi peut-on dire qu'il y a dans l'aventure de Christel une coïncidence troublante ?

2. Lieux, personnages, animaux, évènements mystérieux (travail en petits groupes)

Répartissez-vous les thèmes suggérés par les photos de cette double page. Pour chaque thème :

- **recherchez d'autres exemples ;**
- **faites des hypothèses pour expliquer ces évènements ou ces manifestations.**

HYPOTHÈSES ET CAUSES

EXPRESSION DE L'HYPOTHÈSE

1. Affirmation non vérifiée (exprimée par le conditionnel)

Regarde cette empreinte dans le rocher ! La légende raconte que Du Guesclin **serait passé** par là. C'est le pied de son cheval qui **aurait fait** cette marque.

2. La phrase : hypothèse + conséquence

• Si + imparfait (ou plus-que-parfait) ➜ conditionnel présent (ou passé).

N.B. À partir de la deuxième hypothèse on emploi le subjonctif.

Si Du Guesclin **était venu** ici et qu'il **ait traversé** la région on en **trouverait** des traces dans sa biographie.

• Expression verbale + simple hypothèse au subjonctif ➜ conditionnel.

Admettons (supposons, imaginons, en admettant), que ce soit une empreinte de cheval, elle serait beaucoup plus petite.

3. Autres cas

• « Comme si » : hypothèse réfutée.

– Et **si c'était** un fossile ?

– **Comme si** les fers à cheval **avaient existé** il y a 100 millions d'années !

• « Pour le cas ou » : éventualité.

Allons voir plus loin **au cas où (pour le cas où) on trouverait** d'autres traces.

• Éventualité par le futur antérieur.

À mon avis, c'est le syndicat d'initiative qui **aura fait** ça pour attirer les touristes.

• Double supposition.

C'est un berger qui a fait ça. **Soit qu'**il ait voulu s'amuser, **soit qu'**il ait marqué un point de repère.

1 EXPRESSION DE L'HYPOTHÈSE

***a.** Lisez ci-contre la légende de la Tarasque. Racontez cette histoire en faisant apparaître (au conditionnel) les informations qui relèvent de la légende.*

***b.** Imaginez des mini-dialogues comme dans l'exemple. Les gens de l'époque font des hypothèses sur la nature de l'animal, sur les causes des disparitions, etc.*

Exemple :

« – Et si c'était un loup qui dévorait les gens.

– Impossible, si c'était un loup, le monstre ne serait pas aussi gros, etc. »

***c.** Faites des hypothèses sur les éléments de la légende qui pourraient être vrais.*

Exemple :

« En admettant qu'il y ait eu des disparitions mystérieuses… En supposant que ce soit un animal qui…

En imaginant qu'une femme… »

***d.** Donnez votre explication personnelle sous forme de plusieurs hypothèses.*

« C'est... soit que... soit que... »

2 LES CRÉATURES FABULEUSES

***a.** Connaissez-vous des légendes d'animaux ou de créatures fantastiques. Racontez-les.*

***b.** Faites des hypothèses sur l'origine de ces créatures et de ces légendes.*

Une fois par an, on promène la Tarasque → dans les rues de Tarascon.

LA LÉGENDE DE LA TARASQUE

Il y a très longtemps, à Tarascon (près d'Avignon) sur les bords du Rhône, existait un énorme dragon mi-animal terrestre mi-poisson qui terrorisait les gens. Il se cachait tantôt dans les bois, tantôt dans le fleuve et dévorait tout ce qui passait à sa portée : hommes et bêtes. De nombreuses expéditions armées avaient été organisées contre lui mais aucune n'avait réussi.

Mais un jour, sainte Marthe arriva pour évangéliser la région. Elle découvrit la Tarasque, lui montra une croix, lui jeta de l'eau bénite et l'attacha avec sa ceinture. Quand elle entra dans Tarascon avec le monstre en laisse, tous les habitants se précipitèrent sur l'animal et le tuèrent. Puis, convaincus par le miracle, ils se convertirent au christianisme.

La Fontaine de Barenton était à l'époque gauloise un lieu de culte. Aujourd'hui, des traditions et des légendes y sont encore rattachées.

EXPRESSION DE LA CAUSE ET DE L'ORIGINE

Pourquoi (pour quelles raisons) cette fontaine est-elle sacrée ? **Comment se fait-il (d'où vient que)** les gens y viennent nombreux ?

• Cause exprimée par un nom.

C'est **pour (en raison de..., à cause de..., du fait de..., grâce à** [cause positive]**...)**, ses **pouvoirs** mystérieux.

• Cause exprimée par un verbe.

Venir de – provenir de – résulter de – s'expliquer par – être causé par – être dû à.
Le mystère **vient du fait** que l'eau bouillonne en permanence. C'est un étrange bouillonnement qui **est à l'origine** du mystère.

• Cause exprimée par une conjonction de subordination.

Parce que (étant donné que, vu que, du moment que) son eau guérissait de la folie, elle est devenue sacrée.
Comme son eau guérit de la folie, c'est devenu un lieu de culte.
Elle a des pouvoirs mystérieux **car** si on verse quelques gouttes d'eau sur ses bords, il pleut les jours suivants.
Puisque cette fontaine avait des pouvoirs mystérieux dans le passé, pourquoi n'en aurait-elle pas aujourd'hui ?

3 LES MOTS EXPRIMANT LA CAUSE

a. Observez la photo et complétez l'extrait du guide touristique avec des verbes (V), des prépositions (P) ou des conjonctions (C) exprimant la cause.

Les pénitents des Mées dans les Alpes du Sud.

Les Mées (environs de Sisteron).

Le mot Mées ... (V) ... latin *metae* qui signifie « borne ». C'est ... (P) ... leur ressemblance avec les bornes romaines que ces rochers bizarres furent appelés ainsi. Mais on les a aussi nommés « pénitents » ... (P) ... leur ressemblance avec des moines dont la tête est couverte d'un capuchon.

Pour les géographes, ces formes étranges ... (V) ... par l'érosion. ... (C) ... dans cette région, certaines roches sont plus dures que d'autres, elles sont restées intactes malgré la pluie et le vent.

Les rochers des Mées ont aussi leur légende. À l'époque des guerres contre les Sarrasins (IXe siècle), il y avait dans la région une abbaye et un château. Et saint Donat, supérieur de l'abbaye, n'était pas content ... (C) ... le seigneur du château avait ramené de la guerre un harem de belles Sarrasines.

... (C) ... saint Donat était très puissant, le seigneur accepta de rendre le harem à son propriétaire. Les moines furent chargés du transport, mais ... (C) ... c'était aussi des hommes, ils ne résistèrent pas à la tentation.

La punition de saint Donat fut terrible : « ... (C) ... vous avez commis ce péché, vous serez transformés en pierre », leur dit-il.

... (C) ... on ne plaisantait pas sur la question au Moyen Âge !

b. Présentez des lieux, des monuments, etc., dont le caractère étrange a été expliqué scientifiquement et par des légendes.

Entraînez-vous

1. Votre voyage en France n'a pas été très réussi. Exprimez vos regrets comme dans l'exemple.
• Vous n'avez pas visité le Sud faute de temps.
– Ah ! Si j'avais eu le temps, j'aurais visité le Sud.

2. Votre ami Jacques a disparu depuis quinze jours. Confirmez les suppositions de votre amie Marie en commençant vos phrases par les mots ci-dessous.
1) Si – 2) En admettant que... – 3) Supposons que... 4) Si – 5) Je suppose que... – 6) En imaginant que... 7) Si – 8) Si.
• Il n'est pas en voyage. Il n'a pas envoyé de carte.
– S'il était en voyage, il aurait envoyé une carte.

L'univers, quelques millièmes de seconde après le Big Bang.

Le « Big Bang », origine de l'univers

Un journaliste interroge l'astrophysicien Hubert Reeves sur l'origine et la crédibilité de la théorie du « Big Bang ».

– Le Big Bang reste donc très abstrait. On peut même se demander s'il n'est pas le pur produit de l'imagination des scientifiques, s'il a une vraie réalité.

– Comme toute théorie scientifique, celle du Big Bang est fondée à la fois sur un ensemble d'observations et sur un système mathématique (la relativité générale d'Einstein). [...] Si cette théorie est crédible, c'est parce qu'elle a déjà prédit correctement le résultat de plusieurs observations, et que ces prédictions ont été confirmées ; ce qui montre que le Big Bang n'est pas seulement un produit de l'imagination des scientifiques, mais qu'il touche à la réalité du monde.

– Soit. Mais comment peut-on le décrire si l'on ne peut pas le voir ?

– On en voit de nombreuses manifestations. Vers 1930, un astronome américain, Edwin Hubble, a constaté que les galaxies s'éloignent les unes des autres, à des vitesses proportionnelles à leur distance. Un peu comme un pudding que l'on met au four : à mesure qu'il gonfle, les raisins s'écartent les uns des autres. Ce mouvement d'ensemble des galaxies, nommé expansion de l'univers, a été confirmé jusqu'à des vitesses de dizaines de milliers de kilomètres-seconde. Selon la théorie de la relativité générale d'Einstein, cette expansion traduit un refroidissement progressif de l'univers. Sa température actuelle est d'environ 3 degrés absolu, c'est-à-dire moins 270 degrés Celsius. Et ce refroidissement se poursuit depuis environ quinze milliards d'années.

– Comment le sait-on ?

– Essayons de reconstituer le scénario, en passant le film à l'envers. Plus on remonte dans le temps, plus les galaxies se rapprochent : l'univers est de plus en plus dense, de plus en plus chaud, de plus en plus lumineux. On arrive ainsi à un moment, vers quinze milliards d'années, où la température et la densité atteignent des valeurs gigantesques. C'est ce que l'on appelle conventionnellement le Big Bang.

H. Reeves, J. de Rosnay, Y. Coppens et D. Simonet, *La Plus Belle Histoire du Monde*, Seuil, 1996.

Les anciennes mythologies proposaient des explications poétiques des phénomènes naturels. Ainsi, pour les anciens Grecs, l'arc-en-ciel était la déesse Iris messagère des dieux qui faisait la liaison entre le ciel et la terre. Dans certaines mythologies asiatiques, les tremblements de terre étaient dus aux mouvements du dragon qui supportait la terre.

Mais ces explications comportaient quelquefois de remarquables intuitions. Ainsi, Télèphe, fils d'Héraclès, fut un jour blessé. Sa blessure ne guérissant pas, il alla consulter l'oracle de Delphes qui lui conseilla de retrouver l'arme de son adversaire, d'y prélever un peu de rouille et de l'appliquer sur la plaie. La blessure guérit selon le principe de l'homéopathie.

1 LA THÉORIE DU BIG BANG

***a.** Lisez le texte de la page 68. Relevez tout ce qui vous permet d'expliquer la théorie du Big Bang. Complétez le schéma suivant :*

Big Bang → Évolution de l'univers

Date ...

État de l'univers ...

Caractéristiques de l'évolution de l'univers...

***b.** Trouvez dans le texte et imaginez toutes les observations qui permettraient de vérifier cette théorie.*

2 HYPOTHÈSES - OBSERVATIONS - VÉRIFICATIONS

***a.** Complétez le tableau suivant avec des mots trouvés dans le texte et dans la liste ci-dessous.*

Les moments d'un acte scientifique.

L'hypothèse	prédire (une prédiction)
L'observation et l'expérimentation	
La vérification et la formulation d'une loi	

avoir l'intuition de – s'apercevoir (de) – contrôler – démontrer – examiner – expérimenter – faire des essais – faire l'hypothèse que... – imaginer – présumer – prouver – supposer – tenter – tester.

Expressions familières : faire quelque chose au pif, au feeling – J'ai voulu en avoir le cœur net – J'ai ouvert l'œil.

***b.** Lisez ces extraits de presse. Imaginez et racontez comment ils ont apporté les preuves de ce qu'ils disent.*

Rappelons les faits. Le 24 juin dernier, dans la cité des Charmilles, un voisin apercevait Jean Ferrier sur son balcon, un fusil à la main. Quelques secondes plus tard, Sylvie Prunier tombait frappée par une balle dans le parking situé devant l'appartement de Jean Ferrier. Les enquêteurs sont aujourd'hui formels. Jean Ferrier est innocent.

[...] la célèbre journaliste scientifique vient d'être incarcérée. La police a en effet la preuve qu'elle communiquait des informations classées « secret défense » à des puissances étrangères.

Le P-DG de l'entreprise SIMA a pu prouver que la réduction du temps de travail sans diminution de salaire était possible dans son entreprise.

3 EXPLICATIONS

***a.** Lisez la légende de la photo du bas de la page 68. Trouvez d'autres exemples de phénomènes dont l'explication a changé au cours des siècles.*

***b.** Lisez les expressions et proverbes suivants. Donnez-en une explication scientifique (leur sens propre). Trouvez un exemple d'emploi courant.*

- **Biologie**
Ventre affamé n'a pas d'oreille.
Une âme saine dans un corps sain.
- **Géographie**
Les petits ruisseaux font les grandes rivières.
- **Zoologie**
Une hirondelle ne fait pas le printemps.
Il est bavard comme une pie et dort comme une marmotte.
- **Physique**
Pierre qui roule n'amasse pas mousse.
Il n'y a pas de fumée sans feu.
- **Botanique**
C'est au fruit qu'on connaît l'arbre.
L'homme est un roseau pensant.
- **Optique**
La nuit tous les chats sont gris.
- **Météorologie**
Après la pluie, le beau temps.
L'été meurt toujours noyé (proverbe indien).
Le printemps est la saison des amours.

4 EMPLOIS FIGURÉS

Trouvez les mots appartenant aux domaines scientifiques ou techniques et qui sont employés dans un sens figuré.

Réunion au Conseil général
DE L'ÉLECTRICITÉ DANS L'AIR
Vive tension, hier au Conseil général où, visiblement, le courant ne passe plus entre les deux poids-lourds de la majorité. Émile Martin accuse le président de court-circuiter les conseillers dans ses décisions et affirme qu'il ne servira pas de fusible dans l'affaire du financement du stade.

SITUATIONS PRATIQUES

EXPRIMER SES SENTIMENTS ET SES RÉACTIONS FACE À UNE RÉALITÉ INATTENDUE OU DÉSAGRÉABLE

• *La surprise*

Ça me surprend (je suis surpris, c'est surprenant) – Ça m'étonne (je suis étonné, etc.) – Ça me stupéfait – Ça me frappe – Ça me renverse.
Je ne m'attendais pas à... – Si je m'attendais à ça ! – Je n'en crois pas mes yeux ! – Je suis tombé de haut.

... Et voilà le fin mot de l'histoire.
Ce n'est pas possible !
Quoi !
Ça alors !
Incroyable !
Comment ?
Ma parole !
Sans blague !

• *L'indifférence*

Ça ne me surprend pas *(et tous les verbes exprimant la surprise à la forme négative).*
Ça me laisse indifférent – Je suis indifférent à...
Je m'attendais à... – Je m'y attendais un peu.
Je suis détaché de..., insensible à...
Je me moque de... – Je me fiche de... *(fam.)* – Ça m'est égal – Peu (m')importe – Ça ne me fait rien – Ça ne me fait ni chaud ni froid (*fam.*) – Qu'est-ce que vous voulez que ça me fasse ?

• *La peur*

→ **Idée d'avoir peur de quelque chose :** craindre – s'inquiéter (au sujet de...) – avoir la trouille (*fam.*) – paniquer (à l'idée de...) – appréhender.
→ **Idée de faire peur** (verbes à la forme passive : être effrayé par...) – inquiéter (cette décision m'inquiète) – effrayer – affoler – épouvanter – terroriser.

• *Le courage*

→ Avoir du courage, de l'énergie – avoir le courage (de), l'énergie (de), l'audace de faire quelque chose – avoir le moral – oser faire quelque chose.
→ Être découragé, sans courage, démoralisé, abattu, déprimé – manquer de courage, d'audace – ne pas oser – se dégonfler *(fam.).*
→ Encourager / décourager quelqu'un – remonter le moral à quelqu'un / démoraliser.

1 EXPRESSION DE LA SURPRISE ET DE L'INDIFFÉRENCE

a. *Une filature involontaire. Caroline raconte à une amie comment son itinéraire de l'après-midi l'a conduite à espionner un de ses voisins.*

• *Notez tout ce qui l'a frappée et l'expression de ses réactions.*

Remarques	Réactions
Il n'était pas habillé comme d'habitude	Ça m'a étonnée

b. *Jeu de rôles. De surprise en surprise. Vous rencontrez un(e) ami(e) que vous n'avez pas vu(e) depuis dix ans.*

• *Chacun(e) raconte comment ces dix années ont changé sa vie. En écoutant l'autre, chacun va de surprise en surprise.*

c. *Jeu de rôles. La lecture des titres du journal.*

• *Pierre lit à Marie les titres du journal. Marie réagit.*

2 LA PEUR ET LE COURAGE

a. *« J'ai eu la peur de ma vie. » Jean-Luc et Sandrine racontent l'étrange nuit qu'ils ont passée dans un hôtel d'Auvergne. Complétez le tableau.*

Motifs de peur	Sentiments
Hôtel vide. Pas de client	Appréhension

b. *Jeu de rôles. L'un a peur, l'autre le rassure.*

• *Choisissez une situation que vous avez vécue ou l'une des situations suivantes :*

- Avant un examen, un entretien d'embauche, un rendez-vous important...
- Des individus peu rassurants vous suivent...
- Bruits étranges la nuit, chez vous ou dans un lieu désert...

Mystères et religions

Intonation expressive

Écoutez ces échanges de deux phrases. Répétez la réaction de l'interlocuteur. Imaginez et caractérisez le sentiment qu'il éprouve.

Exemple : (1.) « Comment ? » → Il est stupéfait. Il demande qu'on lui confirme la nouvelle.

CONFÉRENCE

3 LES RELIGIONS EN FRANCE

Écoutez ce premier extrait de la conférence d'un sociologue sur « Le sentiment religieux en France ». Pour chaque religion, complétez le tableau.

Nom de la religion	
Pourcentage de Français qui déclarent appartenir à cette religion	
Pourcentage de pratiquants	
Origine de la religion dans l'Histoire de France	
Croyances et rites	

4 LES ATTITUDES RELIGIEUSES

Écoutez le deuxième extrait de la conférence. Notez :

a. ce qui vous permettra de faire un commentaire de chacune des photos de cette page ;

b. ce qui vous permettra de faire des comparaisons avec les attitudes religieuses dans votre pays.

LES RELIGIONS

- Le catholicisme : un catholique – une église – un prêtre.

  Le protestantisme : un protestant – un temple – un pasteur.

  L'islam : un musulman – une mosquée – un imam.

  Le judaïsme : un juif – une synagogue – un rabbin.

  Le bouddhisme : un bouddhiste – une pagode – un prêtre.

- Croire en Dieu : un croyant / un athée – un intégriste.

  Assister à un culte, une messe, une prière – prier.

Reportage à Montségur

Dans cette double page, et en vous aidant des informations données page 74, vous réaliserez UN REPORTAGE SUR LES MYSTÈRES DU CHÂTEAU DE MONTSÉGUR (ou sur un autre lieu mystérieux de votre choix). Comme si vous étiez journaliste, vous vous documenterez et vous réaliserez des interviews. Avec les informations recueillies, vous rédigerez un article de presse de 300 mots environ.

1. Mise en situation

Vous êtes journaliste. Votre chef de service vous annonce :

Cher ami, je vous charge d'aller faire un reportage sur le château de Montségur, au nord des Pyrénées. Je crois que c'est un bon sujet. D'abord, le site est impressionnant. Ensuite, il y a le souvenir de la religion cathare et de la guerre contre ces religieux. Mais surtout, j'ai entendu dire que certains chercheraient encore le trésor des Cathares, qu'il y a là-bas une secte des Adorateurs du Soleil, qu'on y a assisté à des apparitions et à des phénomènes étranges. Allez-y ! Vous pouvez contacter une de mes connaissances, le docteur Duval. Il pourra vous donner des tuyaux...

2. Documentation

Lisez et observez les documents de cette double page. Pour chacun, faites le travail demandé. Commencez à prendre des notes en vue de votre article.

3. Préparation au voyage

En utilisant les informations qui vous sont données page 74, rédigez une lettre de demande d'informations à l'intention du docteur Duval. Vous souhaiteriez avoir :

- la liste des associations qui s'occupent des phénomènes étranges ;
- des contacts et, si possible, des rendez-vous avec des personnes susceptibles de vous informer (habitants, membres de groupes de recherche, etc.) ;
- des renseignements pratiques (où loger ? comment accéder au château ? etc.).

4. Interviews

Vous avez réalisé trois interviews : écoutez-les. Relevez les informations qui vous permettent de faire votre article.

1. Un chercheur du trésor des Cathares.
2. Un membre des « Adorateurs du Soleil ».
3. Une personne qui a été témoin de phénomènes paranormaux dans les grottes de Montségur.

Le château de Montségur, près de Foix (nord des Pyrénées).

Au sommet d'une montagne extrêmement escarpée se dresse le château de Montségur, construit entre 1205 et 1211 approximativement. Situé dans un endroit majestueux, les ruines de la forteresse (qui fut, en d'autres temps, le témoin muet de la croisade albigeoise qui se solda par l'hérésie cathare dans le sud de la France) déconcertent aussi bien les architectes que les historiens, étant donné que, d'un point de vue stratégique, son emplacement ne se justifiait pas. Ce ne furent pas les cathares qui découvrirent Montségur, car fondamentalement, depuis des temps immémoriaux, cette enclave était considérée comme un lieu sacré. Certains auteurs, comme René Nelli, supposent, de plus, que cette fortification fut érigée sur un ancien temple solaire. L'âme de cet énorme bloc calcaire culmine à 1207 mètres et, étant donné la difficulté d'accès, on peut penser que cela représentait une excellente défense naturelle.

Incroyable et scientifique, Génésis, 1er trimestre 1995.

➜ En lisant l'article ci-dessus et en observant les photos, rassemblez le vocabulaire qui vous permettra de faire une présentation du château :

- sa situation ;
- les éléments du château et du paysage ;
- les verbes descriptifs : *s'élever – se dresser – dominer – surplomber – entourer – longer,* etc.

Détails de l'architecture du château.

La religion cathare

La religion cathare[1], originaire des Balkans, s'est fortement implantée dans les comtés de Toulouse et de Foix au XIIe siècle. Les cathares étaient des chrétiens. En réaction aux abus du pouvoir religieux de cette époque, ils prônaient[2] un retour à un christianisme plus « pur ». Pour eux, Dieu n'avait pu créer que le Paradis, le monde terrestre n'étant qu'une émanation[3] satanique. L'homme ne pouvait être sauvé qu'en se détachant des biens terrestres. La condition essentielle du salut était donc une ascèse[4] rigoureuse. Un seul sacrement existait : le « consolamentum », qui transformait aussi le simple croyant en « parfait ».

Dans leur implantation, les cathares bénéficiaient de nombreuses complicités avec les seigneurs locaux, tout acquis à leur cause. Dès 1204, l'Église cathare avait demandé à Raymond de Péreille, seigneur local, de reconstruire le château du pog[5] de Montségur, alors en ruine. À partir de 1232, Montségur devint le siège de l'Église hérétique[6]. Environ 500 personnes vivaient sur le pog, protégées par une garnison armée.

Le Guide du routard, Midi-Pyrénées, Hachette, 1995.

1. cathare signifiait « pur » • **2.** louer, prêcher • **3.** quelque chose qui vient de Satan • **4.** mode de vie où les plaisirs (bonne nourriture, etc.) sont interdits • **5.** le rocher de Montségur (terme géographique rare) • **6.** une hérésie est une croyance contradictoire avec une religion et condamnée par cette religion.

➜ **Lisez le texte ci-dessus. Notez :**
– l'origine de la religion cathare ;
– ses particularités.

• **Réfléchissez aux raisons de son implantation dans la région.**

La croisade contre les Albigeois (ou cathares)

Au début du XIIIe siècle, les comtés de Toulouse et de Foix n'appartiennent pas à la Couronne de France mais cette région, économiquement et culturellement très riche, est convoitée par le roi de France. La croisade contre les Albigeois, initiée par le Pape et soutenue par la France, aura donc un double but : supprimer l'hérésie cathare et annexer les territoires du Sud-Ouest à la Couronne de France.

La guerre commencée en 1208 ne se termina qu'en 1244. Elle fut marquée par de terribles épisodes car l'armée, constituée en grande partie de mercenaires français et étrangers, comptait beaucoup sur les conquêtes pour s'enrichir.

Dès 1209, la ville de Béziers fut prise par les croisés. En 1244, tout le territoire où s'était développée la religion cathare était conquis. Seuls quelques derniers « croyants » résistaient dans la forteresse de Montségur. Mais après un siège de dix mois, celle-ci finit par tomber. Les cathares qui refusèrent de renoncer à leur religion furent brûlés.

Certains affirment que quatre d'entre eux réussirent à s'enfuir en emportant le trésor des cathares.

➜ **Lisez le texte ci-dessus. Recherchez les causes et les buts de la croisade contre les Albigeois.**

• **Relevez, classez et complétez la vocabulaire de la guerre.**

5. Préparation et rédaction de l'article

Il ne s'agit ni de recopier les phrases des textes écrits ou oraux, ni de synthétiser toutes les informations. Décrivez et racontez ce qui vous a frappé, ce qui, d'après vous, peut intéresser votre lecteur.

a. Faites un plan. Votre article peut commencer soit par le récit d'un phénomène mystérieux, soit par une présentation du château, soit par un épisode de la croisade contre les Albigeois.

b. Rédigez votre article. Tenez compte d'une des règles d'or du journalisme. Le début et la fin de l'article doivent retenir l'attention du lecteur.

La lettre de demande d'informations

LA LETTRE DE DEMANDE D'INFORMATIONS

Les références
« *Suite à votre annonce* (votre article, votre lettre) *paru(e) dans...* »
« *Votre annonce... a retenu toute mon attention.* »
« *J'ai appris par...* »

Pour se présenter
La présentation de soi n'est pas toujours nécessaire. Le faire d'une manière discrète en ne donnant que les informations qui peuvent être utiles à votre interlocuteur et l'inciter à être attentif à votre demande.

Laure LEGENDRE
25, rue Jean-de-Bernardy
13001 MARSEILLE
Tél ...

Madame DUBOIS
Service départemental d'archéologie
ANGERS
Marseille, le 2 février 1997

Madame,

J'ai appris par un étudiant de l'université d'Angers qu'un chantier de fouilles pourrait être organisé l'été prochain à l'abbaye de Fontevraud.

Étudiante en deuxième année d'archéologie à l'université d'Aix-en-Provence, je compte me spécialiser dans la période médiévale. J'ai déjà participé par deux fois à des opérations de fouilles. Une première fois, en 1995, à Château-Gaillard où j'ai contribué à dégager un mur, et l'an dernier au cloître de l'abbaye de Valmagne (Hérault).

Vous serait-il possible de me confirmer l'ouverture du chantier de Fontevraud et de m'en donner les dates ?

Dans l'hypothèse positive, j'envisagerais de poser ma candidature. Je vous serais donc très reconnaissante si vous pouviez me donner quelques précisions sur les secteurs qui seront fouillés.

Par ailleurs, je souhaiterais connaître les conditions de logement, le montant de l'inscription ainsi que le nombre approximatif de participants.

Dans l'attente de votre réponse et en vous remerciant par avance, je vous prie de croire, Madame, à l'expression de mes sentiments les meilleurs.

Laure Legendre

Formules de demande d'informations
- « *Je vous serais très reconnaissant(e) de bien vouloir m'indiquer...* »
« *Je vous serais très reconnaissant(e) s'il vous était possible de...* »
« *Pourriez-vous m'indiquer...* »
Je souhaiterais que vous puissiez m'indiquer... »
→ *m'indiquer, me donner des informations sur... – me préciser, me confirmer – me donner quelques renseignements sur...*
- « *J'aimerais... Je souhaiterais... connaître, savoir, être informé sur... – recevoir des précisions sur...* »
- Quand vous demandez plusieurs informations, variez les formules et utilisez les mots de liaison présentés page 62.

Les remerciements
Ils peuvent faire l'objet d'une phrase complète ou être inclus dans la formule de politesse.
« *Je vous remercie (par avance) de l'attention que vous voudrez bien accorder à ma demande.* »

La formule de politesse

Je vous prie d'agréer *Je vous prie de croire à* *Veuillez agréer (croire à)*	*l'expression de mes sentiments les meilleurs* *l'expression de mes salutations distinguées* *l'expression de mes sentiments respectueux* (à une personne très importante) *l'expression de mes sentiments dévoués* (à un supérieur hiérarchique)

N.B. : Une tradition voulait qu'une femme n'emploie pas le mot « sentiment » dans une formule de salutation. Cette différenciation de l'expression en fonction du sexe n'est plus guère suivie aujourd'hui.

1 EXPRESSION DE L'HYPOTHÈSE

a. Un agriculteur souhaite développer son exploitation. Il envisage les problèmes qu'il risque de rencontrer et les solutions. Construisez ses phrases comme dans l'exemple.

Exemple : En admettant que Martin ne me vende pas son terrain, j'achèterais celui de Simon.

- Martin ne me vend pas son terrain → J'achète celui de Simon. *(En admettant que)*
- Je suis à court de capitaux → Je fais un prêt au Crédit Agricole. *(À supposer que)*
- Je ne trouve pas d'ouvriers dans le village → On fait tous des heures supplémentaires – Je fais appel à de la main-d'œuvre étrangère. *(Au cas où - Soit... soit...)*
- La première récolte n'est pas bonne → Je demande le Fonds d'aide agricole. *(Imaginons que)*

b. Qu'auriez-vous fait à leur place ? Imaginez différentes hypothèses.

Avec des amis vous vous promenez dans la forêt. Tout à coup, vous apercevez deux hommes qui sont en train d'enterrer un attaché-case. Quand ils ont terminé, ils rejoignent une voiture qui les attend sur la route...

Exemple : Nous aurions relevé le numéro de la voiture...

2 LES RAISONS DE L'HISTOIRE

Lisez le rappel historique. Répondez aux trois questions en utilisant les indications données. Variez l'expression de la cause.

Rappel historique.

1789. Début de la Révolution qui va durer dix ans. Disparition de la monarchie. Instauration de la république.

Réorganisation politique et sociale du pays.

1799. Napoléon Bonaparte prend le pouvoir par un coup d'État. Il continue la réorganisation de la France mais l'entraîne dans une série de guerres désastreuses.

En 1804, il se fait sacrer empereur sous le nom de Napoléon Ier.

1. Pourquoi la Révolution française a-t-elle éclaté en 1789 ?

→ La bourgeoisie s'est enrichie au XVIIIe siècle et veut le pouvoir.

→ La noblesse refuse d'abandonner ses privilèges (terres, droit de prélever des impôts, etc.).

→ Les idées de justice et d'égalité se sont répandues (Voltaire et Rousseau).

→ La monarchie absolue est incapable de s'adapter.

2. Pourquoi la Révolution française a-t-elle débouché sur l'aventure napoléonienne ?

→ L'économie est désorganisée après dix ans de Révolution.

→ Les députés sont divisés sur la politique à suivre.

→ Les gouvernements se succèdent dans l'instabilité.

3. Pourquoi Napoléon a-t-il entraîné l'Europe dans une série de guerres désastreuses ?

→ C'est un ambitieux.

→ Il y a en France un état d'esprit idéaliste. On veut « exporter » la Révolution.

→ Les monarchies d'Europe veulent restaurer la monarchie en France.

3 RÉACTIONS FACE À L'INATTENDU

Que diriez-vous dans les circonstances suivantes ? Donnez trois formulations par situation.

a. **À l'université.** Le sujet du devoir ne vous intéressait pas. Vous l'avez bâclé en une demi-heure. Et pourtant, vous avez eu la meilleure note...

b. **Critiques.** Vous aimez porter des vêtements originaux et vous êtes insensible aux critiques. Un ami vous dit : « Tiens, hier soir, j'étais chez Michel et Sylvie ; ils se sont moqués de ta façon de t'habiller. »

c. **Surmenage.** Vous travaillez beaucoup. Un soir, seul(e) dans votre appartement, vous avez un malaise passager. Avant d'appeler le médecin, vous téléphonez à un ami.

d. **Hésitation.** Une amie vous dit : « Tu sais que j'ai toujours eu envie de faire une croisière. Eh bien, hier soir, les amis de Florent m'ont proposé de partir avec eux. Mais je n'ose pas y aller... »

4 PORTRAIT CHINOIS

Faites votre portrait en construisant des phrases comme dans l'exemple. Justifiez vos choix.

« Si j'étais un animal... une fleur... un objet... une ville... un homme/une femme célèbre... un personnage historique... une époque... une qualité... un défaut... un roman... un film..., etc. »

N.B. : Vous pouvez utiliser la même construction pour faire deviner le nom d'un personnage.

« Et si c'était un sport ?

– Ce serait l'alpinisme » (pour faire trouver l'acteur Yves Montand).

7 Coups de cœur

▶ *Apprendre à rédiger un texte descriptif en utilisant les diverses formes grammaticales qui permettent de décrire et de caractériser.*

▶ *Se familiariser avec les emplois figurés des mots.*

▶ *Savoir proposer, insister, formuler des choix, refuser, etc.*

▶ *Découvrir quelques musées français, le théâtre et la danse, les loisirs des Français, ainsi que quelques poèmes figurant au « hit parade » de la poésie française.*

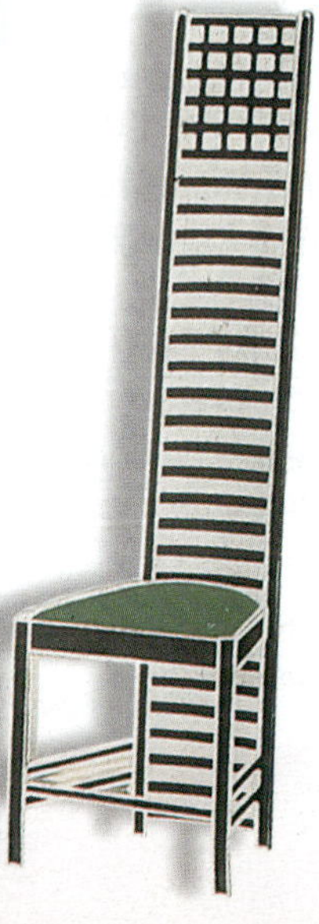

Voici le début d'une pièce de théâtre qui a eu beaucoup de succès en France.

MARC [*seul*]. Mon ami Serge a acheté un tableau. C'est une toile d'environ un mètre soixante sur un mètre vingt, peinte en blanc. Le fond est blanc et si on cligne des yeux, on peut apercevoir de fins liserés blancs transversaux.

Lundi, je suis allé voir le tableau que Serge avait acquis samedi mais qu'il convoitait depuis plusieurs mois.

...

MARC [*chez Serge*]. Cher ?

SERGE. Deux cent mille.

MARC. Deux cent mille ?...

SERGE. Handtington me le reprend à vingt-deux.

MARC. Qui est-ce ?

SERGE. Handtington ? !

MARC. Connais pas.

SERGE. Handtington ! La galerie Handtington !

MARC. La galerie Handtington te le reprend à vingt-deux ?...

SERGE. Non, pas la galerie. Lui. Handtington lui-même. Pour lui.

MARC. Et pourquoi ce n'est pas Handtington qui l'a acheté ?

SERGE. Parce que tous ces gens ont intérêt à vendre à des particuliers. Il faut que le marché circule.

MARC. Ouais...

SERGE. Alors ?

MARC. ...

SERGE. Tu n'es pas bien là. Regarde-le d'ici. Tu aperçois les lignes ?

MARC. Comment s'appelle le...

SERGE. Peintre. Antrios.

MARC. Connu ?

SERGE. Très. Très !

Un temps.

MARC. Serge, tu n'as pas acheté ce tableau deux cent mille francs ?

SERGE. Mais mon vieux, c'est le prix. C'est un ANTRIOS !

MARC. Tu n'as pas acheté ce tableau deux cent mille francs !

SERGE. J'étais sûr que tu passerais à côté.

MARC. Tu as acheté cette merde deux cent mille francs ? !

Yasmina REZA, *Art*, Actes Sud, 1994.

1. Interprétation de la scène

Pour chaque réplique du dialogue, imaginez les pensées du personnage.

Exemple : « Cher ? » → « Mais pourquoi donc a-t-il acheté ce tableau ? Il s'est peut-être fait avoir. Est-ce que ça vaut quelque chose, ça ? »

Trouvez l'intonation de chaque réplique.

2. Vos coups de cœur

Pour quel objet, quel spectacle, quelle occupation avez-vous eu (ou pourriez-vous avoir) un « coup de cœur » ?

- **Présentez ce coup de cœur.**
- **Comment votre entourage a-t-il réagi (réagirait-il) ?**

LA CARACTÉRISATION DU NOM

1 LES MOYENS DE CARACTÉRISER UN NOM

Lisez le texte ci-contre. Cherchez des exemples des différentes formes et constructions grammaticales qui permettent de donner des informations sur le Palais Idéal.

- Nom } plusieurs constructions
- Adjectif } plusieurs constructions
- Proposition relative – proposition participe passé – proposition participe présent

Construit à la fin du XIXe siècle, **le Palais Idéal** est une étrange construction à l'architecture éclectique que l'on peut voir à Hauterives (entre Valence et Grenoble). À la fois temple asiatique, château médiéval et chalet suisse, synthétisant différents styles, cet édifice étonnant, inspiré d'images trouvées dans des revues populaires, a été réalisé par un facteur de village avec les pierres qu'il rapportait tous les soirs de ses tournées.

Le Palais Idéal de Ferdinand Cheval, dit le facteur Cheval.

2 SENS DE LA PRÉPOSITION DANS LES COMPLÉMENTS DE NOM

Reformulez les phrases suivantes en remplaçant les groupes en italique par une proposition relative.

Exemple : (1) ... une toile qui mesure 3 kilomètres de long.

Curiosités artistiques.

1. Le Japonais Kimiko Hibuno a réalisé une toile *de 3 kilomètres de longueur* représentant des animaux.

2. L'artiste Christo a laissé flotter autour d'une île du Pacifique une toile *de 60 hectares.*

3. Niki de Saint-Phalle a réalisé des statues *en pâte à papier* appelées « Nanas ».

4. Le peintre Van Dongen a scandalisé en présentant son tableau « La femme *aux cheveux rouges* ».

5. Van Gogh a représenté un épisode de sa vie dans son tableau « L'homme *à l'oreille coupée* ».

3 LE SENS DES ADJECTIFS SELON LEUR PLACE

Dans les textes suivants, les mêmes adjectifs apparaissent deux fois. Donnez leur sens dans chaque cas.

- **Un amateur d'antiquités raconte :** « Il y a, rue de l'Odéon, une boutique d'antiquaire où l'on trouve *différents* objets *rares.* J'y fais de *rares* visites, mais hier, j'y suis passé et j'ai découvert un coffre *ancien* très *différent* de mon *ancien* coffre, celui que j'ai vendu l'an dernier. »
- **Un ancien préfet se souvient :** « Je vais vous raconter une histoire *vraie.* Aujourd'hui c'est une histoire *drôle* mais à l'époque cela a été une *drôle* d'histoire... Le général de Gaulle était un *grand* homme mais c'était aussi un homme *grand.* Quand il est venu en visite dans notre département et qu'il a logé à la préfecture, nous nous sommes aperçus, la veille de son arrivée, qu'aucun lit n'était à sa taille. C'était une *vraie* catastrophe. Le *malheureux* général allait-il devoir dormir replié sur lui-même ? À cette idée, ma femme était très *malheureuse.* La situation était *nouvelle* pour nous. Heureusement, un menuisier a réussi à fabriquer un *nouveau* lit... en une nuit ! »

LA PLACE DE L'ADJECTIF DANS LES CONSTRUCTIONS SANS VERBE « ÊTRE »

- **En général, les adjectifs se placent après le nom sauf si on veut mettre en valeur la qualité :**
J'ai vu une sculpture étrange. (construction courante)
Les étranges sculptures de Giacometti. (mise en valeur du côté étrange)
- **Certains adjectifs se placent presque toujours obligatoirement après le nom :**
– adjectifs exprimant la forme, la couleur, la nationalité, la religion ;
– adjectifs suivis d'un complément, participes passés et participes présents employés comme adjectifs.
Une table sculptée, rectangulaire, noire.
- **Quelques adjectifs se placent la plupart du temps avant le nom :**
beau – joli – bon (meilleur) / mauvais – jeune / vieux – grand / petit – gros – demi – dernier.
- **Le sens de l'adjectif peut être lié à sa place avant ou après le nom :**
Mes chers livres d'Histoire (= que j'aime)
Un livre cher (= coûteux)

4 PROPOSITIONS PARTICIPES ET RELATIVES

À partir des notes suivantes, rédigez en deux phrases seulement une présentation du musée de la marionnette. Utilisez des propositions relatives et des propositions participes.

• Le musée de la marionnette

– Il est situé à Lyon (à Lyon, il y a une longue tradition de spectacles de marionnettes).

– Il raconte l'aventure du Guignol lyonnais.

– Il présente des marionnettes du monde entier.

– Il séduit les visiteurs de tous âges.

• Le spectacle de Guignol

– À l'origine, c'était une satire sociale.

– Il était destiné aux adultes.

– Il présentait un conflit entre le personnage appelé Guignol et les autorités.

– Peu à peu, il s'est adapté aux goûts des enfants.

LES PROPOSITIONS PARTICIPES

• Deux propositions permettent de caractériser un nom :

a. la proposition participe passé (le participe s'accorde avec le nom).

b. la proposition participe présent (le participe est invariable).

Sculptée au IIe siècle avant J.-C. et *représentant une déesse à demi dénudée,* la Vénus de Milo est un des chefs-d'œuvre de l'art grec *exposés au musée du Louvre.*

• Certains adjectifs formés d'après un verbe se prononcent comme le participe présent. Ils s'accordent avec le nom et peuvent avoir une orthographe différente du participe présent.

En *négligeant* de visiter les salles des antiquités grecques au musée du Louvre, il a raté quelques chefs-d'œuvre. Quel visiteur *négligent* !

Guignol et son éternel adversaire : le gendarme.

5 RÉALISEZ COLLECTIVEMENT LE CATALOGUE DU MUSÉE IMAGINAIRE DE VOTRE CLASSE

• Chaque étudiant choisit un objet qu'il souhaite voir figurer dans ce musée imaginaire.

• Il en rédige une description la plus précise possible, selon le type d'objet :
forme – dimensions – couleurs – usage – scène représentée (s'il s'agit d'un tableau ou d'une photo), etc.

• Mettez en pratique toutes les formes grammaticales de la description.

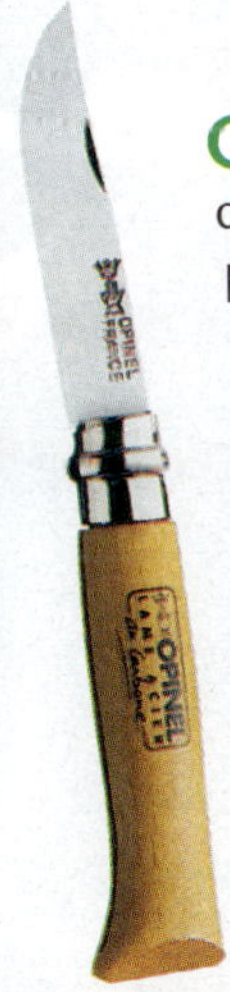

Conçu à la fin du XIXe siècle par un artisan de Savoie, l'*Opinel* est un couteau de poche pratique qui se replie et qu'une bague maintient ouvert sans risque. Simple et rustique avec son manche de bois et sa lame d'acier, ce couteau n'en figure pas moins au Victoria et Albert Museum de Londres parmi les cent plus beaux objets du monde. On pourra en admirer plusieurs versions (de 6 à 40 cm de long) au musée de Thiers (Auvergne) figurant à côté de son concurrent : le *Laguiole*.

Entraînez-vous

1. Place de l'adjectif. Vous avez vu une pièce de théâtre avec une amie. Confirmez ce qu'elle dit comme dans l'exemple.

• Tu as trouvé que la pièce était bonne ?

– Oui, c'était une bonne pièce.

2. Le complément du nom. Un ami vous indique un itinéraire. Vous confirmez ce qu'il dit comme dans l'exemple.

• Tu prends la direction d'un village qui s'appelle Broussac.

– D'accord, le village de Broussac.

SYLVIE GUILLEM : RETOUR D'UNE ÉTOILE FILANTE

Exilée volontaire depuis quelques années, elle brille de nouveau sur son sol natal, la France.

Quand on la voit danser, on a envie de faire un vœu. Car Sylvie Guillem possède à la fois l'éclat d'un astre et la fulgurance[1] d'une météorite. La beauté d'une fée et le mystère d'une extraterrestre. Un corps éblouissant, qu'elle considère comme un instrument et martyrise sans ménagement. Une volonté d'acier trempé[2] et une bouleversante intelligence de son art.

La nature lui a donné le pied cambré[3], la jambe longue, les bras ailés et la crinière rousse. Mais elle a tenu seule les promesses de l'aube et cultivé chaque matin à la barre son allure de princesse sauvage. Exigeante et solitaire, elle s'est juré de ne jamais se décevoir, ni s'ennuyer, au risque de rompre ou de choquer. On l'avait surnommée « Mademoiselle Non ». Parce qu'elle refusait pêle-mêle[4] les ballets poussiéreux, les costumes ridicules ou les séances de photo inutiles. Elle avoue aujourd'hui qu'elle a tout de même appris à dire « non merci ». C'est son unique compromis.

Lorsqu'elle claque en 1989 la porte de l'Opéra de Paris pour s'envoler de l'autre côté de la Manche, Sylvie Guillem fait scandale. Parce qu'on lui a refusé en France le statut peu administratif d'oiseau migrateur, elle intègre le Royal Ballet de Covent Garden qui lui offre un contrat de principal *guest artist*. La liberté sans cage dorée. Depuis, le public français se languit... Car elle a fait mentir le proverbe « loin des yeux, loin du cœur » et continue à chavirer[5] les foules qui se battent pour un strapontin à chacun de ses passages éclair.

À 30 ans à peine, elle a déjà séduit la terre entière. « Elle a simplement du génie », constatait Noureev. Oleg Vinogradov, du célèbre ballet Kirov, déclarait à son sujet : « Avant de réussir une danseuse de cette trempe, Dieu a dû en rater beaucoup d'autres. »

Pour le chorégraphe américain Jérome Robbins, elle est « The Girl ». Quant à Maurice Béjart, il est tombé amoureux de sa façon de danser [...].

Dans le magnifique programme composé par Sylvie pour sa tournée française, figurent d'ailleurs, outre l'inoubliable *Boléro* de Ravel, plusieurs chorégraphies créées sur mesure pour elle : *Épisodes* et *Sissi* de Béjart, *Herman Schmerman* de William Forsythe et *Wet Woman* de Mats Ek.

Par Marine VOGEL, *Parcours*,
novembre 1995

1. lumière éclatante et brève.
• **2.** la dureté de l'acier s'obtient en trempant le métal en fusion dans l'eau. • **3.** courbé harmonieusement.
• **4.** en désordre, beaucoup de choses différentes.
• **5.** verbe qui s'applique généralement à un bateau qui se retourne sur lui-même.

1 COMPRÉHENSION GÉNÉRALE DU TEXTE

Faites une première lecture rapide de l'article de la page 80.

- *Qui est Sylvie Guillem ?*
- *À quelle occasion cet article a-t-il été écrit ?*
- *Donnez à propos de Sylvie Guillem quelques caractéristiques qui vous ont frappé(e).*

« C'est une... qui... qui... qui... »

2 LE VOCABULAIRE DU PORTRAIT DE SYLVIE GUILLEM

a. Description générale et physique (11 premières lignes).

- *Répartissez dans le tableau ci-dessous les mots qui décrivent la danseuse.*
- *Soulignez les mots qui sont employés dans un sens figuré.*

Ce qui est décrit	Identification	Qualité
Sylvie Guillem Le corps	une météorite ...	la fulgurance ...

- *Donnez le sens courant de ces mots et justifiez leur emploi dans l'article.*

Exemple : étoile filante → météorite qui traverse le ciel la nuit en produisant une vive et brève lumière.

L'emploi se justifie parce que Sylvie Guillem est une danseuse étoile et qu'elle ne fait qu'une brève apparition en France, etc.

b. Comportement et jugements. Relisez la suite du texte.

- *Faites la liste des qualités et des défauts de Sylvie Guillem.*

Exemple : exigence...

- *Notez et expliquez tous les mots et expressions employés dans un sens figuré.*

Exemple : ballets *poussiéreux* → sens courant : couvert de poussière – sens dans le texte : démodé, sans originalité.

3 EMPLOIS FIGURÉS DU VOCABULAIRE DES ARTS PLASTIQUES

a. Trouvez les mots qui appartiennent au vocabulaire de la peinture. Donnez leur sens courant et leur sens dans le texte.

***Notre-Dame de Paris* (roman de Victor Hugo).**

Notre-Dame de Paris est une gigantesque fresque du Paris du Moyen Âge. La célèbre cathédrale sert de toile de fond à une suite de tableaux dans lesquels évoluent des personnages hauts en couleur et elle projette ses ombres et ses lumières sur leur tragique destin.

Au premier plan de ce décor fantastique, Victor Hugo a peint la passion inquiétante du moine Frollo et celle, teintée de tendresse, de l'effrayant Quasimodo pour la jeune bohémienne Esméralda.

b. Quel sens les verbes suivants ont-ils dans le domaine des arts ? Reliez ces verbes aux mots de la colonne de droite et trouvez un exemple d'emploi de chaque expression.

encadrer	... dans sa mémoire
esquisser	... les grandes lignes d'un projet
exposer	... un problème
graver	... un groupe d'étudiants
peindre	... un sourire
tracer	... tout en noir

LA MUSIQUE

- Composer (une symphonie) – jouer – improviser.
- Un accord (parfait) / une dissonance – une note juste / une fausse note – s'accorder (avec...) – s'harmoniser (avec...) – une harmonie.
- Une gamme – une tonalité – une modulation – un ornement – un motif – un contrepoint.
- Moduler – mettre un bémol (à...).

4 EMPLOIS FIGURÉS DU VOCABULAIRE DE LA MUSIQUE

Vous avez assisté aux présentations de mode suivantes. Vous racontez vos impressions à un(e) ami(e). Dans votre description, utilisez certains mots du tableau.

exemple : « Dior avait composé un ensemble que j'ai beaucoup aimé. Tout était dans des tonalités beiges qui s'harmonisaient parfaitement. »

CHOISIR

SITUATIONS PRATIQUES

PROPOSITIONS ET DÉCISIONS

• ***Proposer***

Un apéritif ? – Un peu plus de thé ? – Peut-être aimeriez-vous cette robe ? – Je vous propose, je vous suggère cette cravate.

On pourrait... Ça te dirait de...
Ça vous ferait plaisir de... } sortir ?
Vous auriez envie de... Pourquoi ne pas...
Et si on sortait ?

• ***Hésiter / Se décider – Choisir***

Être indécis, irrésolu, perplexe, dubitatif / décidé, résolu – avoir des idées arrêtées – savoir ce qu'on veut.

• ***Avoir l'embarras du choix***

Choisir (un choix) – adopter – sélectionner – prendre un parti – se fixer sur – céder à la tentation.

Lequel... ?	Celui-ci – celui-là
Laquelle... ?	Celle-ci – celle-là
Lesquels... ?	Ceux-ci – ceux-là
Lesquelles... ?	Celles-ci – celles-là

Je préfère... – Je penche pour... – J'ai un faible pour... – Je craque pour... (*fam.*) – Mon choix se porte sur...

• ***Insister / Refuser / Accepter***

Allez ! – Laissez-vous tenter ! – Ne vous faites pas prier !

Non merci – Je n'ai pas envie – Ça ne me dit rien – N'insistez pas ! – Ce n'est pas la peine – Inutile d'insister !

(Pour se débarrasser d'un importun) → Laissez-moi tranquille ! – Fichez-moi la paix ! (*fam.*).

D'accord – OK – J'accepte – Si vous voulez – Pourquoi pas ! – C'est une bonne idée – Volontiers.

• ***Remercier***

Merci beaucoup, infiniment, sincèrement.
Je vous remercie infiniment.
C'est très gentil à vous.

Ce n'est rien.
Il n'y a pas de quoi.
Je vous en prie.

1 PROPOSITIONS

a. *Écoutez ces quatre scènes. Dans chacune d'elles, quelqu'un propose à quelqu'un d'autre de faire quelque chose. Notez le canevas du scénario comme dans l'exemple :*

Personnage A	Personnage B
A propose à B de partir faire du ski pendant le week-end	→ Refuse fermement
A insiste brutalement. Il se met en colère	→ ...

b. Jeu de rôles. Le carnet d'adresses.

Un célibataire n'a pas envie de passer la soirée seul. Il téléphone à toutes ses amies et à tous ses amis et leur propose différents programmes pour la soirée. Tous refusent.

c. Jeu de rôles. Difficile de se mettre d'accord.

Vous avez sans doute vécu des situations où il est difficile de faire un choix à plusieurs. Choisissez-en une et jouez-la.

Les interlocuteurs	L'objet du choix
la famille	→ l'émission de télévision la destination des vacances
les amis	→ le restaurant, la boîte de nuit où on va passer la soirée le spectacle qu'on va voir
les collègues	→ le cadeau qu'on va faire au directeur pour son départ à la retraite
etc.	

2 DANS LES MAGASINS (SITUATIONS INATTENDUES)

Écoutez ces six scènes. Elles vous apprendront comment vous débrouiller dans certaines situations d'achats ou de demandes de services. Pour chaque scène, notez :

– le lieu (boutique, hypermarché, agence de voyages, etc.) et ce que le personnage veut obtenir ;

– le problème qu'il rencontre ;

– comment il se débrouille (ce qu'il fait, ce qu'il dit).

Intonation expressive

Écoutez ces phrases exprimant :
des propositions – des hésitations – des insistances – des acceptations – des refus.

• Trouvez à quelle situation appartient chacune de ces phrases.

• Répétez-les.

1. Au moment de l'apéritif
2. Projets de soirée
3. Achat d'une montre
4. Situations dans un cadre professionnel

CONVERSATION ET DÉBAT

3 LES LOISIRS ARTISTIQUES ACTIFS EN FRANCE

Lisez le document ci-dessous. Recherchez une explication aux constatations qui sont faites dans l'article. (Pourquoi les jeunes sont-ils plus nombreux à pratiquer une activité artistique que ceux des générations précédentes ? Etc.)

• *Comparez cette situation avec celle de votre pays.*

4 ÊTES-VOUS AUSSI UN AMATEUR ?

Dialoguez avec votre voisin(e).

• *Pratiquez-vous une activité artistique ? Pourquoi ?*

• *En avez-vous pratiqué une dans le passé ? Pourquoi avez-vous abandonné ?*

5 DÉBAT

Dans votre pays, la pratique d'une activité artistique en amateur est-elle suffisamment encouragée ? facilitée ?

Quelques chiffres.
Proportion des Français âgés de 15 ans et plus qui ont pratiqué une activité artistique :

Chant : 13 %	Guitare : 8 %
Dessin : 13 %	Théâtre : 8 %
Piano : 11 %	Poésie : 8 %
Danse : 11 %	Artisanat : 7 %
Peinture : 10 %	Flûte à bec : 6 %
Instruments divers : 10 %	Sculpture : 2 %
Journal intime : 10 %	Fouilles archéologiques : 2 %

D'après *Télérama*, mars 1996.

LA FRANCE DES AMATEURS

C'est un véritable phénomène de génération : les jeunes, aujourd'hui, sont plus nombreux à avoir pratiqué une activité artistique dans le cadre de leurs loisirs que ceux des générations précédentes. On peut d'ailleurs penser que cette progression ira en s'amplifiant. À noter : la suprématie féminine dans le monde des amateurs. Elle est spectaculaire dans la danse et l'écriture du journal intime, un peu moins nette pour la musique, le théâtre et les arts plastiques. Par contre, la pratique d'instruments comme la guitare et les percussions est plutôt masculine.

Par ailleurs, cadres et professions intellectuelles supérieures devancent tout le monde et dans tous les domaines, avec une prépondérance très nette pour le piano et le chant, le théâtre et la danse. Les ouvriers sont distancés par les employés (écriture d'un journal intime, par exemple) et par les agriculteurs (théâtre et danse, notamment).

La danse (qui, comme le piano, est une pratique très liée à l'enfance) est en pointe chez les jeunes : 21 % des 15-19 ans l'ont déjà pratiquée. Mais le taux d'abandon avant l'âge adulte est impressionnant. C'est une discipline exigeante, que l'on ne peut pratiquer épisodiquement, à l'inverse de l'écriture et des arts plastiques.

L'écriture : beaucoup de jeunes s'y adonnent (deux fois plus chez les 15-19 ans que chez leurs parents) et s'en détournent un peu plus tard.

La musique est l'activité préférée des Français, même si plus de la moitié des musiciens amateurs ont cessé de pratiquer avant l'âge de 19 ans. Elle est en effet, avec la danse, l'activité la plus précoce.

Les arts plastiques accompagnent tous les âges de la vie et résistent plus longtemps, comme l'écriture, aux effets de l'avancement en âge.

Le théâtre est à la fois l'activité la moins répandue et la plus éphémère : très peu d'amateurs en font « l'activité de tout une vie ».

Télérama, mars 1996.

En France, dès qu'une commune compte plus de 5 000 habitants, on peut très souvent y trouver une école où on peut s'initier à la musique, au théâtre, à la peinture, etc.

Les villes plus importantes possèdent des *conservatoires* (musique et théâtre) et des *écoles des beaux-arts* municipales, régionales ou nationales. Dans ces écoles, les études sont peu coûteuses (de 200 à 1 000 francs par an environ). Jusqu'au niveau régional, elles sont accessibles à tous. Ensuite, l'admission se fait par concours.

Un récital de poésies

À partir des poèmes qui figurent dans les pages 84 à 86 et que vous pouvez compléter avec d'autres textes poétiques, vous concevrez et réaliserez

UN RÉCITAL DE POÉSIES

Après avoir étudié chaque poème, vous organiserez votre récital en imaginant un texte de présentation et en choisissant un ordre de lecture des poèmes (ou des extraits de ces poèmes). Vous imaginerez ensuite une mise en scène de votre récital.

1. Découverte des poèmes

(travail en petits groupes)

Les six poèmes présentés ont été sélectionnés parmi les plus connus et les plus appréciés des Français.

a. Répartissez-vous leur lecture. Pour chaque poème complétez le tableau suivant.

Sentiment ou idée principale évoqués par le poète.	
Décor ou situation à travers lesquels s'expriment ce sentiment ou cette idée.	
Hypothèses sur les évènements biographiques ou historiques qui ont inspiré le poète.	

b. Complétez votre information. Écoutez. Un professeur de littérature vous présente les auteurs de ces poèmes et les circonstances dans lesquelles chaque poème a été écrit. Vérifiez les hypothèses que vous avez faites en a.

c. Observez et commentez l'illustration proposée pour chaque poème. Quel aspect du poème évoque-t-elle ? Quelles autres illustrations auriez-vous choisies ?

d. Chaque groupe présente à la classe le résultat de son travail, lit le poème et en explique les mots difficiles.

2. Préparation du récital

a. Choisissez un ordre de présentation des poèmes. Vous pouvez opter :

– pour l'ordre chronologique ;

– pour un ordre fondé sur une succession de sentiments ;

– pour une organisation à partir d'une histoire que vous raconterez : les différents moments d'une vie, un voyage, etc.

b. Imaginez et rédigez votre texte de présentation. Voici quelques moyens qui vous permettront de trouver des idées.

• Recherchez des expressions qui contiennent le mot-thème du poème (à partir d'un dictionnaire, comme dans l'exercice 1, page 12).

Exemple : sur le thème de l'amour : il y a l'amour passion, l'amour fou, l'amour platonique, etc.

• Associez le thème ou la situation du poème à un souvenir personnel (comme dans l'exercice 5, page 12).

• Mettez le poème en relation avec un évènement de l'actualité, avec une œuvre littéraire de votre pays, avec un film que vous avez vu, etc.

• Intégrez les informations biographiques que vous avez recueillies en 1.b.

c. Préparez la mise en scène de votre récital.

Simple lecture à plusieurs voix ou petit spectacle avec fond musical, déplacements des lecteurs, projection de diapositives, etc.

Exemple de début de présentation.

VOIX 1 *(cette voix dira tous les textes de présentation) :* Nous allons vous raconter l'histoire d'un homme... ou d'une femme, comme il vous plaira. Cela n'a aucune importance.

Cette histoire ne sera pas celle d'un homme extraordinaire, d'un homme célèbre. Ce sera l'histoire d'un homme ordinaire, comme vous et moi, mais qui a le pouvoir extraordinaire de faire de l'extraordinaire avec de l'ordinaire, de la beauté avec de la tristesse, du bonheur avec du malheur.

Tout commence, vous le savez, par une grande solitude : l'enfant dans son berceau. Il a longuement crié d'avoir été séparé de ce qu'il aimait... Tout à coup, il se tait. Il ouvre les yeux au monde. Il écoute les bruits du monde.

VOIX 2 : *(Lecture des trois premières strophes de « Le ciel est par-dessus le toit ».)*

VOIX 1 : Ainsi, du fond de la sombre prison où il est enfermé parce qu'il a blessé son ami Rimbaud, le poète Verlaine redécouvre cette joie simple de regarder et d'écouter. Non sans regretter d'avoir trop souvent oublié que ce regard innocent de l'enfant sur les choses est la plus belle des évasions.

VOIX 3 : *(Lecture de la dernière strophe du poème de Verlaine.)*

Un récital de poésies

Demain dès l'aube

Demain dès l'aube, à l'heure où blanchit la campagne,
Je partirai. Vois-tu, je sais que tu m'attends.
J'irai par la forêt, j'irai par la montagne.
Je ne puis demeurer loin de toi plus longtemps.

Je marcherai les yeux fixés sur mes pensées,
Sans rien voir au dehors, sans entendre aucun bruit,
Seul, inconnu, le dos courbé, les mains croisées,
Triste, et le jour pour moi sera comme la nuit.

Je ne regarderai ni l'or du soir qui tombe,
Ni les voiles au loin descendant vers Harfleur[1],
Et quand j'arriverai, je mettrai sur ta tombe
Un bouquet de houx vert et de bruyère en fleur.

Victor HUGO, *Les Contemplations,* 1856.
(Poème écrit en 1847).

---

1. ville au bord de la Seine, proche du Havre d'où part le poète.

L'invitation au voyage

Mon enfant, ma sœur,
Songe à la douceur
D'aller là-bas vivre ensemble !
Aimer à loisir,
Aimer et mourir
Au pays qui te ressemble !
Les soleils mouillés
De ces ciels brouillés[1]
Pour mon esprit ont les charmes
Si mystérieux
De tes traîtres yeux,
Brillant à travers leurs larmes.
Là, tout n'est qu'ordre et beauté,
Luxe, calme et volupté.

Charles BAUDELAIRE, *Les Fleurs du mal,* 1857.
(Poème écrit en 1855).

---

1. couverts d'un voile de nuages.

Le dormeur du val

C'est un trou de verdure où chante une rivière
Accrochant follement aux herbes des haillons[1]
D'argent ; où le soleil, de la montagne fière,
Luit : c'est un petit val qui mousse de rayons.

Un soldat jeune, bouche ouverte, tête nue,
Et la nuque baignant dans le frais cresson[2] bleu,
Dort ; il est étendu dans l'herbe, sous la nue[3],
Pâle dans son lit vert où la lumière pleut.

Les pieds dans les glaïeuls[4], il dort. Souriant comme
Sourirait un enfant malade, il fait un somme[5] :
Nature, berce-le chaudement : il a froid.

Les parfums ne font pas frissonner sa narine ;
Il dort dans le soleil, la main sur sa poitrine
Tranquille. Il a deux trous rouges au côté droit.

Arthur RIMBAUD, *Poésies,* 1891.
(Poème écrit en 1870).

---

1. au sens propre : vieille étoffe déchirée servant de vêtement. Ici, reflets du soleil dans la rivière • **2.** plante aquatique • **3.** le ciel • **4.** fleur de la famille des iris • **5.** sommeil de courte durée.

Le pont Mirabeau

Sous le pont Mirabeau coule la Seine
Et nos amours
Faut-il qu'il m'en souvienne
La joie venait toujours après la peine

Vienne la nuit sonne l'heure
Les jours s'en vont je demeure

Les mains dans les mains restons face à face
Tandis que sous
Le pont de nos bras passe
Des éternels regards l'onde[1] si lasse[2]

Vienne la nuit sonne l'heure
Les jours s'en vont je demeure

Guillaume Apollinaire, *Alcools*, 1913. (Poème écrit en 1912).

1. l'eau • 2. fatiguée.

Le ciel est par-dessus le toit

Le ciel est, par-dessus le toit,
Si bleu, si calme !
Un arbre, par-dessus le toit,
Berce sa palme.

La cloche, dans le ciel qu'on voit,
Doucement tinte.
Un oiseau sur l'arbre qu'on voit
Chante sa plainte.

Mon Dieu, mon Dieu, la vie est là,
Simple et tranquille.
Cette paisible rumeur-là
Vient de la ville.

– Qu'as-tu fait, ô toi que voilà
Pleurant sans cesse,
Dis, qu'as-tu fait, toi que voilà,
De ta jeunesse ?

Paul Verlaine, *Sagesse*, 1880. (Poème écrit en 1873).

Liberté

Sur mes cahiers d'écolier
Sur mon pupitre[1] et les arbres
Sur le sable sur la neige
J'écris ton nom

Sur toutes les pages lues
Sur toutes les pages blanches
Pierre sang papier ou cendre
J'écris ton nom

Sur les images dorées
Sur les armes des guerriers
Sur la couronne des rois
J'écris ton nom [...]

Et par le pouvoir d'un mot
Je recommence ma vie
Je suis né pour te connaître
Pour te nommer

Liberté.

Paul Éluard, *Poésie et Vérité*, 1942, Gallimard, 1968.
(Poème écrit en 1942).

1. ancienne table d'élève en plan incliné.

1 DÉCRIRE ET CARACTÉRISER

En utilisant les informations ci-dessous, rédigez, pour un guide touristique, un paragraphe de présentation du site de Rocamadour. Limitez votre texte à quatre ou cinq phrases et employez au moins une fois chacune des formes grammaticales étudiées pages 78 et 79.

Notes prises au cours d'une visite à Rocamadour.

• *Le site.* Rocamadour est situé dans le Quercy. À voir : le vieux village, la cité religieuse, le château. Les bâtiments s'accrochent au flanc d'une falaise (hauteur : 150 m). Ils dominent la rivière Alzon.

Un des sites les plus extraordinaires de France. À voir au lever du soleil.

• *Le village.* Au pied de la falaise. Nombreux vestiges du passé : vieilles rues en escaliers, porches anciens, façades du XVe siècle.

• *La cité religieuse.* Au-dessus du village. Elle a été construite au Moyen Âge. Origine : lieu où s'accomplissaient des miracles. Grand lieu de pèlerinage depuis le XIIe siècle. À voir : Basilique Saint-Sauveur, plusieurs chapelles.

• *Le château.* Sur la falaise. C'était la résidence des supérieurs de la cité religieuse. Magnifique vue sur la région.

2 LES EMPLOIS FIGURÉS

Lisez ces débuts d'articles de presse. Donnez le sens propre et le sens dans le texte des mots en italique. Continuez chaque article en imaginant une phrase comportant le mot entre parenthèses.

• Politique

La première réunion des partis de l'opposition en vue d'établir un programme commun de gouvernement s'est déroulée sans *fausse-note*... *(s'accorder* ou *accorder les violons)*

• Économie

Le secteur de l'automobile *est à bout de souffle* depuis un an. Heureusement, le gouvernement a prévu d'accorder une prime à tout acheteur de voiture neuve... *(oxygène)*

• Justice

L'affaire des fausses factures de la société Lambert revient sur *le devant de la scène.* Le P.-D.G. de cette société a été arrêté hier... *(jouer un rôle).*

• Urbanisme

Avant de présenter son projet d'aménagement, l'architecte Dupré a fait un *tableau* réaliste des problèmes dans le quartier Nord... *(esquisser).*

• Cinéma

Le ministre de la Culture a déclaré que le cinéma français peut *reconquérir* la place qu'il avait face au cinéma américain... *(une mobilisation générale).*

3 CHOISIR

Jeu de rôles à rédiger et à jouer avec un(e) partenaire.

Votre partenaire et vous êtes un jeune couple. Vous venez de trouver un emploi dans une ville où vous ne connaissez personne. Pour occuper vos soirées mais aussi pour rencontrer des gens, vous avez décidé de vous inscrire à l'une des nombreuses activités de loisirs qui sont proposées par les associations culturelles. Mais que choisir ? Chorale, danse, atelier de poésie, connaissance des champignons ?

• Imaginez une liste des activités proposées dans la ville.

• Préparez et jouez une scène dans laquelle vous essaierez de vous mettre d'accord sur le choix d'une activité (propositions – suggestions – hésitations – critiques – refus, etc.).

4 PATRIMOINE MONDIAL

Voici dix sites culturels ou naturels français qui figurent sur la « liste du patrimoine mondial de l'Unesco ».

1 – Le Pont-du-Gard
2 – Le Mont-Saint-Michel
3 – Le château et le parc de Versailles
4 – Les grottes de Lascaux
5 – La cathédrale de Chartres
6 – L'abbaye de Fontenay
7 – Le château de Chambord
8 – Les monuments d'Arles
9 – Les caps de Girolata et de Porto (Corse)
10 – Le théâtre d'Orange

a. Pour quelles raisons ces sites ont-ils été sélectionnés ?

b. Faites la liste des dix sites culturels ou naturels de votre pays qui, selon vous, méritent de figurer sur la liste du patrimoine mondial. Justifiez votre choix.

8 Défis

▶ *Raconter une suite d'évènements en donnant des indications sur leur durée et en exposant leurs conséquences.*

▶ *Construire une argumentation pour faire face à des situations où il s'agit de porter des jugements, de protester, de réclamer, de négocier.*

▶ *Découvrir des évènements, des problèmes sociaux, économiques ou quotidiens considérés comme des défis à l'homme d'aujourd'hui.*

« Il y a un certain plaisir à maîtriser sa peur. Quand, par exemple, j'ai traversé le fameux fleuve de glace sur la route du pôle Nord et que je me suis retrouvé de l'autre côté, j'ai éprouvé une joie fabuleuse, une véritable explosion. J'ignorais pendant la traversée si je prenais un risque important ou non. Je n'avais pas mesuré l'épaisseur de la glace. J'ai tout simplement glissé dessus, sans réfléchir ! J'ai connu une vraie peur qui a pratiquement dissocié mon esprit de mon corps, le livrant à ses seuls réflexes instinctifs. C'était l'attitude adéquate dans de telles circonstances. »

Jean-Louis Étienne. *En 1986, il part de l'extrême nord du Canada et atteint le pôle Nord après 63 jours de marche à pied ou à skis de fond.*

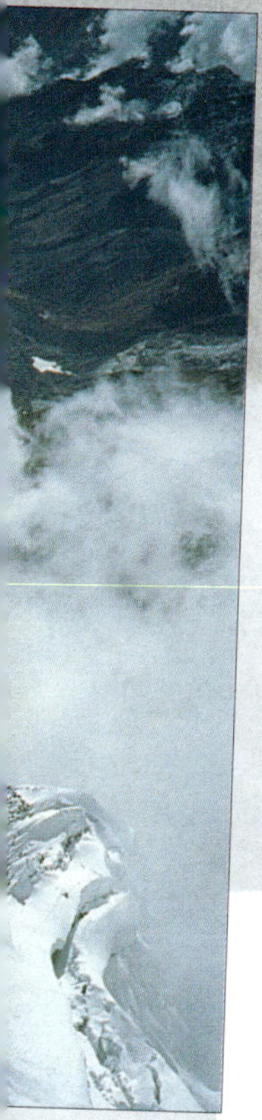

« Mes débuts à la télévision n'ont pas été très faciles. Le service de politique étrangère – considéré comme le service noble, dans le métier – n'incluait aucune femme. Il fonctionnait un peu à la manière d'un club ultrasélectif, à l'anglo-saxonne, avec des rituels et des codes de reconnaissance entachés d'une misogynie apparemment à toute épreuve.

Pour sortir de cette impasse, il me fallait donc partir au plus vite sur le terrain, une guerre, n'importe laquelle... de manière à pouvoir montrer ce dont j'étais capable. Beyrouth était assiégé par les Israéliens, ce fut le Liban. »

Patricia Coste. *Journaliste au service de politique étrangère de France 2. Elle a couvert les grands conflits et les grands évènements du monde depuis la fin des années 70.*

« Ce que je voulais, c'était être choisie pour aller aider les gens dans des endroits en guerre. Je préférais donc les situations pénibles qui impliquent de la solitude, du danger et beaucoup de travail...

Avant mon baccalauréat, j'avais déjà accumulé les éléments qui pouvaient me permettre d'être l'une des premières femmes à être sollicitée comme infirmière. Comme mon père était pilote, j'avais rencontré par son intermédiaire ces aventurières qu'étaient les infirmières Ipsa – qui avaient sauté en parachute pendant la guerre d'Indochine. Ce furent elles qui m'initièrent pendant cinq ans au parachutisme. Je reçus ensuite une formation de pilotage, notamment d'hélicoptère. Puis, un apprentissage, qui me semblait crucial : ambulancière militaire que me donna le service de santé. Il me fallait acquérir cette notion de terrain de guerre et de risques encourus. Vouloir être utile, même avec une excellente formation d'infirmière, sans posséder la connaissance du terrain de guerre, n'aurait pas servi à grand-chose, car alors on demeure par trop vulnérable. »

Claire Constant. *Infirmière à « Médecins sans frontières ».*

Ces trois témoignages sont extraits de : Éric Dumont, Les Aventuriers de l'impossible, *Robert Laffont, 1991.*

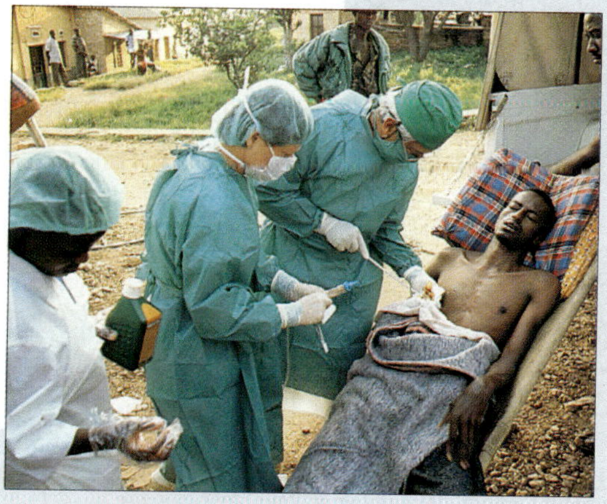

1. Décisions extrêmes

Lisez ces trois témoignages.

a. Recherchez dans les textes ou imaginez :

– les motivations de ces aventuriers ;

– les conséquences de leur aventure.

b. Connaissez-vous d'autres aventuriers de l'extrême ? Présentez-les.

2. Votre défi le plus ambitieux

Quel est le défi le plus ambitieux que vous vous êtes lancé, celui qui vous a demandé le plus de volonté ou qui était le plus risqué ? Réussir un examen difficile ? Sauter en parachute ? Vous arrêter de fumer ? Racontez.

ÉVOLUTION ET CONSÉQUENCE

DÉROULEMENT ET DURÉE DE L'ACTION

1. Expression du déroulement de l'action.

• **Début :** commencer (qqch. – à faire qqch.) – se mettre (à qqch. – à faire qqch.) – s'engager (dans qqch.) – entreprendre (qqch. – de faire qqch.) – entamer (qqch.) – démarrer (qqch.).

• **Arrêt momentané :** interrompre (qqch.) – s'interrompre (de faire qqch.) – arrêter (qqch.) – s'arrêter (de faire qqch.) – suspendre (qqch.)

• **Fin :** finir (qqch. – de faire qqch.) – arrêter (qqch.) – s'arrêter (de faire qqch.) – terminer (de faire qqch.) – (quelque chose s'arrête, se termine) – cesser (qqch. – de faire qqch.) – en finir (avec qqch.) — mettre un point final (à qqch.).

• **Progression et continuation :**

→ *verbes :* être en train de faire qqch. – continuer (qqch. – à/de faire qqch.) – poursuivre (qqch.) – prolonger (qqch.) – maintenir (qqch.) – persister – (qqch. se poursuit, se prolonge, se maintient, persiste).

→ *adverbes :* Il travaille **encore (toujours)** à la SPEN ? - Non, il **n'**y travaille **plus**.

Il travaille **sans cesse, en permanence, continuellement, sans arrêt.**

2. Expression de la durée *(voir aussi p. 54 : durée dans le futur).*

• **Sans point de repère**

Il a marché **pendant (durant)** deux heures.

Il a traversé le parc **en** deux heures. **En l'espace de** quelques secondes il a été trempé par la pluie *(temps nécessaire à la réalisation de l'action).*

• **Par rapport au moment où l'on parle**

Deux constructions :

a. **Il y a... Cela fait... / Voici... Voilà...** } deux jours **qu'**il est parti.

b. Il est parti { **il y a... depuis... / cela fait... voici... voilà...** } deux jours.

• **Par rapport à un moment passé**

Il y avait (cela faisait) deux jours **qu'**il était parti quand Marie est arrivée.

Il était parti **depuis** deux jours (**depuis** le 21 janvier) quand Marie est arrivée.

• **Interrogation**

Depuis combien de temps habitez-vous à Paris ?

Il y a (ça fait) combien d'années que vous vivez ici ?

1 DÉROULEMENT DES ACTIONS

À partir des documents ci-dessous, imaginez et rédigez une courte biographie de Serge Marceau. Utilisez les expressions du déroulement de l'action.

« Né en 1960 d'un père inconnu et d'une mère ... , Serge Marceau démarre très mal dans la vie. En 1974, il commence ses études... »

NAISSANCE

Serge MARCEAU, de Antoinette, sans profession, le 25/12/1960 à Nanterre.

Serge Marceau, chômeur et marginal, a été condamné à deux ans de prison pour cambriolages dans la région.

L'Écho du Midi, 25 septembre 1980.

Après sa traversée du Sahara il y a 2 ans et celle du désert du Kalahari l'an dernier, Serge Marceau entreprend la traversée en solitaire et sans vivres du désert de Gobi.

L'Écho du Quercy, 2 janvier 1990.

L'exposition « DÉSERTS » à la galerie Duparc
VIF SUCCÈS POUR LES ŒUVRES DE
SERGE MARCEAU
Paris, le 4 avril 1992.
Un talent se confirme.

2 EXPRESSION DE LA DURÉE

Vous êtes journaliste et, en 1990, vous réalisez une interview de Serge Marceau. Imaginez et rédigez un dialogue de huit questions/réponses vous permettant de connaître la durée de chaque étape de sa vie.

« Quand vous avez exposé votre œuvre, en 1984, ça faisait combien de temps que... ? »

Lycée professionnel Henri-Wallon
CARNET SCOLAIRE
Élève paresseux, insolent avec ses professeurs malgré les nombreux avertissements. Risque de renvoi de l'établissement en cas de récidive. Le 18 février 1975.

SERGE MARCEAU
HUILES ET AQUARELLES
Galerie de l'Esplanade
Du 1er au 15 février 1984

PALMARÈS DES ÉMISSIONS DE RADIO
(enquête effectuée le 12 mars 1994)
1 - « Défis extrêmes » de
SERGE MARCEAU

EXPRESSION DE LA CONSÉQUENCE

1. La conséquence exprimée par un adverbe ou une préposition.
Le chômage progresse en France, ***alors (donc, de ce fait, par conséquent, en conséquence, c'est pourquoi, c'est la raison pour laquelle)*** les gens sont mécontents.
N.B. : – *Donc, alors, de ce fait, par conséquent* peuvent se placer après le verbe : « ... les gens sont *donc* mécontents. »
– *Aussi* est suivi d'un pronom sujet : « *Aussi* les gens sont-*ils* mécontents. »
– *D'où* est suivi d'un nom : « *D'où le mécontentement* des gens. »

2. La conséquence exprimée par un nom.
Le mécontentement général est la conséquence du chômage.
Le résultat – la suite (logique) – l'effet – le contrecoup – l'aboutissement – le fruit *(conséquence positive)*.

3. La conséquence exprimée par une conjonction.
Le chômage progresse, ***de sorte que (si bien que, à tel point que, au point que)*** les gens sont mécontents.

4. La conséquence exprimée par un verbe.
Causer – créer – provoquer – entraîner – engendrer – amener – produire – permettre *(introduit une conséquence positive)* – rendre (+ *adj.*) – donner (+ *nom*).

3 EXPRESSION DE LA CONSÉQUENCE

(Travail en petits groupes)

Imaginez les conséquences des situations présentées dans ce texte. Rédigez-les sous forme de courtes phrases en utilisant les expressions du tableau. Recherchez aussi les causes de ces situations et imaginez des solutions.

4 DÉFIS POUR LA SOCIÉTÉ FRANCAISE

• **L'accroissement des inégalités.**

Lorsqu'ils apprennent par les médias les revenus exorbitants de certains personnages publics (5 millions de francs pour Alain Prost en 1993), les Français sont choqués.

Les inégalités de salaire n'ont pas cessé de s'accroître depuis 1984. En 1993, 10 % des salariés ont gagné moins de 64 100 F ; à l'inverse 10 % ont gagné plus de 196 900 F. À profession égale, les femmes sont bien moins rémunérées que les hommes.

• **La violence à l'école.**

En 1996, un collège ou lycée sur deux a été le théâtre d'actes de délinquance plus ou moins graves.

• **La corruption est de plus en plus mal perçue.**

Depuis la fin des années 80, de multiples affaires politico-économiques ont éclaté. Les partis politiques, droite et gauche confondues, se sont financés en utilisant des méthodes illégales. Soixante hommes politiques ont été inculpés pour des affaires de fausses factures.

• **Le développement de la toxicomanie.**

Bien qu'elle soit plus faible que dans de nombreux autres pays, la consommation de drogue touchait 250 000 personnes en 1993. Elle est en augmentation, en particulier chez les femmes.

Sources : *Francoscopie*, 1995.

Entraînez-vous

1. Expression de la durée : Il y a (il y avait...) + (ne ... que). Comme dans l'exemple, étonnez-vous des évènements de la vie de Mary Scott.

• C'est à l'âge de 15 ans que Mary a commencé ses études de français. Trois ans après, elle réussissait au bac.
– Comment ! Quand elle a réussi au bac il n'y avait que trois ans qu'elle étudiait le français !

2. Expression de la conséquence. La vie d'Henri Cochet est une succession d'évènements heureux et malheureux. Imaginez les conséquences en utilisant l'expression indiquée.

(1) *de sorte que* – (2) *donc* – (3) *de ce fait* – (4) *si bien que* – (5) *provoquer* – (6) *rendre* + adj. – (7) *par conséquent* – (8) *aussi*.

• L'entreprise où Henri travaillait a fermé...
– De sorte qu'il s'est retrouvé au chômage.

Mondialisation de l'économie
LES GÉANTS ET LES GNOMES [1]

Évidemment ils n'en parleront pas ! Pourquoi les chefs d'État des sept pays les plus riches de la planète, réunis cette semaine à Lyon pour leur sommet annuel, s'intéresseraient-ils à ce mirifique[2] contrat signé par Michael Jordan, la star américaine du basket, avec la société Nike ? Les maîtres du monde ont inscrit à l'ordre du jour de leur G7 « la globalisation de l'économie ». Et Mr Jordan touche des millions de dollars pour vanter un modèle de chaussure de sport qui porte son nom, fabriqué en Indonésie par des enfants payés 70 centimes de l'heure.

Cela n'a rien à voir ? Si, justement, tout. Nike fait partie de ces multinationales qui savent que dans le village planétaire il faut courir vite. Le plus vite possible. En tout cas plus vite que les autres. C'est un grand patron américain qui le dit : « Les entreprises sont maintenant comme ces gazelles de la savane africaine qui se réveillent tous les matins en sachant qu'elles seront mangées avant le coucher du soleil si elles ne courent pas plus vite que le plus rapide des lions ! » Alors Nike court : à la recherche des plus bas salaires, de l'image la plus médiatique, de capitaux pas chers, des pays les plus rentables...

Il y a vingt ans, lorsque les Grands ont décidé de se réunir une fois par an, ils pensaient qu'ils pouvaient encore organiser le monde. Aujourd'hui, ils ont rendu les armes devant les marchés : devant ces 1 000 milliards de dollars qui changent de main chaque jour, devant ces firmes qui délocalisent leurs usines en quelques heures, devant ces gnomes de Zurich ou de Singapour qui ne raisonnent qu'en retour sur investissement[3]. La mondialisation a épousé l'ultralibéralisme pour le pire et... le meilleur.

Pourquoi le nier, la globalisation de l'économie a aussi ses succès. De Shanghai à Buenos Aires ou à Varsovie, elle fait entrer chaque année des centaines de millions de personnes dans la société de consommation. En cinq ans, l'augmentation de 50 % du commerce mondial a ajouté quelque 10 000 millards de dollars au PNB de la planète. Aux États-Unis, plus de 8 millions d'emplois ont été créés en quatre ans.

Les nouvelles technologies de l'information ouvrent sans doute un nouveau cycle de croissance.

Mais qu'est-ce que cela signifie pour l'ouvrière de Moulinex qui a perdu son travail, pour le jeune Américain qui n'a pas obtenu de bourse lui permettant de finir ses études, pour ces cols bleus[4] de Detroit, de Liverpool ou de Clermont-Ferrand qui n'ont pas eu d'augmentation de pouvoir d'achat depuis des lustres[5], pour ce retraité de Moscou qui cherche sa survie dans les poubelles des riches.

Certes, les règles du jeu de l'économie mondiale ont changé. Il ne s'agit pas de les nier ou de s'en exonérer [6]. Il s'agit d'inventer une stratégie d'adaptation qui donne une chance à tous d'y faire face. Développer cette culture de la mobilité décrite par Robert Reich, secrétaire d'État au Travail de Clinton, construire une Europe qui se soucie plus de promouvoir la croissance que de lutter contre l'inflation, organiser un commerce mondial qui comporte des clauses sociales, maintenir une protection sociale qui respecte des valeurs de justice... [...].

Messieurs les puissants, montrez-nous que vous pouvez encore agir. Sinon ce G7 ne sera qu'une réunion de sept géants s'inclinant devant une armée de gnomes.

Christine Mital, *Le Nouvel Observateur*, 27 juin 1996.

Thomson a délocalisé sa production en Chine.

---

1. dans la mythologie, les gnomes étaient des nains qui, dans les profondeurs de la terre, gardaient un fabuleux trésor • **2.** prodigieux • **3.** ils attendent un bénéfice de tout investissement • **4.** employé de bureau (on dit aussi « col blanc ») • **5.** depuis longtemps (expression vieillie) • **6.** éviter d'aborder le problème.

1 L'INTRODUCTION DE L'ARTICLE

a. Lisez le titre et le début de l'article (jusqu'à « ... des pays les plus rentables »).

• Quels sont les deux évènements de l'actualité de juin 1996 que l'auteur met en parallèle ?

• Quelle relation l'auteur établit-elle entre ces deux évènements ?

• Quelles sont les obligations des grandes entreprises actuelles ?

b. Imaginez les sujets et les problèmes qui vont être traités dans la suite de l'article.

2 L'ÉCONOMIE MONDIALE

a. Lisez le paragraphe suivant. Résumez en une phrase l'information apportée par l'auteur.

b. En utilisant le vocabulaire du tableau, caractérisez les économies : libérale – ultralibérale – dirigiste – protectionniste – communiste.

L'ÉCONOMIE

• ***Les entreprises :*** créer une entreprise – ouvrir une succursale, une filiale.
Une entreprise privée (privatiser – une privatisation) – une entreprise publique (nationaliser – une nationalisation) – une entreprise semi-publique/privée.

• ***Le marché :*** la circulation des biens – le libre-échange – importer/exporter – payer des droits de douane, des taxes.
Prospecter – conquérir un marché – la loi de l'offre et de la demande – un marché en expansion/en déclin.

• ***Le rôle de l'État :*** diriger – contrôler – planifier (la planification) – réglementer (la réglementation – la régulation/ la déréglementation – la dérégulation) – laisser faire (la non-intervention).

3 ASPECTS POSITIFS OU NÉGATIFS DE LA MONDIALISATION DE L'ÉCONOMIE

a. Lisez les deux paragraphes suivants. Faites la liste des aspects positifs et des aspects négatifs de la mondialisation de l'économie. Complétez cette argumentation avec d'autres exemples, si vous en connaissez.

b. Mettez en commun vos connaissances pour expliquer pourquoi le libéralisme économique a de tels effets.

4 PROPOSITIONS

Lisez les deux derniers paragraphes.

a. Analysez chacune des propositions faites par l'auteur. Trouvez des exemples concrets.

Exemple : développer une culture de la mobilité → habituer les entreprises et les gens à se déplacer en fonction des offres du marché. Est-ce possible ?

b. Analysez et jugez les conclusions de l'article :

– l'idée développée ;

– la manière de présenter cette idée.

5 L'ARGUMENTATION

a. Analysez la construction de l'article de Christine Mital.

• Nommez ses différentes parties (introduction, etc.).

• Quelle est la fonction de chacune de ces parties (capter l'attention du lecteur, donner des informations, etc.) ?

• Comment cette fonction est-elle assurée (par des exemples, une énumération, un récit, etc.) ?

b. Faites le plan d'une argumentation. (Travail de groupe.)
La station de radio « France Info » (information continue) vient de s'installer dans votre pays. Vous en êtes les responsables locaux. Pour faire connaître « France Info », on vous propose l'affiche publicitaire suivante.

• L'acceptez-vous ? Avec des modifications ? La refusez-vous ?

• Faites le plan de votre argumentation.

JUGEMENTS

SITUATIONS PRATIQUES

1 APPROBATIONS ET FÉLICITATIONS

Écoutez ces huit brefs dialogues et complétez le tableau.

Motifs de l'approbation et des félicitations	Formules de félicitations	Réactions de la personne qu'on félicite
But marqué lors d'un match.	Tu as été génial.	Je (ne) suis pas mécontent de moi.

2 CRITIQUES ET REPROCHES

a. ***La bonne façon de s'y prendre.*** Trois adolescents (Jérémy, Carole, Éric et Mylène) ont dérobé la voiture d'un voisin absent, sont allés faire un tour dans la campagne et ont eu un accident. Il n'y a pas de blessés mais la voiture est très endommagée.

Les parents réprimandent leurs enfants mais chacun s'y prend différemment.

• ***Caractérisez l'attitude de chaque parent. Quelle est celle qui vous paraît la plus intelligente, la plus efficace ?***

b. Jeu de rôles. Les surprises du retour.

Il (elle) est parti(e) en voyage d'affaires pendant 15 jours.

Pendant ce temps, elle (il) a tout bouleversé dans la maison (place des meubles, fonction de certaines pièces, couleurs des rideaux et du papier peint, etc.).

Il (elle) rentre de voyage et réagit positivement à certains changements, négativement à d'autres...

c. Jeu de rôles. Avec un(e) partenaire, imaginez et jouez une scène de reproche sur un sujet de votre choix.

Par exemple :

– Votre ami(e) devait vous conduire à l'aéroport. Il (elle) ne s'est pas réveillé(e). Vous aviez, hélas, un billet non transformable.

– Votre petit(e) ami(e) vous a fait une infidélité.

– Etc.

APPROUVER / DÉSAPPROUVER PARDONNER

• ***Demander un avis***

Qu'est-ce que tu penses de... ? – Comment tu trouves ce... ? – Tu peux me donner ton avis ? – Je voudrais connaître ton opinion – Qu'est-ce que tu en dis ? – Ça va ? – Ça (te) convient ?

• ***Apprécier et approuver***

J'apprécie ce que vous avez fait – Je pense... je considère... j'estime que c'est bien.

J'approuve – Je suis d'accord – Je n'ai rien à redire.

Je vous approuve – Vous avez bien fait (de...).

• ***Critiquer et désapprouver***

J'ai des critiques, des remarques, des observations, des reproches, des réserves à faire.

Je critique... – Je désapprouve... – J'émets des réserves sur... – Je ferais des remarques à propos de... – Je réprouve... je condamne votre conduite.

Je vous reproche (de...) – Je vous accuse de...

Je suis fâché (de...), furieux (de...), scandalisé (par...) – C'est inadmissible, impensable, incroyable.

• ***Réprimander***

Gronder (un enfant) – réprimander.

Expressions familières : engueuler – tirer les oreilles – passer un savon – sonner les cloches – taper sur les doigts – remonter les bretelles.

• ***Dire qu'on n'a aucun reproche à faire***

Je n'ai rien à vous reprocher – Je ne vous blâme pas – Je n'ai rien contre vous.

• ***Pardonner***

Je vous pardonne (votre indiscrétion) – Je ne vous en veux pas – Je passe l'éponge (sur le passé) – Je ferme les yeux (sur le présent et le futur).

Intonation expressive

• **Écoutez et répétez ces phrases exprimant :**

– l'appréciation et l'approbation (depuis le constat neutre jusqu'à l'enthousiasme) ;

– la critique et le reproche (depuis la neutralité bienveillante jusqu'à la colère).

Précisez la nuance exprimée dans chaque phrase.

CONVERSATION ET DÉBAT

3 LES HOMMES SOUS LES FEUX DE LA CRITIQUE

a. Lisez l'extrait d'article ci-dessous. À quel public s'adresse d'après vous le magazine Maxi *?*

b. Lisez le commentaire de la première constatation. L'explication du comportement vous paraît-elle juste ? Les conseils donnés vous paraissent-ils pertinents ?

c. Pour chacune des onze autres constatations, imaginez une brève explication et un conseil.

4 LES FEMMES SOUS LES FEUX DE LA CRITIQUE (travail en petits groupes)

a. Imaginez douze critiques que l'on peut faire sur le comportement des femmes dans un couple.

b. Comparez votre liste avec celles des autres groupes.

Le sujet de la semaine

Ses tics, ses défauts, ses passions

CE N'EST QU'UN HOMME

Tout amour mis à part, même le plus aimé, le plus gentil des hommes est parfois difficile à comprendre... Voici 12 constatations que les femmes peuvent faire tous les jours... Et 12 explications : car si on connaît les raisons d'un comportement, on sait non seulement mieux le supporter mais aussi mieux le manipuler.

1 Il plonge son couteau beurré dans la confiture bien qu'elle le lui ait reproché mille fois.

1 Il le fait justement parce qu'il prend ce reproche pour une interdiction. Avec ses critiques, elle réveille chez lui le sentiment masculin que *c'est moi le plus fort*. La solution pour ce genre de problème ? Inventez quelque chose sur des nouvelles études scientifiques prouvant que les bactéries du beurre détériorent la confiture : un homme est plus ouvert aux arguments qui lui semblent raisonnables...

2 Il trouve les films d'amour ridicules.

3 Il s'imagine être un cuisinier hors pair, mais la vaisselle, il la laisse aux autres.

4 Son ordinateur qui hoquette l'inquiète beaucoup plus que sa femme qui tousse.

5 Quand le robot ménager tombe en panne, il faut lui rappeler dix fois qu'il pourrait le réparer, mais s'il s'agit de sa voiture, il peut la bichonner pendant des heures.

6 Il ne va chez le dentiste que quand ça fait vraiment mal.

7 Si jamais elle se dispute, elle est hystérique ; quand c'est lui qui hurle, il veut juste mettre les choses au clair.

8 Les hommes ont inventé la navette spatiale. Pourquoi diable sont-ils incapables de comprendre qu'il faut laver les chaussettes blanches séparément des bleues ?

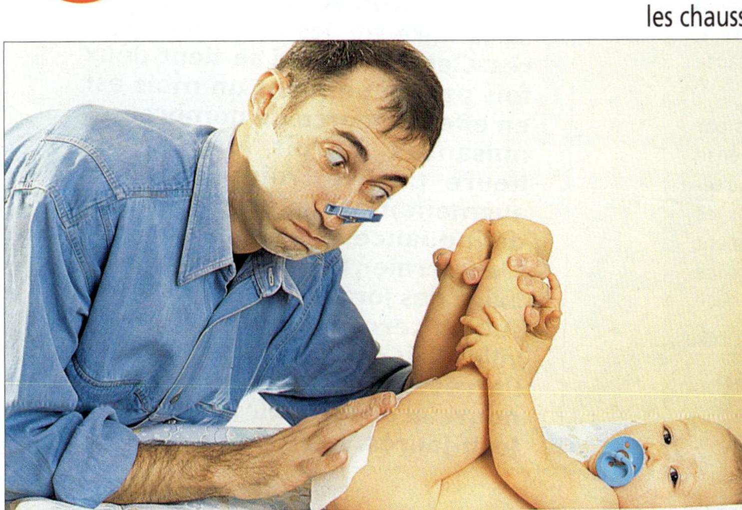

9 En voiture, à la place du passager, il devient une véritable nuisance.

10 Dès qu'il a un rhume, il a l'air d'être mortellement malade.

11 Un jour... il se met à réparer le robot... pour le casser définitivement.

12 Il oublie constamment les anniversaires et les dates de mariage. De toute façon, quand il ne les oublie pas, ses cadeaux viennent peut-être du cœur mais ils sont sans imagination.

D'après *Maxi*, n° 440, avril 1995.

Le comité se mobilise

Tout au long des pages 96 à 98, vous défendrez les droits et les intérêts d'un groupe en créant UN COMITÉ D'ACTION. Vous rédigerez des lettres et des pétitions et vous rencontrerez les personnes avec lesquelles vous êtes en conflit. Votre comité d'action devra compter entre 6 et 10 étudiants car, dans la deuxième partie du projet (la négociation, p. 98), quelques membres de ce groupe changeront de rôles et s'identifieront aux interlocuteurs du comité.

1. Le choix de la situation

a. Lisez les extraits de presse de cette page. Étudiez chaque situation et complétez le tableau.

Origine et sujet du conflit	Qui proteste (ou a protesté) ?	Autres acteurs du conflit

b. Trouvez d'autres sujets de conflits qui peuvent mobiliser des groupes :

– dans un quartier, à l'échelle d'une ville ou d'une région ;
– entre un groupe (professionnel, associatif, etc.) et les autorités (ou d'autres groupes),
– etc.

c. Choisissez la situation à partir de laquelle vous allez vous mobiliser. Créez votre comité d'action et donnez-lui un nom.

d. Rédigez un bref article de presse pour présenter la situation.

Plusieurs milliers de pêcheurs de l'est de la France et d'Allemagne défileront dans les rues de Strasbourg le 26 octobre. Pour protester contre l'invasion des cormorans, qui sont plus de 3 000 aujourd'hui dans le seul Bas-Rhin. Qui prélèvent quotidiennement une tonne et demie de poissons sur les rivières du département. À ce rythme, ont calculé les pêcheurs, il n'y aura plus de poissons dans le Bas-Rhin d'ici à trois ans. Et pas question de toucher aux cormorans : l'espèce est protégée dans toute la Communauté européenne. Une protection que les pisciculteurs et les pêcheurs du Bas-Rhin, soutenus par cinq associations d'outre-Rhin, voudraient remettre en question.

Le Nouvel Observateur, 24 septembre 1996.

« Nous voulons faire reconnaître nos droits : il faut que la France donne un statut juridique aux peuples autochtones. » Félix Tiouka, membre de la tribu des Galibis et président de la Fédération des organisations amérindiennes de Guyane[1], a tenté de faire entendre sa cause à Paris, la semaine dernière [...].

Les Indiens guyanais se sentent en effet maltraités par l'administration et floués par le projet d'un immense parc naturel en cours de création au sud du département. Cette réserve de forêt tropicale empiète sur les territoires traditionnels de plusieurs tribus, qui estiment n'avoir pas ou peu été consultées, et redoutent les conséquences du tourisme écologique.

L'Express, 27 juin 1996.

1. la Guyane est un département français d'Amérique du Sud. De nombreux habitants amérindiens souhaitent conserver leur mode de vie et leurs traditions (voir p. 25 : *Un Indien dans la ville*).

Le comité de quartier « Jean-Jaurès » proteste contre le retour de la foire sur les allées Jean-Jaurès. Cette foire qui se tient deux fois par an pendant un mois est en effet la source de nombreuses nuisances : bruit jusqu'à une heure tardive, voire matinale, augmentation des actes de petite délinquance, rues souillées, etc. L'an dernier, la municipalité avait exigé des forains qu'ils s'installent sur un terrain en bordure de la ville. Mais ces derniers, méprisant l'arrêté municipal, viennent à nouveau de s'établir sur les allées Jean-Jaurès.

D'après *Midi Libre*, 8 mars 1996.

2. Protester, réclamer, etc., par écrit

a. Lisez la lettre ci-dessous. Quel est le sujet du conflit ? Quelles en sont les parties prenantes (les personnes ou groupes concernés) ?

• Retrouvez dans cette lettre les différentes parties d'une lettre de plainte.

1. Exposé ou rappel de la situation.
2. Argumentation de la plainte.
3. Réaffirmation de la plainte.
4. Proposition de solution, de négociation, etc.
5. Formule de politesse.

• Relevez les passages qui montrent que le comité est : bien informé – puissant – déterminé.

b. Lisez page 98 le document « Infos pratiques » ainsi que les rubriques « Le droit » et « Les plaintes » du tableau de vocabulaire.

• Faites la liste des différents documents écrits (lettres, pétitions, tracts, etc.) que votre comité pourrait préparer.

c. Rédigez un ou plusieurs de ces documents.

Comité de défense des riverains de l'aéroport de ...

Madame le Maire,

Depuis quelques semaines la presse s'est largement fait l'écho d'un projet d'installation dans notre ville de l'entreprise internationale de fret aérien TRANSIT.

La chambre de commerce nous a confirmé ces informations. Les négociations pour l'implantation de TRANSIT sont près d'aboutir. L'ensemble des élus de la ville et de la région est favorable à cette opération dans la mesure où TRANSIT créerait plus de mille emplois.

Toutefois, nous avons également appris que cette entreprise effectuerait 17 rotations d'avions entre 23h et 6h du matin, soit un décollage ou un atterrissage tous les quarts d'heure. Vous comprendrez que les riverains de l'aéroport, déjà incommodés par le bruit dans la journée, ne peuvent accepter de voir leur sommeil troublé par un vacarme quasi permanent de 90 décibels. Nuisance qui peut d'ailleurs avoir de graves conséquences : des études faites auprès des riverains de l'aéroport de Heathrow à Londres ont révélé chez ces personnes une augmentation de 75% des maladies cardio-vasculaires et de 50% des troubles psychiques.

Nous sommes donc opposés à tout trafic de nuit sur l'aéroport. Vous trouverez ci-joint une pétition présentée aux riverains immédiats. Elle a recueilli 14000 signatures. D'autres pétitions présentées par d'autres associations vous parviendront bientôt. Elles vous montreront que les quelque 100000 habitants concernés par les futures nuisances entendent protester contre ce projet.

Nous tenons par ailleurs à manifester notre indignation car jusqu'à présent nous n'avons pas été consultés sur cette affaire. Il existe certainement des solutions qui rendraient compatible l'installation d'une entreprise créatrice d'emplois avec le respect de la tranquillité des riverains de l'aéroport. Nous sommes prêts à les étudier.

Dans l'espoir que, désormais, les négociations concernant l'implantation de TRANSIT prendront en compte l'avis de toutes les personnes intéressées, nous vous prions d'agréer, Madame le Maire, l'assurance de notre considération distinguée.

La Présidente
Joëlle Boujut

Le comité se mobilise

CONFLITS ET LITIGES

• *Le droit*
Être dans son droit – respecter une règle, une loi, un accord.
Outrepasser ses droits – abuser de son autorité – abuser de la faiblesse, de la naïveté de quelqu'un.
Commettre une faute, une irrégularité, un acte illégal.

• *Les plaintes*
Se plaindre *(sens général)* – une plainte – porter plainte auprès de la police.
Une revendication – revendiquer une augmentation de salaire.
Une réclamation – réclamer – faire déposer une réclamation pour un contrat non respecté – faire valoir ses droits.
Une protestation – protester contre... – s'élever contre... – s'indigner de...

• *Négociations et accords*
Être en désaccord – avoir des points de vue divergents / convergents – plaider une cause – défendre un point de vue.
Demander un arbitrage – juger – arbitrer – un médiateur – un intermédiaire.
Négocier – faire des concessions – céder du terrain – composer avec l'adversaire – couper la poire en deux *(fam.)*.
Trouver un terrain d'entente, un arrangement, un consensus, un modus vivendi – s'entendre à l'amiable.
Signer un accord, un pacte, un compromis – décider qqch. d'un commun accord.

3. La négociation

a. Préparez votre négociation.

• Répartissez-vous les rôles.

• Étudiez ci-dessus le vocabulaire « Négociations et accords ».

• Lisez ci-dessous quelques portraits de mauvais négociateurs. Prévoyez des stratégies pour faire face à ces situations difficiles.

Exemple : Face à l'agressif → garder son calme – argumenter son point de vue (se mettre à sa place), etc.

• Faites la liste de vos arguments et mettez au point votre stratégie.

b. Jouez la scène de négociation.

INFOS PRATIQUES

• Comment connaître vos droits et les organismes qui peuvent vous aider ?

→ *l'annuaire des téléphones* : consultez les « Pages info » au début de l'annuaire.

→ *le Minitel* : divers services vous proposent des informations et des conseils. En particulier 3615 VOS DROITS.

→ *les compagnies d'assurances* : la plupart des compagnies privées et des mutuelles disposent d'un service d'aide juridique.

→ *le tribunal* : pour des petits litiges vous pouvez consulter un avocat de permanence ou un médiateur (service gratuit).

• Quelques organismes qui peuvent vous aider

→ *l'administration* : ministères, directions départementales des ministères (en province), préfectures, mairies. L'administration a un rôle de conseil pour les questions relevant de sa compétence. Par exemple, pour certains problèmes avec votre employeur, vous pouvez vous adresser au ministère du Travail ou à ses directions départementales.

→ *la Sécurité sociale* : pour tout problème concernant la santé.

→ *les syndicats* : pour tout problème concernant la vie professionnelle.

→ *les associations* : il en existe pour tous les domaines et tous les problèmes (associations des locataires, des consommateurs, etc.).

Les mauvais négociateurs

• ***L'agressif.*** Il vous regarde d'un œil noir et peut ne pas vous serrer la main. Il est colérique, n'accepte aucune contradiction et peut même vous insulter.

• **Le déterminé.** Il n'est pas venu avec l'intention de négocier et il vous le dit. Il est déterminé à rester sur ses positions.

• **Le tatillon.** Il fera tout pour faire traîner les négociations en longueur. Son objectif : qu'aucune décision ne soit prise.

• ***Le machiavélique.*** Il cherche à vous égarer sur des questions secondaires auxquelles il semble attacher une grande importance.

• ***Le pleurnichard.*** Il cherche à se faire plaindre. Il fait appel à votre générosité, à votre sens moral. S'il n'obtient pas gain de cause, sa situation sera catastrophique.

• ***L'imprévisible.*** Il est poli, conciliant et semble tout accepter jusqu'au dernier moment... où il refuse de signer.

• ***Le non-responsable.*** Il affirme qu'il n'a pas le pouvoir de décider, qu'il doit en référer à d'autres personnes.

1 EXPRESSION DE LA CONSÉQUENCE

Complétez avec des mots exprimant la conséquence : les traits pleins avec des verbes et les pointillés avec des mots grammaticaux (prépositions, locutions, etc.).

L'aménagement du littoral méditerranéen.

À partir de la fin des années 60, l'État a décidé d'aménager le littoral méditerranéen entre Marseille et Perpignan. Cette politique ___ le développement touristique de la région et ___ la construction de stations balnéaires comme La Grande Motte. Par ailleurs, l'aménagement du territoire ___ des emplois et ___ une augmentation de la population et du volume des affaires. Il a [...] eu des effets très positifs.

Mais cette politique a eu aussi quelques conséquences négatives. Au début des années 70, les permis de construire étaient accordés très facilement [...] les zones urbaines se sont développées de façon anarchique. [...], une diminution rapide des espaces sauvages particulièrement beaux dans cette région. [...], vers 1975, l'État a-t-il pris des mesures sévères pour contrôler l'expansion des communes.

2 EXPRESSION DE LA DURÉE

Complétez avec une forme grammaticale qui exprime la durée.

Un témoin de l'aménagement du littoral méditerranéen.

« J'habite la région ... 1950. C'est l'année où j'ai été nommé facteur au Grau-du-Roi. Quand on a construit La Grande Motte et Port-Camargue, ... quinze ans que je vivais ici.

... quinze ans, j'avais parcouru les grandes plages, les bois de pins, les marais et les étangs pour apporter le courrier aux petites fermes isolées qu'on appelle ici des "mas". Puis, ... quelques années, tout a changé.

Mais finalement, on s'y fait et je trouve que La Grande Motte est une réussite.

... dix ans, quand j'ai pris ma retraite, c'est là que nous nous sommes installés. »

3 FEMMES ET HOMMES

Lisez cet extrait d'une nouvelle d'Albert Camus.

a. Faites la liste des activités de Louise et classez-les.

b. Caractérisez le comportement de Louise. Imaginez et caractérisez la personnalité de Jonas.

c. Imaginez, rédigez et jouez les scènes suivantes.

Louise et Jonas sont au tout début de leur liaison. Louise propose à Jonas de prendre en charge toutes les tâches quotidiennes pour qu'il puisse se consacrer entièrement à son art. Jonas est surpris, il refuse. Louise tente de le convaincre.

d. Imaginez, rédigez et jouez la scène suivante.

Vingt ans ont passé. Louise reproche à Jonas la vie qu'elle a eue. Jonas se défend...

Employé dans une maison d'édition, Jonas fait aussi de la peinture. Ses tableaux commencent à être appréciés et à se vendre. Il décide alors d'abandonner son emploi pour se consacrer entièrement à son art. Louise, une amie très dévouée, l'encourage dans cette voie.

Mais les trésors de dévouement que prodiguait[1] Louise étincelaient[2] de leurs plus beaux feux dans la vie quotidienne de Jonas. Ce bon ange lui évitait les achats de chaussures, de vêtements et de linge qui abrègent[3], pour tout homme normal, les jours d'une vie déjà si courte. Elle prenait à charge, résolument, les mille inventions de la machine à tuer le temps, depuis les imprimés obscurs de la Sécurité sociale jusqu'aux dispositions sans cesse renouvelées de la fiscalité. « Oui, disait Rateau[4], c'est entendu. Mais elle ne peut pas aller chez le dentiste à ta place. » Elle n'y allait pas, mais elle téléphonait et prenait les rendez-vous, aux meilleures heures ; elle s'occupait des vidanges de la 4 CV[5], des locations dans les hôtels de vacances, du charbon domestique ; elle achetait elle-même les cadeaux que Jonas désirait offrir, choisissait et expédiait ses fleurs et trouvait encore le temps, certains soirs, de passer chez lui, en son absence, pour préparer le lit qu'il n'aurait pas besoin cette nuit-là d'ouvrir avant de se coucher.

Du même élan, aussi bien, elle entra dans ce lit, puis s'occupa du rendez-vous avec le maire, y mena Jonas deux ans avant que son talent fût enfin reconnu et organisa le voyage de noces de manière que tous les musées fussent visités.

Albert CAMUS, *L'Exil et le Royaume*, Gallimard, 1957.

1. donner généreusement • 2. briller • 3. raccourcir • 4. Rateau est un ami de Jonas • 5. voiture de marque Renault très populaire dans les années 60.

9 Les uns et les autres

- Mettre en relation des faits et des idées opposés.
- Argumenter des opinions morales.
- Maîtriser les formules qui permettent de participer à un débat et de faire une intervention orale construite et claire.
- Découvrir les comportements contradictoires des Français. Découvrir des sujets de débats qui passionnent les Français : l'éducation, l'immigration, la politique.

Cyrano de Bergerac. Malgré son nez monstrueux, il séduit par sa conversation poétique et spirituelle, sa générosité et son courage.

LES PARADOXES DES FRANÇAIS

Wolinski disait que « dans chaque Français, il y a deux Français : celui qui ne veut pas d'histoires et celui qui a de grandes idées ». D'où ce trait éminemment hexagonal qui agace – surtout les Anglais – ou séduit ses voisins : notre concitoyen est avant tout paradoxal. Étymologiquement : il se comporte contre toute attente. L'affuble[1]-t-on du béret basque qu'il revendique le bonnet phrygien. Mais l'imagine-t-on en sans-culotte qu'il se voit, lui, forcément en haute couture. La crise n'a fait qu'accuser[2] cette spécificité nationale : plus le Français a peur de l'avenir, plus il se penche sur son passé. Ainsi, il est capable de s'exalter sur l'excellence de la grande cuisine du terroir et d'aller s'envoyer un Mc Do' sur le pouce[3]. Pleurer la disparition du quincaillier du coin de sa rue où il ne mettait pourtant plus les pieds depuis belle lurette[4], parce que les grands magasins, c'est tellement plus pratique et moins cher... Se croire directement issu de Descartes, champion toutes catégories en rationalité, et se précipiter chez la première voyante venue : la France bat des records en la matière. Passer des heures devant la télé, à regarder les émissions les plus débiles, faire plonger l'audimat dès qu'une émission « intelligente » pointe le nez[5] et vociférer[6] ensuite, comme 68 % des Français, que la télé le prend pour un abruti. Étouffer sous l'air pollué et se sentir offensé dès qu'on lui suggère de ne pas prendre sa voiture. Râler[7] comme un pou contre la paralysie des politiques et plébisciter la cohabitation[8]. Tout attendre de l'État et ne lui accorder aucune confiance comme 75 % de nos concitoyens, etc.

Florence Assouline
L'Événement du jeudi, 16 mai 1996.

1. habiller d'une manière ridicule • 2. ici, sens d'« augmenter » • 3. s'envoyer quelque chose sur le pouce (fam.) : manger rapidement • 4. depuis très longtemps • 5. apparaître • 6. crier, hurler • 7. se plaindre • 8. situation apparue en 1986 quand François Mitterrand, président de gauche, fut obligé de nommer un Premier ministre de droite.

Le « beauf » de Cabu. Un râleur qui se plaint de tout et ne pense qu'à sa propre personne.

Révolutionnaire (1792) dit « sans-culotte », coiffé du bonnet phrygien.

HÉROS ET ANTI-HÉROS DES FRANÇAIS

Les frustrés de Brétécher. Ils veulent vivre selon les idées à la mode et sont souvent déçus.

Figaro. Ce personnage du théâtre de Beaumarchais est un valet habile, intelligent et rusé qui critique avec humour les riches et les privilégiés.

1. Les paradoxes des Français

a. Relevez dans le texte les contradictions qu'on peut trouver dans les comportements et dans la mentalité des Français.

Exemple : le Français au bonnet phrygien (révolutionnaire, idéaliste, etc.) / le Français au béret basque (conservateur, petit-bourgeois).

b. Y a t il des contradictions entre l'image qu'ont les Français dans votre pays et ce que vous avez découvert sur eux ?

2. Vos paradoxes

Recherchez :

a. les contradictions que l'on peut trouver dans la mentalité et les comportements des habitants de votre pays ;

b. vos propres paradoxes.

RAISONNEMENTS

OPPOSITION ET CONCESSION

1. Présenter un fait (une idée, une situation) opposé au précédent

a. Opposition forte

Depuis un siècle les conditions de vie se sont beaucoup améliorées dans le monde...

En revanche / **Par contre** } il y a encore beaucoup de pays pauvres.

Les paysans sont pauvres **alors que (tandis que)** les propriétaires peuvent être très riches.

b. Idée ou conséquence en opposition

Les pays pauvres ont souvent des richesses naturelles...

Pourtant... Toutefois... / **Cependant... Néanmoins...** / **Malheureusement** } elles ne leur profitent pas.

c. Idée d'objection (suivie d'une conclusion)

Ce pays est pauvre. **Or**, il dispose de richesses naturelles. Il doit donc apprendre à les exploiter.

Certes, ce pays dispose de richesses naturelles mais il ne les a pas encore vraiment exploitées.

d. Conclusion opposée à ce qui précède

Nous venons de voir à quel point ce pays est démuni...

... **il n'en reste pas moins que** certains de ses habitants sont très riches.

... **encore que** certains de ses habitants soient très riches.

2. Présenter une idée de concession

• **Bien qu'**il soit pauvre *(subj.)*, il est heureux.

Il est pauvre **alors que** son voisin est riche. Il est heureux, **quoique** chez lui ce ne soit pas *(subj.)* toujours la fête.

Il est pauvre. **Pourtant (cependant, toutefois, néanmoins)** il mange toujours à sa faim.

Malgré (en dépit de...) sa pauvreté, il est heureux.

• **Tout** travailleur **qu'il soit...** / **Tout** travailleur **qu'il est...** *(évidence)* / **Aussi** travailleur **soit-il...** } il ne s'enrichira pas dans ce pays.

• **Actions ou état dont les conséquences ne sont pas celles qu'on attend.**

3. Relier des propositions en exprimant les idées suivantes

a. « Si on fait autrement, attention aux conséquences. »

Il faut aider les pays pauvres, **sinon (autrement, dans le cas contraire)** ils ne s'en sortiront pas.

b. « La situation de départ n'a aucune importance. »

Dans ce pays, si on est né pauvre, on ne réussira pas.

Qui que ce soit... / **Quoi qu'**il fasse... / **Où qu'**il aille... / **Quel (quelle) que soit** son désir... / **Quels (quelles) que soient** ses buts... } il rencontrera des difficultés.

Quoi qu'il en soit, il faut aider ces pays.

1 EXPRESSION DE LA CONCESSION

Complétez avec une expression de la rubrique 2 du tableau.

Extrait d'un article intitulé « La fin de la faim dans le monde ».

• ... il y ait moins de naissances dans les pays développés, la population de la planète ne cesse d'augmenter.

• ... les efforts pour limiter les naissances, cette population atteindra les 9 milliards en 2030.

• Pourra-t-on nourrir 9 milliards de personnes ... on est incapable d'en nourrir 6 milliards aujourd'hui ?

• Ces chiffres sont inquiétants. ..., les économistes sont optimistes.

• Depuis 20 ans, la population de la planète a beaucoup augmenté mais la quantité de nourriture disponible par habitant a ... augmenté plus vite.

• Dans l'avenir, la population ... augmenter, la production alimentaire augmentera plus vite.

• ... inquiétante ... ..., la perspective d'avoir 9 milliards de bouches à nourrir ne doit pas nous alarmer.

• Mais il faudra ... veiller à une bonne répartition de cette nourriture.

2 EXPRESSION DE L'OPPOSITION

Complétez avec les expressions suivantes :

au lieu de – cependant – certes – sinon – il n'en reste pas moins que – toutefois – or.

Un membre de l'organisation « Pharmaciens sans frontières » parle de son action.

« Nous travaillons avec des pays qui ont des difficultés économiques ou avec des pays en guerre. Ces pays ont besoin de médicaments. ..., en France, les gens n'utilisent pas tous ceux qu'ils achètent. Alors, nous, nous les récupérons.

..., nous rencontrons des problèmes. Quelquefois, ... être distribués gratuitement, nos produits sont vendus dans des pharmacies locales.

..., dans les pays avec lesquels je travaille, cette situation est rarissime.

..., ce n'est pas le cas dans d'autres pays que je ne nommerai pas. Mais même si nous devons faire face à des problèmes de corruption, ... nous devons continuer notre action.

..., des millions de personnes en souffriraient. »

3 EXPRESSION DE L'INDIFFÉRENCE

Remplacez les groupes en italique par une expression de la rubrique 3b du tableau.

Un travailleur immigré récemment arrivé en France raconte ses difficultés d'adaptation.

« C'est la première fois que je viens en France et, je dois le dire, je n'avais jamais quitté mon pays. Alors, ici, *quand je vais quelque part, dans n'importe quel endroit*, je n'arrive pas à oublier ce pays. *Quand je fais quelque chose, n'importe quoi*, j'ai toujours peur de faire une erreur. Quand je parle à quelqu'un, *n'importe qui*, j'ai un peu honte de mon mauvais français. Mais *peu importe* les difficultés que je rencontrerai, je sais que je m'adapterai. Car *peu importe* le travail que l'on me donnera, je le ferai consciencieusement. Mais attention, face à *n'importe quelle personne*, Français ou étranger, je garderai ma fierté. »

4 NUANCER DES INFORMATIONS ET DES OPINIONS

En utilisant les informations suivantes et les expressions du tableau de grammaire, rédigez une présentation du problème de l'immigration en France.

L'IMMIGRATION : DONNÉES ET OPINIONS

- Nombre d'immigrés : environ 5 millions dont 1,5 million de personnes nées hors de France mais ayant acquis la nationalité française et 1 million d'étrangers nés en France et y ayant toujours vécu.
- Estimation du nombre des clandestins : 0,5 million.
- Origine : pays du Maghreb et d'Afrique : 50 % (dont proportion importante d'Algériens) ; pays d'Europe : 40 % ; pays d'Asie : 10 %.
- Opinions et réalités

– Une majorité de Français pense que le nombre d'émigrés est en augmentation constante. Les recensements montrent que cette population est stable depuis 1982.

– 57 % des Français pensent que les Algériens ne sont pas bien intégrés. 92 % des immigrés se sentent bien en France. Les Beurs (français de parents maghrébins) se sentent à 90 % plus proches de la France que de la culture de leurs parents.

- Attitudes des Français vis-à-vis de l'immigration

– 60 % des Français expriment leurs craintes vis-à-vis de l'immigration qu'ils rendent en partie responsable du chômage. Ces peurs peuvent se radicaliser dans les thèses du parti du Front national (15 % des voix aux élections présidentielles de 1995) et dans certaines attitudes xénophobes ou racistes.

– 50 % des Français sont favorables au droit de vote des immigrés.

– 64 % des immigrés estiment que les Français n'ont pas d'attitude raciste.

Entraînez-vous

1. Expression de la concession. Un de vos amis étrangers a eu des problèmes. Il les a résolus. Répondez comme dans l'exemple.

- Sa famille ne voulait pas qu'il vienne en France. Il y est venu quand même ?

– Oui, bien que sa famille n'ait pas voulu qu'il vienne en France, il y est venu quand même.

2. Construction avec un ou deux pronoms. On vous interroge sur votre ami étranger (ex. 1). Répondez selon les indications.

(1) Oui – (2) Non – (3) Oui – (4) Non – (5) Non – (6) Oui – (7) Oui – (8) Non

- Votre ami avait dit à sa femme qu'il voulait venir en France ?

– Oui, il le lui avait dit.

Marius et Fanny

ou le conflit entre les sentiments et les aspirations

La scène se passe à Marseille, sur le Vieux Port, dans les années vingt. Marius, fils du patron de bar César, et qui n'a d'autre avenir que celui de prendre la succession de son père, aime Fanny, la fille d'une vendeuse de poissons. Fanny, qui est amoureuse de Marius, est aussi courtisée par Panisse, un riche commerçant beaucoup plus âgé qu'elle.

L'aventure amoureuse entre Marius et Fanny dure depuis quelque temps et les deux jeunes gens envisagent de se marier mais Marius hésite... Il a toujours été attiré par la mer. Il a toujours rêvé de partir pour des îles lointaines... Justement, dans le Vieux Port, un bateau s'apprête à partir pour les Îles Sous-le-Vent. Il manque un homme d'équipage. On propose la place à Marius qui est tenté mais finalement refuse. Fanny a surpris la conversation.

FANNY

Marius, je n'ai pas écouté, mais j'ai entendu.

MARIUS

Tu as entendu que je tiens ma parole... Le bateau s'en va, j'ai ma place à bord et moi je suis ici ! Je lave les verres et j'astique le comptoir.

FANNY

Ça prouve que tu es honnête. Eh bien moi aussi, je suis honnête... Je ne suis pas un piège, Marius... Si tu veux partir, tu es libre.

MARIUS

Tu ne penses pas ce que tu dis. C'est maintenant que tu me tends le piège. Tu veux voir ce que je vais faire : eh bien tu le vois : je reste avec toi.

FANNY

J'ai bien réfléchi, Marius. Depuis plus d'un mois, je te regarde et j'ai bien vu que tu regrettes ce qui nous est arrivé, mais que tu restes pour réparer ta faute. Tu n'es responsable de rien : cette faute est mienne, ne t'en charge pas !

MARIUS

Alors, tu crois que je ne t'aime pas, quand je te fais un si grand sacrifice ?

FANNY

Je crois que tu m'aimes. À ta façon. Mais je sens bien que cette corde qui te tire ne se cassera jamais. Moi, je n'ai pas la force de te retenir... Et alors, puisqu'il te faut ta liberté, au moins que ce soit moi qui te la donne. Puisque c'est la mer que tu préfères, marie-toi avec la mer. Nous verrons plus tard...

MARIUS

C'est comme ça que tu m'aimes ?

FANNY

Oui, c'est comme ça. [...]

[Fanny promet à Marius que s'il part, elle l'attendra. Il finit par avouer son désir de partir.]

MARIUS *(il crie)*

Oui, j'ai envie, oui... Mais je trouve que tu acceptes ça bien facilement !

FANNY

Tu voudrais que je pleure, et que je m'accroche pour te garder...

MARIUS

Non, je ne le voudrais pas, mais j'en avais peur.

FANNY

Eh bien ne crains rien. Tu vois que je suis raisonnable et que je te comprends.

Cas de conscience

MARIUS *(brusquement)*

C'est ta mère qui t'a conseillée. Elle attend que je sois parti pour te vendre à Panisse !

FANNY

Si tu as besoin d'un prétexte, celui-là est bon. Et justement il m'a encore demandée ce matin...

MARIUS

Et qu'est-ce que tu lui as répondu ?

FANNY

Je n'ai pas dit « oui ».

MARIUS

Mais tu n'as pas dit « non »...

FANNY

On ne sait pas ce qui peut arriver.

MARIUS

C'était ça ta générosité. J'aurais dû comprendre plus tôt !

FANNY

Ce n'est pas pour moi, Marius. Tu sais bien que dans les familles, il y a des questions d'intérêt... Il faut penser à l'avenir... Ma mère n'est plus jeune... Son travail la fatigue. L'amour n'est pas tout dans la vie. Il y a des choses plus fortes que lui...

MARIUS

Oui, l'argent...

FANNY

L'argent, la mer...

MARIUS

Chacun s'en va vers ce qu'il aime. Toi, épouse l'argent de Panisse, et moi je suis libre, j'épouse la mer... Oui ça vaut mieux pour tous les deux.

FANNY

Oui, ça vaut mieux, mais si tu m'as aimée seulement une heure, laisse-moi te faire une caresse d'amitié.

(On entend un coup de sifflet.)

MARIUS

Ils partent ?

(Il s'élance et sort. Panisse entre brusquement.)

Marcel PAGNOL, *Marius* (Acte IV, scène 6), Marcel Pagnol, 1988.

1 SINCÉRITÉ ET DISSIMULATION

a. Lisez l'introduction de la scène. Représentez schématiquement les relations entre les personnages.

b. Lisez la scène. Pour chaque réplique, imaginez :

– ce qui se passe « dans la tête » du personnage : ses désirs sincères, ce qu'il estime être son devoir ;

– l'effet qu'il compte produire sur son interlocuteur.

Exemple : 1re réplique de Marius → « Je voudrais partir mais je dois rester parce que je me suis engagé. Je veux lui montrer que je fais un sacrifice... »

c. Imaginez la suite de l'histoire.

2 ACTUALITÉ DE LA SCÈNE

Quels sont les comportements, les sentiments, les mots qui, dans cette scène, vous paraissent :

– appartenir à une ancienne génération ;

– toujours actuels.

3 LES CAS DE CONSCIENCE NOBLES

Dans la littérature, le théâtre, le cinéma, recherchez et présentez des situations où les personnages se posent des cas de conscience.

4 LES CAS DE CONSCIENCE QUOTIDIENS

a. Recherchez en groupe des cas de conscience quotidiens qui se posent sous les formes suivantes.

• **« Est-ce que je le lui dis ou est-ce que je le lui cache ? »**

Exemple : Mon ami a une nouvelle cravate dont tout le monde se moque.

• **« Est-ce que je le fais ou est-ce que je ne le fais pas ? »**

Exemple : Au moment de prendre le métro, je m'aperçois que je n'ai pas d'argent. Est-ce que je saute par-dessus le tourniquet ?

b. Développez un de ces cas de conscience sous forme d'un monologue ou d'un dialogue avec un(e) confident(e).

Je me demande si...
Est-ce que j'ose... ?
Je risque de le vexer... Ça ne me regarde pas...
Je n'ai pas à me mêler de ça.
Mais il est de mon devoir de...
J'aurai la conscience tranquille.

Le cas de conscience de Rodrigue dans *Le Cid* de Corneille (XVIIe siècle). Son père a été insulté par le père de la femme qu'il aime. Pour venger son honneur, il doit tuer son futur beau-père.

PRÉPARATION AU DÉBAT

SITUATIONS PRATIQUES

L'INTERVENTION ORALE

1. Prendre la parole – Interrompre quelqu'un

• *Demander la parole :* Je voudrais dire... – J'ai quelque chose à vous dire – Je voudrais souligner, exposer, proposer, citer un cas personnel, etc.

• *Interrompre quelqu'un :* Vous permettez... – Un mot seulement... – Attendez ! Je voudrais dire que... – Permettez-moi de... – J'ai une question à poser.

• *Accepter de donner la parole :* Je vous en prie – Vous avez la parole – À vous – Je vous écoute – Allez ! Dites ce que vous avez à dire.

• *Refuser de donner la parole :* Attendez ! Je termine – Je n'ai pas fini – Je vous ai laissé parler. Laissez-moi finir ! – Ne me coupez pas la parole ! – Ne m'interrompez pas tout le temps ! – Cessez de m'interrompre !

2. Les moments d'une intervention orale

• *Introduire le sujet :* Je parlerai, traiterai de... – Je présenterai... – D'abord, dans un premier temps, j'exposerai... – Ensuite, dans un deuxième temps...

• *Passer au point suivant :* Passons à... – Venons-en à... – En ce qui concerne... – Pour ce qui est de... – Quant à... – Il reste à parler de...

• *Insister ou passer rapidement sur un point :* Je développerai... / Je ne développerai pas... – Je m'étendrai sur... / Je ne m'étendrai pas davantage sur... – Je passerai rapidement sur... – Je n'insisterai pas... – Je m'en tiendrai à...

• *Donner un exemple :* Prenons un exemple... – Ainsi... – Cela (me) fait penser à... – Cela rappelle... – Je donnerai un exemple pour illustrer ce point.

• *Résumer un point :* Conclure – En somme... – Pour me résumer... – En résumé... – Pour tout dire... – L'essentiel est de voir que... – Ce qu'il faut retenir, c'est...

En conclusion, pour conclure, pour finir, je dirai que...

1 LES MOMENTS DU DÉBAT

a. Lisez le tableau ci-contre et l'article ci-dessous.

b. Écoutez dix brefs passages de la conférence de Philippe Aubarne et du débat qui a suivi la conférence. Notez à quelle rubrique du tableau « L'intervention orale » correspond chacun de ces extraits.

Exemple : Extrait 1 → Introduction du sujet.

La conférence de Philippe Aubarne.

LE JOURNALISTE ET LE ROMANCIER

La conférence que le journaliste Philippe Aubarne a donnée hier au Centre Pablo-Neruda a attiré un public nombreux et a suscité un débat passionné. Volontairement provocateur, l'homme des médias n'a pas ménagé ses critiques à l'égard de sa profession. Il a montré que dans un monde apparemment surinformé, l'information était souvent présentée d'une manière partielle et aléatoire. Puis, s'en prenant aux journaux télévisés, il a démontré avec exemples à l'appui qu'ils étaient conçus comme des romans feuilletons dont les sujets étaient choisis en fonction de leur capacité d'émotion. Enfin, il a critiqué l'ensemble de la presse pour son manque d'analyse et de pédagogie.

Le débat qui a suivi lui a donné l'occasion de faire des propositions concrètes pour une véritable presse d'information.

2 CONVERSATIONS À BÂTONS ROMPUS

Un passant s'arrête une minute pour bavarder avec deux amis assis à la terrasse d'un café. Écoutez et complétez le tableau.

Personne qui parle	Sujet abordé	Formule ou expression qui signale la prise de parole
Homme (1)	Les congés	« Tiens » (attirer l'attention du passant)

Intonation expressive

Intonation de la négation.

1. Écoutez et répétez ces différentes façons de dire « non ». Notez la situation et la formule.

• Demande d'autorisation d'ouvrir la fenêtre.

→ Absolument pas.

2. Écoutez et répétez ces phrases extraites de la conférence de Philippe Aubarne. Observez le changement de place de l'accent tonique selon la construction de la phrase.

CONVERSATION

3 LES OPINIONS DES FRANÇAIS

a. Lisez le texte ci-contre. Faites la liste de tout ce qui conditionne les opinions des Français.

Exemple : pro et anti-Maastricht → valeurs personnelles
jeune et vieux → âge.

b. Dans quelle mesure cette description conviendrait-elle à votre pays ?

Décembre 1995. Réconciliation, pour une grande grève commune, de deux syndicats longtemps opposés : la CGT et FO.

4 SONT-ILS DE DROITE OU DE GAUCHE ?

a. Étudiez le tableau ci-dessous.

b. ***Écoutez parler ces Français. D'après ce qu'ils disent, pensez-vous qu'ils sont plutôt de droite ou plutôt de gauche ?***

LES VALEURS DE LA GAUCHE ET DE LA DROITE

Voici des mots qui font l'objet d'une grande différence d'appréciation entre les électeurs de gauche et ceux de droite.

Appréciés par la gauche		Appréciés par la droite	
adultère	– aventurier	âme	– cérémonie
bohème	– changeant	commander	– commerce
désert	– désordre	dieu	– élite
doute	– feu	éternel	– foi
folie	– fragile	héros	– noble
ironie	– lenteur	or	– patrie
magie	– nudité	prêtre	– prier
orage	– partir	puissance	– reine
peuple	– révolte	roi	– sacré
rouge	– venger	soldat	– souverain

D'après une enquête *Sémiométrica*, 1990.

60 MILLIONS D'OPINIONS

Fin observateur des mentalités françaises, le sociologue anglais Théodore Zeldin remarque qu'« avec le temps, les Français deviennent de plus en plus différents les uns des autres ». Ce que l'humoriste Pierre Daninos avait déjà noté en 1954 en affirmant que la France était divisée en 43 millions de Français.

Au pays de Descartes, il faut donc se méfier des classifications simplistes car les Français poussent à l'extrême l'art de la division. Adhérez à un parti politique non extrémiste, il vous faudra choisir entre les pro et les anti-Maastricht, les jeunes et les vieux (crocodiles), les durs et les mous, les laïques et les chrétiens, les Parisiens et les provinciaux, les grands bourgeois et ceux qui se sont faits par eux-mêmes, le groupe corse et le lobby des médecins, etc. Toutes ces catégories, bien entendu, se superposant.

Installez-vous dans certaines villes du sud de la France et tentez de vous faire des amis. On cherchera à savoir avant tout si vous êtes catholique ou protestant. Non pour s'assurer que vous fréquentez l'église ou le temple, mais tout simplement pour vous situer.

Cette France des tribus où l'opinion est influencée par l'ascendance familiale (« royaliste par ma mère, communiste par mon père », chantait Mouloudji) et par l'appartenance consciente ou inconsciente à des clans (« Je suis un libéral mais aussi pour un État fort », disait ce fonctionnaire qui défendait sa corporation) va-t-elle se dissoudre dans la pensée unique véhiculée par les médias ? C'est peu probable.

Trop craintifs pour être individualistes, trop égoïstes pour être collectivistes, les Français sont heureux dans les petits groupes. Leur esprit de géométrie les poussera toujours à tracer dans l'hexagone de multiples lignes de partage et à chercher à vous placer sur leur mosaïque en se posant d'abord la question : « Est-il de droite ou de gauche ? »

Bien entendu, ce que vous avez fait dans l'exercice 4 n'est qu'un jeu. Il faut se méfier des stéréotypes et des apparences. Il faut aussi savoir que les Français aiment les paradoxes et qu'ils disent quelquefois le contraire de ce qu'ils pensent. Enfin, si leur emblème est le coq, ce coq est souvent une girouette qui change de direction selon le vent. Un tiers des électeurs peut changer de camp d'une élection à l'autre.

La marche du siècle : l'école aujourd'hui

Tout au long des pages 108 à 110, vous organiserez et réaliserez UN DÉBAT SUR L'ÉDUCATION qui prendra la forme de l'émission de télévision « La marche du siècle ». Ce débat portera sur trois problèmes :
– les programmes et les horaires ;
– la sélection et les examens ;
– les buts de l'éducation dans la société d'aujourd'hui. Il évoquera surtout la situation de l'école dans votre pays mais ce dossier vous donnera l'occasion de faire des comparaisons avec ce qui se passe en France.

1. Préparation au débat

a. Lisez ci-contre comment est organisée l'émission « La marche du siècle ». Répartissez-vous les trois sujets du débat (un petit groupe par sujet).

b. Travail collectif. Rafraîchissez vos connaissances sur le système éducatif français.

Écoutez. Un enseignant français vous présente ce système. Présentez sous forme de tableau l'organisation de l'éducation en France.

Niveaux et tranches d'âge	Types d'école	Contenus de l'enseignement	Examens et diplômes
2 à 6 ans, enseignement préélémentaire			

c. Travail en petits groupes. Pour chaque partie du débat, vous trouverez un dossier (pp. 109-110). Ce dossier comporte :

– **un questionnaire** qui vous aidera à réfléchir et à trouver des idées

– **un document écrit**
– **un document sonore**
} Ils vous informeront sur la situation en France.

• **Répartissez-vous les trois dossiers.**

• **Dans chaque petit groupe, répartissez-vous les rôles que vous tiendrez au cours du débat :**

– **l'animateur** (il changera donc à chaque partie du débat) ;

– **les spécialistes** (professeurs, inspecteurs de l'Éducation nationale, rédacteurs de programmes et de manuels, psychologues, etc.) ;

– **les témoins** (élèves, étudiants, parents d'élèves, anciens élèves, etc.).

2. Déroulement du débat

• **Chaque groupe présente la partie du débat qu'il a préparée. C'est l'animateur qui conduit le débat.**

• **Seuls les membres du groupe peuvent intervenir. Le public (les deux autres groupes) écoutent et commenteront ensuite la qualité du débat.**

• **Pour chaque partie du débat, fixez à l'avance une durée à ne pas dépasser.**

« La marche du siècle » est une émission animée par le journaliste Jean-Marie Cavada. Elle traite d'un grand sujet de société dont elle examine successivement différents aspects. L'émission est donc généralement divisée en plusieurs parties. Dans chaque partie interviennent des spécialistes de la question qui ont des opinions différentes et des témoins qui racontent les expériences qu'ils ont vécues.

Le poids du cartable que doit porter l'élève français symbolise la plupart des problèmes qui se posent à l'école.

PROGRAMMES ET HORAIRES

a. • Quelles sont les matières qui sont valorisées ? Cette valorisation est-elle justifiée ? Y a-t-il des matières qui sont négligées, inutiles ?

• Les programmes vous paraissent-ils trop chargés ? insuffisants ? Sont-ils adaptés aux besoins des élèves ? à leurs capacités d'apprentissage ?

• Les horaires sont-ils bien organisés ? équilibrés ? adaptés aux réalités de la société moderne ?

b. Écoutez. Un élève de classe de première de lycée (17 ans) juge son programme et ses horaires.

SÉLECTION ET EXAMENS

a. • L'âge jusqu'auquel la scolarité est obligatoire est-Il bien choisi ?

• Les élèves doivent-ils se spécialiser plus tôt ou plus tard ?

• Doit-on commencer la formation professionnelle plus tôt ou plus tard ?

• Doit-on répartir les élèves dans les classes ou dans les écoles en fonction de leurs capacités et de leur niveau ou faut-il mettre tout le monde ensemble ?

• Faut-il supprimer certains examens ou au contraire en rajouter ?

b. Un partisan de la sélection et un opposant discutent.

Notez leurs arguments.

Les lycées professionnels devraient normalement accueillir les élèves qui souhaitent entrer rapidement dans la vie active. Ils reçoivent surtout ceux qui n'ont pas réussi dans les filières générales.

À partir des années 70, les mathématiques sont devenues la matière principale des études en France. Pour deux raisons. D'une part, la France avait besoin de techniciens et de scientifiques. D'autre part, on pensait que les élèves de tous les milieux sociaux auraient les mêmes chances dans cette discipline. Elle contribuerait donc à la démocratisation de l'enseignement et à l'intégration.

Georges Ifrah, auteur d'ouvrages sur les mathématiques et l'informatique, montre que cela n'a pas été le cas.

J'ai été autrefois un élève complètement nul en mathématiques. J'ai même redoublé la sixième et la cinquième à cause de cela. Or je suis sûr que la « bosse des maths[1] » n'existe pas, chacun est capable de faire des mathématiques, tout au moins jusqu'à un certain niveau. On en est arrivé à cette situation absurde : les mathématiques, qui sont sans doute le plus puissant outil que l'être humain ait imaginé pour percer les secrets de la nature, sont devenues, par suite des faiblesses de notre enseignement, un moyen de sélection sociale, et se trouvent aujourd'hui à l'origine d'un immense sentiment de frustration, non seulement chez les enfants mais aussi chez les parents.

Comment expliquer une telle situation ? Dans l'enseignement primaire, le grand malaise provient actuellement de ce que l'on croit pouvoir commencer à enseigner le calcul et les mathématiques selon des considérations purement abstraites. Il suffit, pour s'en convaincre, de jeter un coup d'œil sur la majorité des manuels scolaires. Les élèves sont de plus en plus bombardés de notions parachutées et compliquées, alors que les enfants ont plus besoin d'acquérir d'abord – et concrètement – les principaux mécanismes de base.

Georges IFRAH, *Le Nouvel Observateur*, septembre 1996.

1. le don des mathématiques.

OPINIONS DE FRANÇOIS DUBET, SOCIOLOGUE SPÉCIALISÉ DANS L'ÉDUCATION

• Sur le système scolaire en général

L'évolution de l'école ressemble à celle d'une compétition sportive de plus en plus dure parce qu'il y a de plus en plus de participants. Les gagnants sont de plus en plus forts et les faibles, nouvellement admis dans le jeu, de plus en plus faibles. D'où cette situation paradoxale où le niveau général monte, mais avec une proportion d'élèves – ceux qui autrefois n'allaient pas à l'école – plus faibles que les faibles d'autrefois. Il est logique que nous ayons ce terrible sentiment de baisse de niveau, mais nous aurions intérêt à nous délivrer de notre obsession de la performance de nos élèves.

En France plus qu'ailleurs, toute l'organisation scolaire, avec ses contrôles sans fin, ses programmes exorbitants, .../...

…/…

ses mécanismes sélectifs sans retour, est fondée là-dessus. C'est une machine d'une extrême dureté. Le prix à payer ne peut que se traduire par des inégalités considérables, de l'ennui, une tension extrême et de la violence.

• Sur la longueur des études

[...] Il va falloir admettre une certaine déscolarisation. Beaucoup d'élèves, une fois qu'ils sont proches de la vie active, retrouvent de la dignité et du dynamisme. Il n'y a aucune raison de s'acharner à les scolariser éternellement. Trop de garçons et de filles de 17 ou 18 ans sont très malheureux à l'école. On doit envisager de leur donner des formations dans un cadre non scolaire ou professionnel, à condition de ne pas les livrer pieds et poings liés à McDo et aux petits boulots.

Le Nouvel Observateur, mars 1996.

BUTS DE L'ÉDUCATION

a. • Quels sont les objectifs prioritaires que doit se donner l'école ?

• Ces objectifs s'appliquent-ils à tous les niveaux (école maternelle, primaire, etc.) ?

• Quel doit être le rôle des parents ? celui de l'école ? Ces rôles peuvent-ils se compléter ?

b. Écoutez. Trois personnes répondent à la question :

« Quels buts l'école doit-elle se fixer :
– pour les enfants ?
– pour les adolescents ? »

• Extraits d'une interview de François de Closets, journaliste, auteur d'un livre pamphlet, *Le Bonheur d'apprendre*.

Aujourd'hui, chaque Français passe plus de quinze ans de sa vie à l'école. D'une si longue initiation on devrait sortir passionné, on devrait garder la soif d'apprendre, de s'intéresser à toutes ces disciplines, même si l'on n'en fait pas son métier... Tout le monde sait que ce n'est pas le cas. Pis : on s'empresse de rejeter ce que l'on a étudié [...].

L'école, pour moi, a deux fonctions : d'abord épanouir l'individu, lui construire un socle culturel, lui ouvrir l'esprit ; et puis lui donner des savoirs spécialisés susceptibles de déboucher sur un métier. On sait bien qu'elle échoue dans cette seconde mission : elle parvient difficilement à former des producteurs adaptés aux besoins de l'économie et à leur assurer des emplois. Elle échoue également dans son premier objectif : les centaines d'heures de cours qu'elle dispense aux collégiens et dont ils ne feront aucun usage professionnel n'aiguisent pas leur curiosité.

L'Express, mars 1996.

Une école différente. Dès 1920, Célestin Freinet, instituteur de la région de Nice, mettait en œuvre une organisation de la classe qui développait la curiosité, la créativité, l'autonomie, l'esprit d'équipe et incitait les enfants et les parents à prendre leurs responsabilités dans la vie de l'école.

• Commentaire d'un sondage sur les buts de l'éducation

Quel est le but d'une bonne éducation ? Donner des repères à ses enfants pour les aider à se diriger dans la vie ? Eh bien, non : pour 70 % des parents, ce serait au contraire rendre les enfants capables de choisir « eux-mêmes » leurs propres valeurs. C'est ce qu'indique une enquête Sofres réalisée pour McDonald's auprès d'un échantillon d'adultes – enseignants, pédiatres et parents d'enfants de 6 à 12 ans. Seuls 29 % de ces derniers estiment que leur rôle est de transmettre leurs propres repères. La grande majorité des parents met en avant la « réussite sociale » ainsi que l'« autonomie » qui serait, selon eux, la qualité prioritaire à développer chez leurs fils ou fille. La plupart des parents et des enseignants (60 %) considèrent que les enfants ne sont pas bien armés pour affronter le monde de demain, mais, paradoxalement, leur font quand même confiance pour améliorer la société. Le document confirme les craintes exprimées ces derniers temps par les spécialistes de la question : les parents d'aujourd'hui ne savent plus vraiment quels sont leur rôle et leurs responsabilités.

L'Express, novembre 1995.

1 EXPRESSION DE LA CONCESSION

Reformulez les informations suivantes en utilisant l'expression entre parenthèses.

Quelques mauvais élèves célèbres.

- Albert Einstein n'a parlé qu'à 4 ans. Il n'a été capable de lire qu'à 9 ans. Il est devenu un grand homme de science. *(Bien que...)*
- Auguste Rodin était un très mauvais élève. Il est devenu un célèbre sculpteur. *(Tout... que)*
- Les manuscrits de l'écrivain danois Andersen étaient pleins de fautes d'orthographe. Les éditeurs les ont acceptés. *(En dépit de...)*
- Thomas Edison fut renvoyé de toutes les écoles où ses parents l'avaient inscrit. Il devint ingénieur et inventa le phonographe et la lampe électrique. *(Pourtant... Quand même)*

2 EXPRESSION DE L'OPPOSITION

Complétez les raisonnements suivants avec les mots exprimant l'opposition (différents de ceux de l'exercice précédent).

Commentaires de statistiques sur les comportements des Français.

- Les femmes provoquent plus d'accidents que les hommes [...] ce sont de petits accrochages. [...], ce sont les hommes qui causent le plus d'accidents mortels.
- On dit que les Français boivent beaucoup de vin [...] c'est en France que la consommation de vin a le plus baissé depuis 1960. [...] elle a augmenté dans d'autres pays.
- [...] seulement 25 % des Français disent qu'ils sont superstitieux. [...] plus de 50 % consultent tous les jours leur horoscope.

3 LE DÉBAT

Remplacez les indications entre parenthèses par ce que dit le personnage. Utilisez d'autres mots que ceux qui sont donnés.

Exemple : Le ministre : *En somme,* c'est un grand projet...

Extrait d'un débat sur l'enseignement des langues étrangères dans les écoles primaires. Le ministre de l'Éducation vient d'exposer son projet.

Le ministre : (Il va conclure)... c'est un grand projet que nous avons pour...

Un intervenant : (Il demande la parole).

Le ministre : (Il refuse de lui donner la parole). Je disais donc que c'est un projet ambitieux que nous avons pour nos enfants. *(Il donne la parole à l'intervenant).*

L'intervenant : (Il annonce qu'il a trois critiques à faire. Il ne développera pas la première). Les enseignants ne sont pas formés. Les élèves n'ont pas vraiment le choix de la langue étrangère. Le nombre d'heures de cours, 1 heure par semaine, est trop faible. *(Pour la deuxième critique, il va donner un exemple : celui de l'école de sa fille).*

4 L'ÉDUCATION

Lisez le texte suivant qui parle de la jeunesse française.

Les enfants ont de moins en moins le temps de vivre leur jeunesse. Très vite, leurs parents les mettent en garde contre la dureté des temps et les difficultés qui vont se dresser devant eux : chômage ; compétition implacable entre individus, entreprises, pays ; menaces écologiques, démographiques, éthniques... Face à ce tableau apocalyptique du monde et de la société, largement relayé[1] par les médias, les résultats scolaires prennent une place considérable et tous les moyens sont bons pour tenter de les améliorer.

L'une des conséquences de cette situation est que l'on n'apprend pas aux enfants à mesurer leur « réussite » future par rapport à leurs propres désirs et à leurs capacités, mais à partir de critères matériels et uniformes : position professionnelle, salaire, attributs[2]. Ce « gavage intellectuel[3] », qui s'ajoute au discours alarmiste sur l'avenir, explique l'inquiétude des jeunes.

Gérard Mermet, *Francoscopie*, 1995.

1. relayer quelqu'un : le remplacer pour continuer ce qu'il fait • 2. il s'agit ici des signes de réussite (maison, voiture, etc.) • 3. gaver : obliger (en général un animal d'élevage) à manger davantage qu'il ne le fait normalement.

a. Quel sentiment éprouvent les jeunes d'aujourd'hui ? Quelles sont les causes de ce sentiment ? (En répondant, montrez que ces causes sont liées entre elles.)

b. Qu'auriez-vous envie de dire à des parents français qui ont cet état d'esprit (« Chez nous, c'est... Il n'y a pas d'autres solutions car... Vous devez changer d'attitude car...).

5 CAS DE CONSCIENCE

Cet homme se pose un cas de conscience. Imaginez ses pensées et rédigez-les en quelques lignes.

10 Savoir-vivre

- *Mettre en valeur certains mots de la phrase en utilisant les constructions passives, pronominales et impersonnelles.*
- *Lire et rédiger des lettres à caractère privé.*
- *Faire face à des situations de communication portant sur les règles et les interdits.*
- *Découvrir des usages, des comportements, des tabous propres à la France et aux Français.*

• INVITATION
(à danser)

• RESTAURATION

• DÉNOMINATION

George Dandin, un riche paysan du XVIIe siècle, a épousé la fille d'un seigneur ruiné : Monsieur de Sotenville. Il s'aperçoit que sa femme ne l'a épousé que pour son argent et veut s'en plaindre à son beau-père.

GEORGE DANDIN. – Puisqu'il faut donc parler catégoriquement, je vous dirai, Monsieur de Sotenville, que j'ai lieu de...

MONSIEUR DE SOTENVILLE. – Doucement, mon gendre. Apprenez qu'il n'est pas respectueux d'appeler les gens par leur nom, et qu'à ceux qui sont au-dessus de nous il faut dire « Monsieur » tout court.

GEORGE DANDIN. – Hé bien ! Monsieur tout court, et non plus Monsieur de Sotenville, j'ai à vous dire que ma femme me donne...

MONSIEUR DE SOTENVILLE. – Tout beau[1] ! Apprenez aussi que vous ne devez pas dire « ma femme » quand vous parlez de notre fille.

GEORGE DANDIN. – J'enrage. Comment ? ma femme n'est pas ma femme ?

MADAME DE SOTENVILLE. – Oui, notre gendre, elle est votre femme, mais il ne vous est pas permis de l'appeler ainsi.

MOLIÈRE, *George Dandin*, 1668.

1. expression archaïque qui signifie : « Arrêtez ! Doucement ! »

• PROPOSITION

• DÉCLARATION D'AMOUR

M. Jourdain, riche bourgeois du XVIIe, apprend les bonnes manières de l'aristocratie.

M. JOURDAIN. – Je vous en prie. Au reste, il faut que je vous fasse une confidence. Je suis amoureux d'une personne de grande qualité, et je souhaiterais que vous m'aidassiez[1] à lui écrire quelque chose dans un petit billet que je veux laisser tomber à ses pieds [...]. Je voudrais donc lui mettre dans un billet : *Belle marquise, vos beaux yeux me font mourir d'amour ;* mais je voudrais que cela fût mis d'une manière galante, que cela fût tourné gentiment.

MAÎTRE DE PHILOSOPHIE. – Mettre que les feux de ses yeux réduisent votre cœur en cendres ; que vous souffrez nuit et jour pour elle les violences d'un...

MOLIÈRE, *Le Bourgeois gentilhomme*, 1670.

1. forme archaïque du subjonctif du verbe « aider ».

• DÉGUSTATION

Après la chute de Napoléon Ier, deux partis s'affrontent en France. Ceux qui veulent restaurer la monarchie, représentés par l'aristocrate Talleyrand. Ceux qui veulent restaurer la république, représentés par un fils du peuple : Fouché. Les deux hommes vont essayer de s'entendre au cours d'un tête-à-tête chez Talleyrand.

TALLEYRAND. – Allons, buvons. Vous n'avez pas fait grand honneur à mon cognac. *(Il emplit les deux verres. Fouché vide le sien d'un trait. Talleyrand hoche la tête et soupire.)* Si vous le permettez, ce n'est point de cette façon que l'on doit boire le cognac. Regardez, s'il vous plaît. *(Il prend la coupe et commence sa démonstration.)* On prend son verre dans le creux de la main, on le réchauffe, on lui donne une impulsion circulaire afin que la liqueur dégage son parfum. Puis on le porte à ses narines, on le respire...

FOUCHÉ. – Et puis ?

TALLEYRAND. – Et puis on le repose et on en parle.

Fouché ne bouge pas, pétrifié d'humiliation – puis il se dresse et d'un geste soudain lance sa coupe vers le mur où elle se fracasse.

FOUCHÉ. – Vos belles manières ... Elles sentent la mort, monseigneur. Nous ne sommes pas, vous et moi, du même temps. Le vôtre est en train de crever d'une indigestion de politesse – et c'est le mien qui lui succédera.

Jean-Claude BRISVILLE, *Le Souper*, Actes Sud, 1989.

• PROVOCATION

1. Usages et règles de savoir-vivre d'hier et aujourd'hui

a. Lisez ou observez les documents. Pour chaque situation présentez :

– les usages et les règles de l'époque ;

– ce qu'ils sont devenus aujourd'hui.

b. Trouvez d'autres exemples de règles de savoir-vivre qui ont évolué au cours de l'Histoire.

2. Comparaisons : savoir-vivre d'aujourd'hui

Mettez en commun vos connaissances des usages et des règles de savoir-vivre « à la française » qui sont différents de ceux de votre pays.

L'OBJECTIVITÉ

LES CONSTRUCTIONS OBJECTIVES

Pour que le sujet de l'action soit mis au second plan ou supprimé.

Pour que l'objet de l'action soit mis en valeur.

1. La vision passive

a. Transformation passive

• Un traiteur a préparé le repas de mariage.
→ Le repas de mariage **a été préparé** par un traiteur.

• Tous les plats **ont été finis** (il n'est pas nécessaire d'indiquer le sujet de l'action).

N.B. : Dans cette construction, la préposition ***de*** peut remplacer ***par*** quand le sujet de l'action n'est pas vraiment actif (verbes exprimant un sentiment, une connaissance, etc.) :
La mariée **était accompagnée de** son père.

b. La forme pronominale (avec certains verbes)
À cause de l'épidémie dite de la « vache folle », la viande de bœuf **se vend** très mal en ce moment.

c. La forme *(se) faire* + infinitif
Elle **a fait préparer** le bœuf bourguignon par sa mère.
Elle **s'est fait couper** les cheveux par un grand coiffeur.

N.B. : Dans certains cas, l'objectivité s'obtient en passant de la forme passive à la forme active :
Je suis très intéressé par cette affaire.
→ Cette affaire m'intéresse beaucoup.

2. La forme impersonnelle

a. Verbes toujours impersonnels : « Il faut », et des verbes indiquant des événements climatiques : « Il pleut » – « Il neige » – « Il fait froid », etc.

b. Certains verbes qui indiquent un évènement ou une idée de quantité peuvent se mettre à la forme impersonnelle : *arriver – se produire – se passer – exister – valoir mieux – manquer – rester – suffire*, etc.

c. La construction *il est* + adjectif + *que (de)*

• ***Il est*** + **adjectif** + ***de*** + **infinitif** quand on ne mentionne pas le sujet de l'action ou que celui-ci est indiqué par un pronom :
Le repas est prêt. Il (nous) est possible de passer à table.

• ***Il est*** + **adjectif** + ***que*** + **subjonctif** quand il y a une idée de but, d'appréciation, d'incertitude ou que l'expression est à la forme négative :
Il est utile... Il est important... / Il est possible... Il n'est pas sûr } que nous prenions un bon petit déjeuner.

• ***Il est*** + **adjectif** + ***que*** + **indicatif** quand on transmet une information sûre :
Il est certain que votre repas était réussi.
Il est convenu que la conférence sera suivie d'un cocktail.

1 TRANSFORMATION PASSIVE

Reformulez les phrases suivantes en commençant par les mots en italique et en utilisant la forme passive.

Les habitudes alimentaires des Français.

• Les Français apprécient de plus en plus *les plats étrangers (pizza, paella, chili con carne, etc.).*

• Ce sont les critères de santé et d'équilibre qui guident *les choix alimentaires des Français.*

• Ces dernières années, on a délaissé *les produits allégés* et on les a remplacés par des repas légers et équilibrés.

• Dans les repas quotidiens, la bouteille d'eau minérale ou la carafe d'eau remplacent *la traditionnelle bouteille de vin.*

• Mais le pain accompagne toujours *tous les plats.*

• La plupart des Français ne sacrifient plus systématiquement leur *petit déjeuner.*

2 FORME PRONOMINALE DE SENS PASSIF

À l'aide des informations et des questions du document « Le savoir-vivre à table » (p. 115), réalisez un petit guide du savoir-vivre à table en France.

• ***Formulez chaque conseil en utilisant la forme pronominale.***

Exemple : Dans une mise de table, le couteau se met à droite...

Le savoir-vivre à table

• Mise de table : couteaux et cuillères à soupe à droite de l'assiette – fourchettes à gauche – devant l'assiette et de droite à gauche : verre à vin blanc, verre à vin rouge, verre à eau, coupe à champagne. En général, pas d'assiette pour le pain.

• Servir les vins : les vins rouges : chambrés (16°) – vins blancs et rosés : frais – champagnes : frappés.

À quel moment du repas, avec quels types de plats, sert-on ces différents vins ?

• À quel moment du repas sert-on les aliments suivants ? Comment les sert-on ? Comment s'y prend-on pour les manger ?

le fromage – la salade verte – une salade composée – le melon – le poisson – l'avocat – des petits pois – une poire.

3 La construction *il est* + adjectif + *que (de)*

Un cuisinier vous explique comment réussir une mayonnaise. Reformulez ses phrases comme dans l'exemple.

→ « Il est nécessaire que les œufs soient à la température de la pièce. »

Pour réussir une mayonnaise...
• Les œufs doivent être à la température de la pièce. C'est nécessaire.
• Ne gardez que les jaunes d'œufs. C'est capital.
• Prévoyez un quart de litre d'huile par jaune d'œuf. Je vous le conseille.
• L'huile doit être aussi à la température de la pièce. C'est important.
• Battez la mayonnaise avec une fourchette piquée d'un petit oignon. C'est souhaitable.
• Si la mayonnaise tombe, vous pouvez la rattraper en ajoutant du sel ou du vinaigre. C'est possible.
• Si vous vous arrêtez de battre la mayonnaise, vous risquez de la rater. C'est évident.

4 La forme *(se) faire* + infinitif

Reformulez les phrases de Mathilde comme dans l'exemple.

→ « Nous avons fait préparer le repas par un traiteur. »

Mathilde parle de son mariage.

C'est un traiteur qui nous a préparé le repas. Et puis, tout le monde nous a aidés. C'est une tante couturière qui avait fait la robe. C'est un cousin imprimeur qui avait imprimé les invitations. Ma sœur m'a coiffée et m'a maquillée. Mon beau-frère nous a photographiés. Il a aussi filmé la cérémonie. Les copains musiciens de mon frère sont venus à sa demande. Grâce à eux, nous avons dansé. Et ce sont les copains de mon mari qui ont tout débarrassé.

5 Le compte rendu

Les formes grammaticales présentées dans le tableau sont très souvent utilisées dans les comptes rendus lorsqu'on ne veut pas citer les personnes qui ont parlé.

Lisez le compte rendu oral des décisions qui ont été prises dans le bureau du P.-D.G. d'une grande société. Rédigez ce compte rendu en supprimant les marques de personne ou en les mettant au second plan.

Exemple : « Il a été décidé que la réunion des directeurs de filiales aurait lieu... Cette réunion... »

Nous avons décidé que la réunion des directeurs de filiales aurait lieu le 8 avril à 18 h. Nous avons décidé aussi qu'un dîner suivrait cette réunion. Nous avons aussi prévu un apéritif. C'est la société Duval qui offrira l'apéritif. Juste avant le repas, le P.-D.G. fera un bref discours de remerciements.

Pour le repas, nous avons convenus que nous inviterions aussi les conjoints... Mais nous ne ferons aucun plan de table. Nous ne placerons pas les gens. C'est le traitour « Le Régal » qui organisera le repas. Nous imputerons l'ensemble des frais sur le budget « représentation » de la Direction générale.

Entraînez-vous

1. Vision passive. L'attachée commerciale d'une fabrique de produits alimentaires en conserve revient d'une Foire internationale à l'étranger. Son patron l'interroge. Répondez pour elle en utilisant les formes passives ou pronominales.

• Alors, le représentant local avait installé le stand ?
– Oui, le stand avait été installé.

2. Forme impersonnelle. Un de vos amis prépare la petite réception qui suit la soutenance de sa thèse. Il vous demande conseil. Répondez-lui en utilisant une forme impersonnelle.

• J'invite mes parents et mes amis ? C'est normal ?
– Oui, il est normal que tu invites tes parents et tes amis.

Gaspard,

Je te quitte parce que je t'ai compris. Je te quitte pour que nous ne devenions jamais un vieux couple. Je te quitte par amour, avant que nos sentiments se figent en habitudes. Je te quitte comme on sort du cinéma pour ne pas voir mourir le héros. Je te quitte comme on refuse de voir la dépouille des défunts qu'on a aimés pour conserver l'image de leur regard lumineux. Je te quitte parce que l'amour est poète et que les poètes meurent jeunes. Je te quitte parce que Roméo et Juliette ne peuvent fêter leurs noces d'argent. Je te quitte pour te garder tel qu'en ta beauté folle de cette nuit où tu m'es apparu dans une cage d'escalier, vêtu d'une serviette.

Gaspard, nous ne vieillirons jamais.

Camille.

Alexandre Jardin, *Le Zèbre*, Gallimard, 1988.

Monsieur,

J'ai compris, à la suite de certaine découverte que j'ai faite par hasard cet après-midi, que je dois cesser de vous considérer comme mon père, et c'est pour moi un immense soulagement. En me sentant si peu d'amour pour vous, j'ai longtemps cru que j'étais un fils dénaturé ; je préfère savoir que je ne suis pas votre fils du tout. Peut-être estimez-vous que je vous dois la reconnaissance pour avoir été traité par vous comme un de vos enfants ; mais d'abord j'ai toujours senti entre eux et moi votre différence d'égards, et puis tout ce que vous en avez fait, je vous connais assez pour savoir que c'était par horreur du scandale, pour cacher une situation qui ne vous faisait pas beaucoup honneur – et enfin parce que vous ne pouviez faire autrement [...].

André Gide, *Les Faux-monnayeurs*, Gallimard, 1925.

Limpidité. C'est le plus beau mot, peut-être, de la langue française. Etes-vous d'accord là-dessus avec moi ? Connaissez-vous plus limpide que Ronsard, La Fontaine, Villon ? Oui, peut-être : plus limpide encore, ce serait trois lignes d'un haïkaï japonais :

Brume sur les prairies
Silence sur les eaux
Le soir tombe.

Mais est-ce aussi limpide que du Verlaine ?

Et le vent doux rit de l'humble bassin
Et la lueur du soleil qu'atténue
L'ombre des bas tilleuls de l'avenue
Nous parvient bleue et mourant à dessein.

Aussi limpides l'un que l'autre ? Non, ou plutôt si. Ils se rejoignent. Tout se rejoint, n'est-ce pas ? Gérard de Nerval a écrit : « Tout vit, tout agit, tout se correspond. »

Et puisque tout se correspond, permettez que je vous explique une des raisons de cette lettre. Elle est toute bête : vous me plaisez. Vous me plaisez parce que la seule fois où nous nous sommes rencontrés, vous ne m'avez pas traitée comme un petit monstre. Vous m'avez posé des questions normales et non incrédules, celles des adultes apeurés quand je les rencontre. Vous ne vous êtes pas extasié sur mes malheureux petits pouvoirs, cette dose supplémentaire qui m'a été donnée par une force inconnue, et qui me permet de voir et juger, à seize ans, ce qu'un vieillard commence tout juste à connaître à la fin de son existence. Mais qui me permet aussi, ce qui est plus périlleux, d'entrevoir l'avenir, prévoir un destin. Je suis comme ça, je le sais et je n'en souffre pas, et je ne vais pas pleurnicher en clamant : « Traitez-moi comme toutes les autres jeunes filles de la terre. » [...]

Amicalement à vous,

Lumière

Philippe Labro, *Un début à Paris*, Gallimard, 1994.

CORRESPONDANCE PRIVÉE

Les lettres que l'on envoie aux parents, amis, relations susceptibles de devenir des amis sont très peu codifiées.

• *Les formules d'introduction*

Cher Éric – Chère cousine – Chers amis – Chère tante et cher oncle.

Mon cher Éric (relation plus longue ou plus intime).

Éric (le prénom seul marque une certaine distance).

N.B. : Ces formules peuvent évoluer selon le degré d'intimité. Dans une relation amoureuse par exemple, chacun peut créer sa formule (« *mon amour, ma tendre amie, mon petit poussin* », etc.) ou en rester à « *Chère Sylvie* ».

• *Les formules finales* (selon le degré de connaissance et d'intimité)

→ *Recevez, cher ami (cher collègue), mon meilleur souvenir, mes cordiales pensées (mes amicales pensées).*

Bien à vous – Cordialement – Amicalement.

→ *Fidèles pensées – Fidèle amitié* (à un ami de longue date).

→ *Affectueuses pensées – Je vous embrasse – Baisers à vous quatre* (aux parents et amis intimes).

→ Le mot « amour » ou le mot « baiser » au singulier ou accompagnés d'un adjectif (« *tendres baisers* ») ne s'emploient que dans une relation amoureuse.

→ Pour demander au destinataire de transmettre une pensée à quelqu'un :

Transmettez (Présentez), cher Éric, mon meilleur souvenir (mes amicales pensées, etc.) à Françoise.

1 DÉCOUVERTE DES TROIS LETTRES

***a.** Lisez ces lettres. Notez toutes les informations (sûres ou sous forme d'hypothèses) que vous pouvez recueillir sur l'auteur et sur le destinataire de la lettre.*

Exemples : Camille → Gaspard : femme → homme (familiers).

« Je te quitte... vieux couple » : mariés depuis un temps assez long...

***b.** Recherchez tout ce que l'auteur de chaque lettre a voulu communiquer à l'autre :*

– information principale (but de la lettre) ;

– autres informations.

***c.** Pourquoi les trois auteurs des lettres ont-ils choisi d'écrire plutôt que de dire de vive voix ce qu'ils avaient à dire.*

2 LA CORRESPONDANCE PRIVÉE AUJOURD'HUI (rapide sondage en classe)

• ***Le coup de téléphone a-t-il totalement remplacé la correspondance privée ?***

• ***Si ce n'est pas le cas, dans quelles situations écrit-on encore à quelqu'un ? Classez ces situations. Indiquez quelles sont les raisons qui vous poussent à écrire :***

– moments ritualisés de l'année (Nouvel An, anniversaire, etc.) ;

– etc.

3 LES FAUX PAS DU COMPORTEMENT SOCIAL

Lisez les confidences de Valérie, institutrice, 33 ans.

L'une des plus horribles gaffes dont je me souvienne est la fois où j'ai déclaré à un directeur d'école qui me racontait ses démêlés avec ses employés : « Vous avez dû vous arracher les cheveux. » Il a souri en me montrant son crâne chauve et il m'a répondu : « Comme vous le voyez... »

J'ai eu envie de mourir. J'ai vaguement bégayé que ce n'était pas ce que je voulais dire et je l'ai fui tout le reste de la soirée. Pour le contact professionnel, c'était raté.

J'ai fait trop de gaffes pour me souvenir de toutes. Mais certaines m'ont fait rougir pendant des mois. La dernière date d'un dîner chez la mère d'une amie. Après le plat principal, alors qu'elle voulait changer les assiettes, je lui ai gentiment dit : « Ne vous dérangez pas, ça n'avait aucun goût. » Tout le monde a éclaté de rire. Moi avec. Je n'ai pas essayé de me rattraper. Mais le lendemain, je lui ai envoyé des fleurs.

Femme actuelle,
mai 1995.

***a.** Quelles gaffes cette jeune femme a-t-elle commises ? Quelles ont été les réactions des autres personnes ?*

***b.** Avez-vous commis des gaffes en société ? Racontez et essayez d'expliquer pour quelles raisons vous les avez commises.*

4 RÉDACTION D'UNE LETTRE D'EXCUSES

Au cours d'une soirée chez des amis ou des parents, vous avez commis une grosse maladresse (à préciser). Vous leur écrivez une lettre d'excuse et d'explication (voir formules d'excuses, p. 118).

AUTORISATIONS ET INTERDICTIONS

SITUATIONS PRATIQUES

DE L'INTERDICTION À L'EXCUSE

• *L'interdiction et l'autorisation s'expriment avec les différentes formes des verbes suivants :*
Interdire à quelqu'un de faire qqch. – défendre à qqn. de faire qqch. / permettre à qqn. de faire qqch.
Conseiller, recommander / déconseiller à qqn. de faire qqch. – tolérer que qqn. fasse *(subj.)* qqch.

• *Interdictions*
Il ne faut pas... – On ne doit pas... – Ça ne se fait pas, ne se dit pas.
Je vous prie de ne pas... – Veuillez ne pas... – Vous n'avez pas le droit de...

• *Demandes d'autorisation*
Puis-je me permettre de... – Est-ce que je pourrais... – Serait-il possible de... – Accepteriez-vous que je...
Je vous demande l'autorisation, la permission de...

• *Autorisations et refus*
→ **sans ambiguïté** : Allez-y ! – Faites ! – Si vous voulez ! – Comme vous voudrez ! – Je ne vois aucun inconvénient à ce que... (+ *subj.*).
→ **du bout des lèvres** : Je veux bien ! – Je tolère, j'admets que... – Personnellement, je n'ai rien contre mais c'est interdit – C'est à vous de voir – Rien ne vous empêche de...
→ **refus catégorique** : C'est impossible – Il n'en est pas question – Vous n'y pensez pas !

• *Transgressions*
Observer, respecter / ne pas observer, ne pas respecter un ordre – passer outre – violer une règle.

• *Excuses*
Excusez-moi – Veuillez m'excuser de n'avoir pas... – Je vous présente mes excuses pour mes paroles. Pardonnez-moi – Veuillez me pardonner – Je suis (sincèrement) désolé – Je ne voulais pas vous vexer, vous blesser, vous offenser – Je ne l'ai pas fait exprès – Je ne le ferai plus.

• *Acceptations d'excuses*
Je vous excuse – Vous êtes tout excusé – Ce n'est rien – N'y pensons plus – Il n'y a pas de mal.
(Voir « Pardonner », *p. 94.)*

1 INTERDICTIONS ET DEMANDES D'AUTORISATION (travail en petits groupes)

a. Faites une liste de situations dans lesquelles vous pouvez être amené(e) à demander des autorisations.

au travail – dans la rue – dans un moyen de transport – chez des amis – dans votre immeuble – à la campagne – à quelqu'un ou à une institution (bibliothèque, impôts, etc.) à qui vous avez emprunté quelque chose, à qui vous devez quelque chose, etc.

b. Écoutez ces quatre demandes d'autorisation. Notez la situation et les moments du dialogue.

(1) Un automobiliste demande à un agent de police l'autorisation de se garer sur un espace interdit.

A → demande l'autorisation

B → refuse catégoriquement

A → argumente, insiste

etc.

c. Jeu de rôles. Répartissez-vous quelques-unes des situations que vous avez répertoriées en a. Jouez les scènes en vous inspirant des scénarios de l'exercice b.

2 FORMULER DES EXCUSES

a. Écoutez ces trois scènes d'excuses. Pour chacune, notez le déroulement du scénario.

(1) A → présente des excuses

B → demande pourquoi

A → donne une vague indication

B → exprime son incompréhension

etc.

• ***Trouvez d'autres exemples de situations d'excuses pour chacun de ces scénarios.***

b. Jeu de rôles. Choisissez l'une des situations que vous aurez trouvées et jouez-la.

Exemple : En sortant du cinéma à 10 heures, Marie a décidé de passer voir son amie Clara. Elle sait que Michel, l'amie de Clara, qui travaille à la poste, est de service de nuit. En entrant, elle crie joyeusement : « Je suis passée parce que je sais que Michel n'est pas là ce soir ! » C'est alors que derrière Clara elle aperçoit... un inconnu.

Intonation expressive

Écoutez et répétez ces brefs dialogues. Entre les deux interlocuteurs, il y a un rapport d'autorité et de soumission. Remarquez les différentes intonations :

• **de l'autorité :** de l'ordre ferme jusqu'au conseil bienveillant.

• **de la soumission :** de la soumission mal acceptée et agressive jusqu'à l'attitude d'humilité.

DÉBAT

3 LES FRANÇAIS ET LES INTERDITS

- *Commentez les résultats du sondage ci-contre. Trouvez-vous les Français : respectueux des interdictions ? laxistes ? permissifs ?*
- *Faites (en petits groupes) une liste de :*

– ce qui est interdit et qui pourrait être toléré ou autorisé ;

– ce qui est autorisé et qui pourrait être interdit par la loi ;

- *Commentez en grand groupe les listes ainsi établies.*

4 POUR OU CONTRE LA CENSURE DANS CERTAINS CAS

Lisez l'article et le commentaire de la photo ci-dessous.

- *Quels sont les abus qui sont ici dénoncés ?*
- *Considérez-vous que ces faits sont tolérables ? intolérables ?*
- *Pensez-vous qu'on devrait interdire certains sujets dans la presse, sur Internet ? Lesquels ?*

• Dites-nous pour chaque acte suivant s'il s'agit selon vous d'un acte très grave, plutôt grave, plutôt pas grave ou pas grave du tout ?

Réponses : très graves	Ensemble des Français	18-34 ans
Utiliser un produit dopant dans une compétition sportive	54 %	55 %
Fumer du haschich	54 %	39 %
Accepter dans le cadre de son travail un « dessous de table » en contrepartie d'une faveur	50 %	48 %
Se servir dans un magasin sans payer	47 %	38 %
Rouler à 180 km/h sur une autoroute	44 %	40 %
Être infidèle en amour	39 %	44 %
Tricher lors d'un contrôle scolaire	35 %	30 %
Rester assis dans le bus quand une personne âgée ou une femme enceinte est debout	21 %	25 %
Jeter un déchet par la fenêtre de sa voiture	20 %	20 %
Ne pas voter aux élections	12 %	6 %

L'État de l'opinion, SOFRES, Le Seuil, 1996.

PRESSE À SCANDALE

Rien que pour l'année 1994, *Voici* [1] a dû verser la bagatelle de 760 000 F de dommages et intérêts aux plus grands noms du show business, défendus par Maître Gilles Dreyfus pour « atteinte à la vie privée » et « droit à l'image » : 70 000 F à Isabelle Adjani, 200 000F à Anny Duperey, 100 000 F à la chanteuse Hélène ainsi qu'à Roman Polanski, Jane Birkin [...].

Cette succession record ne trouble en rien Jean-Marie Brun, l'éditeur : « La loi est ce qu'elle est, nous payons quand nous sommes condamnés. Les procès nous obligent seulement, dit-il, à procéder à quelques économies, mais les couvertures qui nous valent des plaintes ne sont pas forcément celles qui se vendent le mieux. » L'hebdomadaire a, en effet, une moyenne de ventes régulières de 700 000 exemplaires ! [...].

« Ce qui m'attriste le plus, regrette Maître Gilles Dreyfus, qui a également défendu l'animateur Nagui et l'actrice Sophie Marceau, est de voir que cette presse à scandale est parvenue à banaliser les atteintes à la vie privée. »

L'Événement du jeudi, février 1995.

1. magazine spécialisé dans les révélations sur la vie privée des personnalités.

Quelques mois après le décès de François Mitterrand, le médecin de l'ancien président a fait paraître un livre racontant en détail sa longue maladie. Cet ouvrage a été interdit en France pour « atteinte à la vie privée » (la vie privée des hommes politiques reste encore en France un sujet tabou pour la presse). Mais on pouvait le consulter sur Internet.

L'invitation

Tout au long des pages 120 à 122, vous vous familiariserez avec les différents moments d'
UNE RÉCEPTION EN FRANCE
Vous apprendrez à vous comporter dans les différents types de réceptions, de la plus officielle à la plus amicale. Vous jouerez certains moments de ces réceptions et ferez des comparaisons avec les habitudes de votre pays.

1. Invitations et réponses

a. Lisez les invitations ci-contre. Qui vous invite ? À quelle occasion ? À quoi devez-vous vous attendre (comment allez-vous vous habiller, etc.) ?

b. Dites ce qui différencie ces types de réception.
un apéritif – un banquet – une (petite) bouffe – un cocktail – une crémaillère – un dîner – un déjeuner – une fête – une garden-party – une réception – un repas – une soirée – une soirée dansante – une soirée costumée – un réveillon.

c. Écoutez ces invitations par téléphone. Notez les détails donnés par la personne qui invite. Relevez les formules d'acceptation et de refus.

d. Rédigez un carton (ou une lettre ou un mot) pour un type d'invitation de votre choix.

e. Jouez une scène d'invitation par téléphone avec votre voisin(e).

2. L'arrivée : accueil – présentations

(travail en petits groupes)

a. Lisez les conseils donnés dans le tableau « Réussir son entrée ». Faites des comparaisons avec les habitudes de votre pays.

b. Apprenez à faire face à des situations inattendues. Que diriez-vous, que pourraient dire vos hôtes ou d'autres invités dans les situations suivantes ?

- Vous arrivez très en retard.
- Vous avez oublié d'apporter quelque chose.
- Vous vous êtes trompé(e) de jour.
- Le maître de maison ne vous reconnaît pas.
- Après avoir été introduit(e) dans le salon, vous vous trouvez nez à nez :

– avec quelqu'un que vous ne connaissez pas ;
– avec quelqu'un à qui vous ne parlez plus parce que vous êtes fâchés.

Chers amis,
Nous serions très heureux de vous compter parmi nous lors d'une soirée dansante que nous organisons pour pendre la crémaillère de notre nouvel appartement le vendredi 12 janvier à partir de 20 heures.
Sincères amitiés

À l'occasion de la visite à Paris de Monsieur John O'Harry
Le président-directeur général de la SNECPA et madame Pierre BRUN seraient heureux que vous leur fassiez l'honneur de venir dîner le mardi 24 septembre à 20 heures.
RSVP. 01.25.45.00.70

C'est le printemps ! Tout reverdit
Patricia et Éric ont décidé de fêter l'évènement par une SOIRÉE VERTE en pleine nature (voir plan ci-joint mais pas besoin de 4 X 4)
le samedi 20 mars vers 20 h et comptent bien que vous puissiez venir vous « mettre au vert ».
Attention. Tout sera vert. Alors, venez en vert (et contre tout !).

c. Jeu de rôles. Choisissez une situation d'invitation (voir 1.b.). Jouez l'accueil des invités, les présentations et le début des conversations. Pensez à faire les gestes appropriés : serrer la main ou faire la bise, inviter les gens à se débarrasser de leur manteau, à s'asseoir, etc.

RÉUSSIR SON ENTRÉE

• **Prévoir un bouquet de fleurs ou un petit cadeau** sauf dans les réceptions officielles. Si vous êtes reçu(e) par des personnes que vous connaissez mal, apportez des fleurs que vous offrirez à la maîtresse de maison. Chez des amis intimes, vous pouvez arriver les mains vides mais cela se fait plus rarement que par le passé. Apportez donc quelque chose (fleurs, bouteille de vin ou de champagne, petit cadeau original) ou convenez d'avance avec l'ami(e) qui vous invite de votre participation au repas : « J'apporte le champagne (le dessert) ! »

• **Arriver un peu après l'heure indiquée, mais sans trop de retard** (30 minutes est la limite à ne pas dépasser).

• **L'accueil par le maître ou la maîtresse de maison.** Si vous ne les avez jamais vus, présentez-vous : « (Je suis...) Paola Castelli. » Vos hôtes doivent alors vous mettre à l'aise : « Donnez-moi votre manteau !... Vous avez trouvé facilement ? »

• **La présentation aux autres invités**

a. Par les hôtes : « Je vous présente madame Paola Castelli. » « J'ai le plaisir de vous présenter... » « Madame Paola Castelli. » « Vous connaissez madame Paola Castelli ? »

• **Réponse :** « Bonjour madame. » « (Je suis) très heureux de faire votre connaissance. » « Enchanté » (désuet).
Dans les présentations entre amis, on se contente de donner les deux prénoms : « Florence... Éric... » Faire suivre la présentation d'une indication qui permettra aux deux personnes présentées d'engager la conversation : « Madame Paola Castelli qui vient du Turin. »

b. Par soi-même : si vos hôtes ont oublié de vous présenter : « Je me présente... » « Je suis... » ; si la personne risque d'avoir entendu parler de vous : « Paola Castelli. »
Donnez ensuite un détail qui permettra à votre interlocuteur d'engager la conversation. Le choix de ce détail dépend du type de réception : « Je suis ingénieur au service de... » (réunion professionnelle), « Je suis un ami de... » (réunion amicale).

Quelle que soit la situation, il est déconseillé de dire trop de choses sur soi avant d'y avoir été invité.

3. Le moment de l'apéritif : « briser la glace » ou « relancer la conversation »

a. Lisez le texte « Apéritif ». Quelles sont les fonctions de cet acte social ? Quelles sont les idées qui y sont associées ?

b. Apprenez à « briser la glace » ou à relancer la conversation. Après les présentations et une fois que les apéritifs sont servis, il arrive qu'il y ait un moment de silence dans la conversation. On dit qu'« un ange passe »...

• **Lisez les informations ci-dessous. Faites des propositions de phrases qui peuvent relancer la conversation :**

– quand vous êtes seul(e) avec les personnes qui vous invitent ;

– quand vous êtes avec un groupe d'invités.

• **Portez un jugement sur l'originalité des propositions et sur leur capacité à relancer la conversation.**

SUJETS LES PLUS COURAMMENT UTILISÉS POUR RELANCER LA CONVERSATION

- La maison des hôtes, la décoration, les objets
- Les spectacles que l'on a vus
- Une aventure, un incident que l'on a vécu
- Les enfants des hôtes (s'ils en ont)
- Un voyage que vous venez de faire
- Le temps qu'il fait
- Le travail
- Une information qui n'est pas connue des invités

APÉRITIF

Tradition fortement ancrée dans tous les milieux de la société française, l'apéritif, supposé stimuler l'appétit, est une boisson à base de vin ou d'alcool que l'on prend avant le déjeuner ou le dîner avec des biscuits ou des amuse-gueule.
L'expression « prendre l'apéritif » a mal vieilli, renvoyant à « l'apéro » des piliers de bistrot. On lui préfère, plus décontracté, « boire un pot » ou, plus distingué, « boire un verre ».
Premier acte d'une réception, il permet d'accueillir ses invités, de faire patienter les nouveaux arrivés et de créer une atmosphère conviviale. En vacances, on peut même réduire une invitation au seul apéritif que l'on enrichira alors d'un mini-buffet : quiches, pizzas, corbeille de crudités, plat de charcuteries et de fromages, canapés.

Marie-France LECHERBONNIER, *Guide du savoir-vivre*, Albin Michel, 1994.

4. La conversation à table et au salon *(travail en petits groupes)*

a. Lisez les informations ci-contre sur la conversation. Comparez avec les habitudes de votre pays.

b. Étudiez les types d'invités impossibles (voir ci-dessous). Faites les exercices suivants.

• Types 1, 2, 3, 4 : préparez des listes de phrases construites sur les modèles proposés.

Exemple : (1) « Il n'y a plus de bons restaurants. »

• Types 5, 6, 7 : à propos de n'importe quel sujet, soyez prêt(e) à parler de vous (type 5), à citer une de vos relations importantes (type 6), à médire de quelqu'un (type 7).

• Type 8 : faites une liste de mots ou de formules qui permettent de remplir les vides de la conversation.

c. Imaginez et rédigez une conversation où ces types de parleurs interviennent à tour de rôle.

LA CONVERSATION

1. À table. Ne soyez pas étonné si au cours d'un repas les Français parlent beaucoup de nourriture.

• Complimentez la cuisinière ou le cuisinier. C'est excellent – Excellent ! – C'est délicieux – Un délice ! – C'est parfait. – C'est une découverte – C'est original *(si vous n'aimez pas).*

• Dites un mot sur le vin. Il est parfait – Il va très bien avec le...

Si vous êtes embarrassé parce qu'on vous demande votre avis : Je ne suis pas très connaisseur. Je suis sûr que votre choix est parfait.

• Parlez des plats que vous connaissez, des restaurants que vous avez appréciés.

2. Sujets tabous. Ne parlez pas de façon directe de vos revenus, de votre vie privée, de vos opinions politiques. Ne posez pas de questions directes sur ces sujets. Mais vous entendrez beaucoup parler d'argent et de politique ainsi que de la vie privée de ceux qui ne sont pas invités.

3. Ce qui risque de vexer. Les Français peuvent être très susceptibles quand on porte des jugements négatifs sur leur cuisine, sur leur maison (décoration, objets, etc.), sur leurs enfants, sur leur tenue vestimentaire, sur leur accent.

LES INVITÉS IMPOSSIBLES

① ***Le passéiste :***
il n'ouvre la bouche que pour regretter le passé.

② ***Le décideur :***
il a une réponse toute prête à tous les problèmes.

③ ***Le voyageur :***
il n'a peut-être jamais quitté sa ville mais il est capable de vous résumer en un mot toutes les opinions qu'on peut avoir sur une région ou sur un pays.

④ ***Le sentencieux :***
il fait croire que ses évidences sont des pensées profondes.

⑤ ***Le nombriliste :***
il ramène tout à lui.

⑥ ***L'homme (ou la femme) qui a des relations...***
et qui ne parle que d'elles surtout quand elles sont célèbres.

⑦ ***Le cancanier :***
spécialiste des rumeurs, des médisances et des ragots.

⑧ ***Celui qui n'a rien à dire :***
il se contente de ponctuer la conversation pour montrer qu'il est toujours là.

1 CONSTRUCTIONS GRAMMATICALES OBJECTIVES

Lisez le dialogue ci-dessous. Rédigez les phrases du compte rendu de la séance du conseil municipal en supprimant les mots en italique et en utilisant les constructions indiquées entre parenthèses.

Dialogue entre le maire d'une ville et son secrétaire à la fin d'une séance du conseil municipal.

LE SECRÉTAIRE : Qu'est-ce que je mets dans le compte rendu au sujet du nouveau stade ?

LE MAIRE : *Dites que ceux qui ont construit* le stade actuel l'avaient prévu pour 5 000 spectateurs (forme passive).
Nous dépassons largement ces capacités aujourd'hui (forme passive).
Nous devons construire un nouveau stade. C'est nécessaire (forme impersonnelle).
Nous avons donc décidé que ce nouveau stade serait construit au sud de la ville (forme impersonnelle).

LE SECRÉTAIRE : Je parle aussi du financement ?

LE MAIRE : *Bien sûr, dites que* la mairie financera 50 % du projet. Les banques financeront le reste (formes passives).
Mais *on* vendra les places un peu plus cher (forme pronominale).

LE SECRÉTAIRE : Et en ce qui concerne la sécurité ?

LE MAIRE : *Dites qu'*aujourd'hui *on* ne met plus de grilles de sécurité dans les stades modernes (forme pronominale).
Nous avons convenus que *nous* installerions des caméras de surveillance (forme impersonnelle et forme passive).

2 CORRESPONDANCE PRIVÉE

Lisez ces trois lettres. Recherchez le maximum d'informations sur :
– leur auteur et le destinataire ; relevez tout ce que vous apprenez sur eux ;
– le motif principal de la lettre ;
– les autres informations qui sont liées au motif principal.

Exemple : **lettre à Odile** → Auteur : une femme ; probablement mariée et avec un ou plusieurs enfants (« Pierre », « famille ») ; mari au chômage et à la recherche d'un emploi ; moral au pessimisme.

Chère Odile,

Ton chèque vient d'arriver. Comment t'exprimer toute ma gratitude pour ce geste qui m'est d'une aide précieuse dans une situation très difficile ?

J'espère que Pierre finira par trouver bientôt un nouvel emploi et que nous pourrons te rembourser très vite.

Nous ne perdons pas espoir, bien que parfois le moral de la famille soit loin du « beau fixe ». La tendance dans son secteur est plutôt au licenciement et les recherches ne sont pas faciles. Encore une fois merci. Sincères amitiés.

Chère Agnès,

Comment te dire tout mon regret d'avoir été si brusque avec toi hier soir lors de notre partie de cartes ? Je ne sais vraiment pas ce qui m'a pris. Je dois être très fatigué pour ne pas savoir me contrôler à ce point !

L'idée de nous fâcher est vraiment insupportable. Je te prie de m'excuser pour cette manifestation de mauvaise humeur momentanée qui ne se reproduira plus.

Chère Emmanuelle,

Je profite d'un rare moment de liberté pour t'adresser ces quelques lignes rapides et te dire que je vais bien.

Il y a quelques jours, en rangeant les tiroirs de la commode, je suis tombée par hasard sur nos vieilles photos de vacances à La Baule (nous nous battons avec un abri sur la plage, t'en souviens-tu ?). Et brusquement, l'envie m'a prise de te donner signe de vie.

J'espère que tu te portes bien, que Camille et Christian sont toujours les premiers à l'école et que Georges croule sous le boulot comme d'habitude...

Chez moi, rien de neuf. Le train-train qui absorbe et empêche de penser trop aux rides qui apparaissent et à la silhouette qui change...

Si jamais tu faisais escale à Paris un jour, sache que je n'ai pas changé de numéro. Tendresses.

A. et J.-C. RABINE, *Guide de la correspondance*,
Albin Michel, 1994.

3 MODE D'EMPLOI DE QUELQUES MOTS

Précisez les circonstances d'emploi de ces mots ou expressions.

Exemple : « Bon appétit » se dit dans des circonstances très familières :
– au moment de commencer un repas (repas quotidien en famille, entre amis intimes ; pique-nique décontracté, etc.) ;
– en quittant quelqu'un qui va déjeuner ou dîner.

1. Bon appétit !
2. Bonjour !
3. Re-bonjour !
4. Bonne nuit !
5. Bonne journée !
6. À vos souhaits !
7. – Après vous...
– Je n'en ferais rien. Je vous en prie !
8. À votre santé !
9. À plus tard !

11 Quelle époque !

- ***Caractériser une action ou un comportement.***
- ***Faire face à des situations de communication où l'argent est en jeu.***
- ***Rédiger un compte rendu ou un rapport. Analyser un texte symbolique (conte, fiction philosophique, etc.).***
- ***Découvrir les comportements des Français en matière de consommation, les rapports qu'ils entretiennent avec l'argent, les idées et les modes qui sont dans « l'air du temps ».***

Dans l'air du temps

*En s'appuyant sur deux ouvrages parus en 1996 (*Tendances*, de Gérard Mermet, et* Nos mythologies*, de Daniel Schneiderman), l'hebdomadaire* L'Express *résume en dix points les grandes tendances collectives qui font agir, consommer et penser les Français à l'approche de l'an 2000.*

1. On ne consomme plus pour paraître, mais pour être mieux dans sa peau. *Plus serein*

2. On mange moins, plus équilibré, et l'on se passionne pour sa santé. *Plus équilibré*

3. On a un peu peur des autres et de l'avenir : on veut du confort et de la sécurité. *En sécurité*

4. On refuse de passer pour un pigeon : on veut être consulté, informé et consommer actif. *Mieux informé*

5. On ne veut plus perdre son temps : on se réserve des loisirs et une vie privée. *Plus de plaisir*

6. Face aux produits, on exige le droit à l'infidélité zappeuse, par éclectisme et par curiosité. *Moins de modes*

7. On ne croit plus à la rédemption par l'argent. On préfère le solide, le durable, l'authentique : le sens. *Plus de sens*

8. On veut de l'éthique en politique, de la transparence en affaires. *Plus d'honnêteté*

9. On fait fructifier son capital humain, on espère sauvegarder l'environnement, on aime communier avec la nature. *Plus d'authenticité*

10. Le plaisir passe par la convivialité en tribu et par la solidarité en société. *Plus de solidarité*

L'Express, janvier 1996.

1. Les tendances de « l'air du temps »

a. Examinez chacune des dix tendances actuelles présentées page 124. Pour chaque comportement évoqué (consommation, nourriture, relations sociales, etc.), décrivez l'évolution qui s'est produite. Donnez des exemples.

b. Faites des comparaisons avec les changements de mentalités, de façons d'agir, de consommer et de penser dans votre pays.

2. La publicité, reflet de « l'air du temps »

a. À partir des affiches de cette page, montrez comment la façon de présenter et de promouvoir un produit a évolué dans le temps.

Quels sont les besoins, les idées qui ont fait évoluer :

– les produits ?

– la publicité de ces produits ?

b. Comparez avec les évolutions qui se sont produites dans votre pays.

CARACTÉRISER LES ACTIONS

1 LES MOYENS DE CARACTÉRISER UNE ACTION

Dans le texte ci-contre, retrouvez les différentes constructions qui permettent de compléter le sens d'un verbe.

– verbe + adverbe ;

– verbe + préposition + nom ;

– verbe + *en* + participe présent (gérondif).

2 CONSTRUCTION « VERBE + PRÉPOSITION + NOM »

Reformulez les phrases suivantes. Caractérisez le verbe en italique en utilisant la préposition entre parenthèses.

Le frimeur.

- C'est le goût du paraître qui le fait *agir.* (par)
- C'est l'ambition qui le fait *travailler.* (par)
- Quand il *achète* une voiture au-dessus de ses moyens, il n'hésite pas. (sans)
- Quand il *s'habille,* il met des vêtements originaux. (avec)
- Quand il *parle,* on dirait qu'il se croit supérieur. (d'un air...)
- Quand il *aborde* les gens, il paraît agressif. (de façon...)

3 EMPLOIS DU GÉRONDIF

Reformulez les phrases suivantes en remplaçant les groupes en italique par une construction avec gérondif.

Indiquez chaque fois les sens du gérondif : cause – condition – manière – moyen – simultanéité.

Le resquilleur.

- Il essaie de ne jamais débourser un centime. *Pour cela, il profite de toutes les situations favorables.*
- *S'il entend des amis dire qu'ils partent en week-end,* il propose de les accompagner. Il partira avec eux *et il oubliera son portefeuille.*
- Pour aller, sans y avoir été invité, dans une grande réception, il entre *et salue les gens comme s'il les connaissait depuis toujours.*
- Quand il va au cinéma, il ne fait jamais la queue. *Il fait croire qu'il veut rejoindre une amie et se faufile au premier rang de la file d'attente.*
- Un de ses amis lui a dit : « *Si tu continues à agir comme ça,* un jour, tu te feras prendre. »
- Et il s'est fait prendre par les agents du métro. *Il sautait par-dessus le tourniquet de l'entrée.*
- Mais il continue quand même. *Il oublie de payer son café au bar. Il oublie de rembourser l'argent qu'on lui prête,* etc.

Les BCBG (Bon Chic, Bon Genre)

Ce sont des jeunes filles et des jeunes gens « de bonne famille ». Il leur arrive de saluer une dame en faisant le baisemain et ils s'adressent à leurs parents en les vouvoyant. Mais ils parlent à tout le monde simplement avec ce léger accent typique des beaux quartiers (Neuilly-Auteuil-Passy). Ils s'habillent généralement sans grande originalité, presque toujours d'une manière sobre. L'hiver, ils se couvrent d'un loden vert et les femmes s'entourent le cou d'un carré Hermès qui fleure bon « Eau de Rochas ». Ils ne semblent jamais agir par intérêt, font du golf, participent à des rallyes et regardent le reste du monde avec détachement.

le resquilleur

la B.C.B.G.

le frimeur

LA PROPOSITION PARTICIPE PRÉSENT

Elle peut caractériser un nom *(voir p. 78)* mais aussi un verbe. Dans ce dernier cas, elle indique presque toujours une relation de cause et s'utilise surtout à l'écrit dans un style administratif.

- **forme simple : parlant – arrivant**
- **forme composée** qui indique une antériorité : **ayant parlé – étant arrivé**

Disposant de 3 jours de congés à rattraper... } je souhaiterais ne pas venir travailler jeudi et vendredi
Mon mari ayant été hospitalisé... }

N.B. L'accumulation de participes présents dans une phrase ou dans un texte entraîne des lourdeurs de style.

4 EXPRESSION DE LA CAUSE PAR LA PROPOSITION PARTICIPE PRÉSENT

Lisez le tableau «la proposition participe », p.126. Combinez les trois phrases des groupes suivants en utilisant des propositions participes.

Le procédurier *(Le procédurier est un tatillon qui connaît la loi et ses droits. Il écrit beaucoup pour les faire respecter).*

• *Le procédurier écrit à son voisin :*

« Votre fils fait de la guitare électrique jusqu'à des heures tardives. Mon sommeil en est perturbé. Je vous prierais de bien vouloir le raisonner. »

• *Le procédurier écrit au maire de sa ville :*

« Le service de nettoyage ne passe qu'une fois par semaine dans ma rue. Les immondices s'accumulent. Je vous serais reconnaissant de mettre fin à cette situation désagréable. »

• *Le procédurier écrit à son directeur :*

« La convocation pour la réunion du personnel a été faite trop tardivement. La plupart des employés ne sont pas venus. Je considère comme nulles les décisions qui ont été prises. »

5 LES COMPORTEMENTS DES CONSOMMATEURS

Donnez des exemples des comportements de ces types de consommateurs en utilisant les verbes suivants et les constructions répertoriées dans l'exercice 1.

Ils consomment... ils achètent... ils dépensent... ils économisent... ils s'habillent... ils mangent... ils invitent..., etc.

Exemple : Les ambitieux dépensent sans compter.

Les types de consommateurs

La frime

Les ambitieux (19 %)
Plutôt jeunes, aisés et urbains. Ils sont frimeurs et opportunistes. Ils aiment la réussite sociale, la consommation et les plaisirs de la vie.

Les « cocooners » (20 %)
Jeunes couples de classe moyenne avec enfant(s), ils sont tournés vers la consommation plaisir et sont enclins à s'endetter. Ils restent beaucoup chez eux et investissent dans le bricolage, le sport, la hi-fi. Ils voyagent peu.

Les matérialistes (25 %)
Ouvriers, employés, petits commerçants et petits agriculteurs, ils sont modestes et prudents par nécessité. Ils vivent repliés et ont peur de l'avenir. Ce sont les principales victimes de la crise.

La nouveauté — ***La tradition***

Les nomades (9 %)
Jeunes et très diplômés, l'argent n'est pas leur obsession. Ils accordent de l'importance à leur vie privée, aux loisirs et à la culture. Anticonformistes, ils sont mondialistes et écolos. Ils savent profiter des circuits parallèles.

Les « classes supérieures » (15 %)
Cadres supérieurs, professions libérales, leaders et décideurs, ils investissent dans le bien-être, la qualité de la vie et la sécurité (logement, décoration, santé, voyages). Ils dépensent peu pour ce qu'ils considèrent comme des futilités.

Les notables (12 %)
Professions libérales, cadres supérieurs, gros agriculteurs et gros commerçants, ils sont sceptiques face à la consommation qu'ils considèrent comme une perte de capital. Ils investissent dans la sécurité.

L'authentique

D'après *Ça m'intéresse,* avril 1994.

Entraînez-vous

1. Place des adverbes de quantité. Un institut de sondage vous interroge sur votre consommation. Répondez en utilisant les adverbes suivants.

(1) en grande quantité - (2) énormément - (3) ne... guère - (4) très peu - (5) beaucoup - (6) peu - (7) ne... pas beaucoup - (8) ne... presque pas.

• Vous achetez de l'eau minérale ?

– Oui, j'en achète en grande quantité.

2. Expression de l'intensité : « Si... tant (de)... tellement (de)... que... ». Un couple de vos amis est très dépensier. Une amie vous parle de ce couple. Confirmez ce qu'elle dit comme dans l'exemple.

• Ils dépensent trop. À la fin du mois leur compte en banque est à découvert.

– Ils dépensent tellement qu'à la fin du mois leur compte en banque est à découvert.

LES CONTES

Dans son roman historique Chronique du règne de Charles IX, *Mérimée fait raconter par une bohémienne ce conte populaire allemand très connu.*

Il y a bien des années, les gens de Hameln[1] furent tourmentés par une multitude innombrable de rats qui venaient du Nord, par troupes si épaisses que la terre était toute noire, et qu'un charretier n'aurait pas osé faire traverser à ses chevaux un chemin où ces animaux défilaient. Tout était dévoré en moins de rien. [...] Souricières, ratières[2], pièges, poison étaient inutiles. On avait fait venir de Bremen un bateau chargé de onze cents chats ; mais rien n'y faisait. Pour mille qu'on en tuait, il en revenait dix mille, et plus affamés que les premiers. [...]

Voilà qu'un certain vendredi se présente devant le bourgmestre[3] de la ville un grand homme, basané[4], sec, grands yeux, bouche fendue jusqu'aux oreilles, habillé d'un pourpoint rouge, avec un chapeau pointu, de grandes culottes garnies de rubans, des bas gris et des souliers avec des rosettes couleur de feu. Il avait un petit sac de peau au côté. [...]

Il lui offrit, moyennant cent ducats[5], de délivrer la ville du fléau qui la désolait. Vous pensez bien que le bourgmestre et les bourgeois y topèrent[6] d'abord. Aussitôt l'étranger tira de son sac une flûte de bronze ; et, s'étant planté sur la place du marché, devant l'église, mais en lui tournant le dos, notez bien, il commença à jouer un air étrange, et tel que jamais flûteur allemand n'en a joué. Voilà qu'en entendant cet air, de tous les greniers, de tous les trous des murs, de dessous les chevrons[7] et les tuiles des toits, rats et souris, par centaines, par milliers, accoururent à lui. L'étranger, toujours flûtant, s'achemina vers le Weser[8], et là, ayant tiré ses chausses, il entra dans l'eau suivi de tous les rats de Hameln, qui furent aussitôt noyés. [...]

Mais quand l'étranger se présenta à l'hôtel de ville pour toucher la récompense promise, le bourgmestre et les bourgeois, réfléchissant qu'ils n'avaient plus rien à craindre des rats, et s'imaginant qu'ils auraient bon marché d'un homme sans protecteurs, n'eurent pas honte de lui offrir dix ducats, au lieu des cent qu'ils avaient promis. L'étranger réclama : on le renvoya bien loin. [...]

Le vendredi suivant, à l'heure de midi, l'étranger reparut sur la place du marché, mais cette fois avec un chapeau de couleur de pourpre, retroussé d'une façon toute bizarre. Il tira de son sac une flûte bien différente de la première, et dès qu'il eut commencé d'en jouer, tous les garçons de la ville, depuis six jusqu'à quinze ans, le suivirent et sortirent de la ville avec lui. [...] Ils le suivirent jusqu'à la montagne de Koppenberg, auprès d'une caverne qui est maintenant bouchée. Le joueur de flûte entra dans la caverne et tous les enfants avec lui. On entendit quelque temps le son de la flûte ; il diminua peu à peu ; enfin l'on n'entendit plus rien. Les enfants avaient disparu, et depuis lors on n'en eut jamais de nouvelles.

Prosper Mérimée, *Chronique du règne de Charles IX,* 1829.

1. ville d'Allemagne • **2.** pièges pour souris et pour rats • **3.** le maire • **4.** à la peau très brune • **5.** ancienne monnaie en or • **6.** taper dans la main de quelqu'un pour conclure un marché. Ne s'emploie que dans l'expression « Topez là ! » • **7.** pièce de bois qui supporte les tuiles du toit • **8.** le fleuve qui passe à Hameln et se jette dans la mer du Nord.

1 COMPRÉHENSION DU CONTE

a. Observez les illustrations. Lisez l'introduction et les premières lignes du conte. Si vous pensez connaître cette histoire, racontez-la. Si vous ne la connaissez pas, faites des suppositions sur ce qui va se passer.

b. Lisez le texte. Dans la liste suivante, trouvez des mots qui pourraient servir de titre à chacun des cinq paragraphes de cette histoire.

Dans la mythologie grecque, l'île de Crète est terrorisée par un monstre, le Minotaure, qui vit dans un palais à l'architecture si complexe que personne ne peut en sortir. C'est le héros Thésée qui libérera l'île de son tyran.

> la catastrophe - le châtiment - la faute - le fléau - l'homme providentiel - l'ingratitude - le libérateur - la paix retrouvée - le problème - la punition - le retour au calme - le sauveur - le service mal récompensé - la solution - la vengeance.

c. Recherchez en groupe le sens des mots inconnus. Relevez le vocabulaire :

– exprimant le mouvement : *venir - traverser - défiler,* etc.

– décrivant les vêtements du Moyen Âge : *un pourpoint,* etc.

Dans le film *Independance Day,* ce sont les extraterrestres qui veulent détruire notre planète. Heureusement, comme dans les westerns, il y aura toujours des héros pour sauver la situation.

Les contes de Perrault (XVIIe siècle) sont construits sur le même schéma. *La Belle au bois dormant,* endormie pour cent ans, sera réveillée par le Prince Charmant. *Le Petit Poucet* passe son temps à résoudre les problèmes que lui posent ses parents qui veulent l'abandonner et l'ogre qui veut le dévorer.

2 L'INTERPRÉTATION DU CONTE

a. Trouvez une interprétation philosophique (sociale, politique, etc.) de ce conte. Que symbolisent les rats, les personnages, l'histoire ?

b. D'après vous, ce conte est-il moral ou immoral ? Faut-il ou non le raconter aux enfants ?

3 CONTES POUR ENFANTS ET POUR ADULTES

a. Recherchez des histoires dans lesquelles vous retrouvez les trois premières étapes du conte du joueur de flûte (contes pour enfants, contes philosophiques, romans merveilleux, pièces de théâtre, etc.).
Résumez les étapes de ces histoires dans un tableau.

b. Donnez une interprétation de ces histoires.

	Cendrillon
Le problème initial	Cendrillon est persécutée par ses demi-sœurs.
Le héros - le sauveur	Une fée lui donne de beaux habits et un carrosse pour qu'elle puisse assister au bal. Mais elle doit être rentrée à minuit.
Le retour au bonheur	Elle est la reine du bal.
La faute	Elle oublie l'heure.
Suite de l'histoire	.....

4 ADAPTATION MODERNE DU CONTE DU JOUEUR DE FLÛTE

(travail en petits groupes)

a. En vous appuyant sur les recherches que vous avez faites dans l'exercice 2, imaginez une adaptation moderne de ce conte.

Exemple : **Le problème initial :** un problème écologique (la pollution d'une région) ; un problème de société (le chômage, la violence) ; un problème psychologique (un handicap, etc.).

b. Rédigez votre conte en vous partageant les différents moments de l'histoire.

SITUATIONS D'ACHATS ET OPÉRATIONS BANCAIRES

SITUATIONS PRATIQUES

ACHATS ET PAIEMENTS

• *Demander et donner un prix :* Combien coûte (fait) ce livre ? – Vous me faites le lot d'assiettes à combien ? *(sur un marché aux puces)* – Le prix de cette voiture s'élève à combien ? – Vos dépenses se montent à combien ? – Quels sont vos tarifs ? Ce dictionnaire coûte (fait, est à) 100 F.

• *Marchander :* discuter un prix – un prix à débattre – Vous pouvez me faire un prix (d'ami), une réduction *(cas d'achats en grande quantité)*, une remise, un rabais ?

• *Commenter un prix :* C'est cher – C'est un prix excessif, exorbitant – C'est hors de prix – Ce n'est pas dans mes moyens – J'ai acheté un aspirateur, j'y ai mis le prix.
– C'est bon marché – C'est un prix modique, défiant toute concurrence – Je l'ai eu pour une bouchée de pain – C'était donné – C'est gratuit – Je l'ai eu pour rien, pour pas un rond *(fam.)* – J'ai assisté à ce spectacle à l'œil *(fam.)*.
Ce magasin fait des soldes – Il vend à prix coûtant – Il casse les prix.

• *Payer :* en espèces (en liquide) – par chèque – par carte bancaire – payer comptant / à crédit.
Une note, une facture – Il y a une erreur : vous avez compté un stylo en trop – Vous n'avez pas compté ce stylo – Vous vous êtes trompé dans le compte – refaire le compte – payer avec une fausse pièce, un billet qui n'a plus cours, un chèque sans provisions (en bois), une carte périmée.

COMPTES ET OPÉRATIONS BANCAIRES

• *Le budget familial :* faire ses comptes, son budget – tenir ses comptes à jour – équilibrer les recettes et les dépenses – avoir des bénéfices – être à l'aise / avoir des déficits – être à court d'argent – être dans le rouge *(fam.)*.

• *Le compte courant bancaire :* ouvrir / fermer (clôturer) un compte – faire (tirer) un chèque à l'ordre de... – signer (endosser) un chèque – faire un dépôt (déposer) / un retrait (retirer) sur le compte – faire un virement depuis le compte..., sur le compte... – être à découvert.

• *Emprunter :* faire un emprunt de... – demander un crédit à un taux de 7 % – rembourser par traites de 1 000 F par mois.

• *Placer de l'argent :* faire un placement – acheter des actions, des obligations, des SICAV (groupes d'actions ou d'obligations) – ouvrir un plan d'épargne logement – avoir un livret de Caisse d'épargne – acheter des assurances-vie.

1 MARCHANDAGES

a. *Un consommateur habile vous explique toutes les subtilités du marchandage en France.*

• ***Notez dans quelles situations :***
– il est conseillé de marchander ;
– on peut toujours essayer ;
– il est malvenu de marchander.

• ***Notez les stratégies utilisées par le consommateur.***

b. Jeu de rôles. Mettez en pratique les conseils qui vous ont été donnés en a) dans l'une des situations suivantes :
– achat d'une voiture neuve ;
– achat d'un tableau de peintre inconnu chez un antiquaire ;
– location d'un appartement ;
– achat d'un appareil ménager (réfrigérateur – machine à laver, etc.) d'occasion.

• ***Demandez le prix et négociez.***

2 LES BONNES COMBINES

a. *Écoutez. On vous présente quelques bonnes combines pour vivre en France sans trop dépenser. Notez les informations principales.*

b. Racontez votre plus belle affaire : l'objet (ou le service) que vous avez réussi à avoir au meilleur prix.

3 À LA BANQUE

Écoutez cinq courtes scènes qui se passent dans une banque. Complétez le tableau.

	Type d'opération	Problème ou difficulté	Solution ou suite à donner
①	Ouverture d'un compte	Pas de papier d'identité	... ...

Intonation expressive

Écoutez ces deux scènes. Répétez les réponses de la personne qu'on interroge. Qu'expriment ces réponses courtes ?

Exemple : (1) « Oui » → Je m'en sors, mais ce n'est pas sans difficultés.

CONVERSATION ET DÉBAT

4 À PROPOS DE LA RICHESSE

a. Commentez les statistiques ci-contre. Quelles conclusions en tirez-vous quant à l'état de la société française.

b. Lisez le commentaire de sondage ci-dessous. Complétez les remarques que vous avez faites en a.

c. Quels sentiments éprouvez-vous envers les très riches de votre pays ? Expliquez-en les raisons.

6 % des Français seulement ont de l'antipathie envers les riches

Admiration pour 16 %, envie pour 15 %, méfiance pour 20 %, antipathie pour 6 % et, surtout, indifférence pour 41 %, tels sont les sentiments que les riches inspirent aux Français. Cette fois, le sexe des personnes interrogées a une légère importance : les hommes sont deux fois plus nombreux que les femmes à trouver les riches antipathiques. L'âge modifie lui aussi les opinions. Au fil du temps, on passe de l'envie (25 % des moins de 35 ans) à l'indifférence (57 % des plus de 60 ans). Et 30 % des agriculteurs admirent les riches, un record, mais moins de 10 % les envient. À l'inverse, les ouvriers et professions intermédiaires les envient sans les admirer... Le niveau de revenu n'a que peu d'influence sur le souhait d'être riche. En revanche, l'antipathie devient exceptionnelle chez les Français qui ont plus de 25 000 francs par mois.

Ça m'intéresse, septembre 1996.

5 RECHERCHE D'IDÉES : COMMENT S'ENRICHIR ?

a. Lisez ci-contre le début de l'histoire de Philippe Ahoueltène. Quelle est sa condition sociale ? Comment a-t-il eu l'idée de faire fortune ?

b. Recherchez en petits groupes des idées (géniales !) pour faire fortune.

LES REVENUS DES FRANÇAIS

Pourcentage des Français	Revenus nets mensuels
10 %	moins de 4 000 F
20 %	entre 4 000 F et 7 500 F
20 %	entre 7 500 F et 10 000 F
20 %	entre 10 000 F et 15 000 F
20 %	entre 15 000 F et 25 000 F
10 %	plus de 25 000 F

Sources : Insee, déclarations fiscales, 1996.

La vocation de l'argent naît très tôt. Vers quatre heures du matin, quand passent les éboueurs[1]. Et n'importe quel fils d'éboueur peut être visité.

À seize ans, avec la conscience qu'il n'était qu'un rebut[2] de la société, Philippe Ahoueltène suivait son père, engoncé[3] dans sa combinaison verte à liserés phosphorescents, pour gagner un maigre argent de poche.

Dans les premières lueurs de l'aube, comme il roulait place de la Concorde, accroché à l'arrière de sa benne[4], Philippe aperçut la marée humaine qui campait devant l'hôtel Crillon, en attendant l'improbable apparition de Michael Jackson. Et Philippe eut sa première idée : les poubelles de Jackson valaient de l'or !

Le plan de Paris dans une main et le Bottin mondain dans l'autre, cartographe de sa première fortune, Philippe recensa et localisa les poubelles des stars.

Après une première matinée d'investigation, il mit sous verre le dernier trognon de pomme croqué par Jane Birkin, le flacon de vernis à ongle Dior de Catherine Deneuve, la bouteille de Jack Daniels de Bohringer...

Daniel PENNAC, *La Petite Marchande de prose,* Gallimard, 1989.

1. personnel chargé du ramassage des ordures • 2. déchet, objet rejeté • 3. mal à l'aise dans ce vêtement • 4. le camion d'ordures.

Étude de marché

Tout au long des pages 132 à 134, vous réaliserez UNE ÉTUDE DE MARCHÉ. Après avoir réfléchi sur le rôle du marketing, vous choisirez un produit et concevrez un questionnaire d'enquête à propos de ce produit. Vous soumettrez ce questionnaire à l'ensemble de votre classe. Vous rédigerez ensuite un compte rendu d'enquête dans lequel vous ferez des propositions pour l'amélioration du produit ou pour la création d'un nouveau produit.

1. Réflexions sur l'évolution des produits et de la clientèle

a. Observez quelques étapes de l'évolution de la bicyclette depuis sa création. Pour chaque étape, recherchez :

- **Qui l'utilisait ? Pour quelles raisons ? Dans quels buts ?**
- **Quelle était l'image de ce produit (quelles valeurs, quelles idées, quelles aspirations y étaient attachées) ?**

XIXe siècle. La bicyclette est un nouveau gadget. Les jeunes snobs montent à bicyclette dans le jardin du Luxembourg.

1930. La bicyclette est devenue le moyen de transport des classes populaires pour les courtes distances.

1980. Depuis 20 ans, on a enregistré une chute spectaculaire dans les ventes de vélos traditionnels mais celles des vélos sportifs commencent à grimper.

b. Lisez le texte « Le marketing ». Imaginez les résultats des enquêtes de marketing qui ont conduit à la création de nouveaux produits (nouveaux téléphones, etc.).

Le marketing

Le but du marketing est de créer ou d'améliorer un produit[1] commercial de façon qu'il soit acheté par le plus grand nombre de clients possible. Il s'agit donc de savoir quel type de produit convient à tel type de client potentiel.

Pour cela, les bureaux de marketing essaient, grâce à des enquêtes, de cerner les styles de vie, les mentalités, les comportements et les aspirations des gens. Ainsi, dans les années 60, on s'aperçoit que l'idée de propreté est liée à la couleur blanche et à une certaine odeur. On proposera donc des lessives qui lavent « toujours plus blanc » et dont le parfum rappelle « l'odeur des armoires des grand-mères ».

Dans les années 80, quand se développe une certaine sensibilité écologiste, on proposera des lessives sans phosphates [...].

1. par produit, on entend tout ce qui fait l'objet d'une transaction commerciale ; une pièce de théâtre, un journal, un voyage organisé sont des produits au même titre qu'une montre ou qu'un kilo de pommes de terre.

1990. Arrivée en force du VTT (vélo tous terrains) qui va bientôt se diversifier : version sportive pour grimper les montagnes, version route et, vers 1995, la version ville qui, si elle a gardé l'image du VTT d'origine, en a perdu beaucoup de caractéristiques.

2. Choisissez votre produit

Constituez des petits groupes (5 étudiants au maximum). Chaque groupe choisit le produit sur lequel il va travailler. L'enquête pourra porter :

- *sur un produit spécifique* : un sèche-linge - une moto - un journal particulier - un service de transport à domicile, etc.
- *sur un produit au sens large* : le roman policier - la presse quotidienne - le voyage organisé. Dans ce cas, il s'agira surtout de voir quels secteurs doivent être améliorés, développés, créés. (Par exemple : existe-t-il un marché pour les voyages organisés à l'intention d'enfants de 12 à 13 ans non accompagnés de leurs parents ?)

3. Préparez et réalisez votre enquête

L'enquête sera réalisée grâce à un questionnaire collectif et à des entretiens individuels.

a. Lisez le document « Ce que l'enquête doit révéler » et l'exemple de questionnaire d'enquête.

• Rédigez votre questionnaire. Proposez-le à un minimum de 15 personnes.

b. Écoutez ces extraits d'entretiens individuels. Ils ont été réalisés par un fabricant de produits de parfumerie et de cosmétiques qui envisage de développer ses produits pour hommes.

• Quelles indications les réponses donnent-elles pour la conception des nouveaux produits ?

• Réalisez deux ou trois entretiens qui vous permettront de préciser les résultats de votre enquête.

CE QUE L'ENQUÊTE DOIT RÉVÉLER

- **Indications générales** : âge – sexe – profession – situation de famille – lieu d'habitation.
- **La psychologie de l'acheteur** : (voir p. 127, les types de consommateurs).
- **Les habitudes de l'acheteur** à l'égard du produit (fréquence d'achat, motivations, lieu d'achat, prix accepté, etc.).
- **L'opinion de l'acheteur sur le produit qu'il utilise** : les qualités et les défauts qu'il y trouve.
- **Ses souhaits, ses désirs** à propos du produit ou de l'activité liée au produit.

Extraits d'un questionnaire (étude de marché sur un lave-vaisselle)

- Depuis combien d'années utilisez-vous votre lave-vaisselle ? ...
- Combien de lave-vaisselle avez-vous achetés dans votre vie ? ...
- Utilisez-vous votre lave-vaisselle :

❒ plusieurs fois par jour ? ❒ une fois par jour ?
❒ moins de 3 fois par semaine ? ❒ exceptionnellement ?

- En êtes-vous :

❒ très satisfait(e) ? ❒ plutôt satisfait(e) ?
❒ plutôt insatisfait(e) ? ❒ insatisfait(e) ?

- Notez de 0 à 3 les qualités suivantes de votre lave-vaisselle

– Sa contenance est-elle suffisante ? ...
– Pouvez-vous facilement ranger votre vaisselle ? ...
– Est-il suffisamment silencieux ? ...
– Est-il assez rapide ?...

- Si on vous proposait un lave-vaisselle qui ait les qualités suivantes, seriez-vous prêt(e) à le payer un peu/beaucoup plus cher ?

	un peu plus cher	beaucoup plus cher
– un lave-vaisselle totalement silencieux	❒	❒
– un lave-vaisselle qui ne nécessiterait aucun produit détergent	❒	❒

4. Résultats de l'enquête et compte rendu

a. Analysez les réponses à votre enquête : qualités et défauts des produits, souhaits et suggestions des personnes interrogées, etc.

b. Imaginez votre nouveau produit. Donnez-lui un nom.

Comment a été trouvée la marque de carburant ELF

Pour définir ce nom idéal, nous avions chargé les ordinateurs de trier les 8 253 000 vocables de trois, quatre et cinq lettres. Une première sélection éliminera toutes les combinaisons imprononçables ou d'une signification mal appropriée. Une centaine de mots possibles furent alors passés au crible par les spécialistes de la phonétique et de la sémantique. Des linguistes étudièrent leur acceptation dans les langues étrangères, des psychotechniciens leur concordance avec les critères de motivation, des artistes leur valeur optique et graphique. ELF passa avec succès toutes ces épreuves sévères.

100 ans d'objets de légende, Éditions Atlas

c. Étudiez le compte rendu d'enquête ci-dessous. Relevez les formes utilisées pour présenter les réponses. Lisez les tableaux ci-contre.

d. Rédigez votre compte rendu.

Extrait d'un compte rendu d'étude de marché (enquête faite en France en 1982 à propos des consoles de jeux pour enfants).

« Il est clair que les enfants de 8 à 12 ans sont, en dehors des heures d'école, de plus en plus abandonnés à eux-mêmes. Les nouveaux modes de vie ne leur permettent plus de se retrouver entre eux et les parents ne sont plus disponibles. Leur passe-temps essentiel est la télévision.

Par ailleurs, de nombreux parents affirment que la télévision est une solution peu satisfaisante à la solitude des enfants. Il semble donc qu'il y ait la place sur le marché pour un jeu qui, d'une part, pourrait se pratiquer individuellement et, d'autre part, intégrerait l'image animée.

D'après notre enquête, ce jeu aurait la faveur des parents s'il avait une valeur éducative (70 % des personnes interrogées donnent la priorité à ce critère).

80 % des enfants interrogés déclarent être passionnés par les séries télévisées qui mêlent l'aventure à l'imaginaire et dans lesquelles un héros familier affronte des obstacles. Il serait donc souhaitable... »

NUANCER LA PRÉSENTATION D'UN FAIT

Nous donnons ici les formules qui sont utilisées à l'écrit (ce qui n'exclut pas leur emploi à l'oral).

- *Expressions de la certitude* (ces formes sont suivies de l'indicatif)

Il est certain, sûr, évident, incontestable que... – Il faut reconnaître, admettre, se rendre à l'évidence que... – Nous avons remarqué, observé, constaté que... – Il va de soi que...

→ **Adverbes :** bien entendu – évidemment – sans aucun doute – certes.

- *Expression de l'incertitude et du doute*

On peut douter de... (+ *nom*), que... (+ *verbe au subjonctif*) – Il n'est pas certain, sûr, évident que... (+ *subjonctif*).

- *Expression de la possibilité et de l'impossibilité*

Il est possible / impossible que (+ *subjonctif*) – Il semble / il ne semble pas que ce produit est (soit) apprécié – Ce produit donne (ne donne pas) l'impression d'être apprécié – Il se peut (il ne se peut pas), il se pourrait que beaucoup l'apprécient (*subjonctif*) – Il risque de ne pas être apprécié de tout le monde.

→ **Emploi du conditionnel de probabilité :** D'après nos enquêtes, ce produit aurait la faveur des plus jeunes – Il serait très apprécié des femmes. – Il se pourrait que... – Il semblerait que... – Il paraîtrait que...

- *Expression de la probabilité et de l'improbabilité*

Il est probable que (+ *indicatif*) / Il est peu probable, il est improbable que (+ *subjonctif*).

RAPPORTER DES PAROLES OU DES PENSÉES

Paroles ou pensées	Paroles ou pensées rapportées
J'achète...	Il dit qu'il achète... Il a dit qu'il achetait...
Est-ce qu'elle achète... ?	Il demande si elle achète... Il a demandé si elle achetait
J'ai acheté...	Il dit qu'il a acheté... Il a dit qu'il avait acheté...
Dans le passé, j'achetais...	Il dit qu'il achetait... Il a dit qu'il achetait...
J'achèterai...	Il dit qu'il achètera... Il a dit qu'il achèterait *(conditionnel)*...
Achetez !	Il me demande d'acheter... Il m'a demandé d'acheter...

1 LA CARACTÉRISATION DES ACTIONS

Reformulez les phrases suivantes en utilisant la forme grammaticale indiquée pour caractériser le verbe en italique.

Une consommatrice avertie.

a. Utilisez un adverbe.

• Avant d'acheter quelque chose, elle *fait le tour des magasins*. C'est systématique.
• Elle est très attentive quand elle *lit* les notices affichées à côté des produits.

b. Utilisez une construction adverbiale « préposition + nom ».

• Quand elle *sélectionne* son produit, elle fait preuve de perspicacité.
• Quand elle *prend sa décision,* elle réfléchit.
• Quand elle *discute* le prix d'un produit, elle n'a pas de complexes.

c. Utilisez un gérondif.

• Pour *se tenir informée,* elle lit le magazine « Que choisir ? ».
• Elle *est au courant de toutes les promotions* car elle épluche toutes les publicités qu'elle trouve dans sa boîte aux lettres.
• Quand elle estime qu'elle s'est fait escroquer, elle *se défend.* Elle écrit à l'Institut national de la consommation.

2 LE COMPTE RENDU

En 1994, un fabricant de vêtements de sport a lancé sur le marché français une marque de pull-overs fabriqués avec des bouteilles en plastique recyclées. Les résultats commerciaux ont été décevants. Le directeur commercial a fait un rapport. Voici le brouillon de ce rapport.

Rédigez ce rapport. Nuancez les informations selon les indications données entre parenthèses.
Intégrez les citations au texte.

En France, tous les consommateurs ne sont pas sensibles à l'argument écologique. *(certitude)*
Alors que 90 % des consommateurs ont affirmé : « Quand nous achetons un produit alimentaire, nous sommes très attentifs à son origine », 40 % seulement ont déclaré : « Quand nous achetons un vêtement, nous tenons compte de l'aspect écologique. »
L'argument écologique est-il décisif ? *(doute)*
Les acheteurs seront sensibles à cet argument si le prix de nos produits n'est pas plus élevé que ceux de la concurrence. *(probabilité)*
• Par ailleurs, les premiers acheteurs de nos pulls ont été déçus parce que leur texture se modifiait après quelques lavages. *(possibilité)*
Cette information a très vite circulé parmi les consommateurs. *(possibilité)*
Plusieurs personnes ont fait remarquer : « Nous avons acheté un de vos pulls il y a trois mois. Après cinq lavages, il a perdu de sa douceur. »
Nos résultats seront améliorés si on parvient à supprimer ce défaut. *(probabilité et hypothèse)*
La plupart des personnes interrogées ont confirmé : « Nous seront prêts à acheter ce produit quand le défaut aura disparu. »

3 L'ARGENT

Lisez cette confidence du célèbre joueur de football Michel Platini à propos de l'argent.

a. Résumez en une phrase les cinq idées principales que Michel Platini veut nous communiquer.

b. Relevez les mots qui sont en relation avec l'idée de « gagner de l'argent ». Donnez un exemple d'emploi.

Exemple : profit → Les ventes ont augmenté. L'entreprise a fait des profits importants.

c. Caractérisez par quelques adjectifs l'attitude de Michel Platini à l'égard de l'argent.

Le profit, la spéculation, les magouilles sont des pratiques qui me déplaisent, même si je reconnais que je fais tourner le mien dans des SICAV et en Bourse ! L'argent, je ne l'aime pas en soi, mais il donne cette formidable liberté de dire merde à qui vous voulez, d'aider ma famille et mes copains. Je ne suis pas quelqu'un de dépensier. Je ne suis accroc ni aux belles voitures – c'est Giovanni Agnelli, le patron de Fiat, qui m'a offert ma Ferrari – ni aux belles maisons.
Peut-être parce que j'ai attendu 32 ans, l'âge de ma retraite, pour connaître la valeur de l'argent. Jamais je ne suis allé le chercher : c'est lui qui m'est tombé dessus. Je suis devenu riche malgré moi ! Quand je suis arrivé à Nancy, en 1972, stagiaire, je ne savais même pas qu'on pouvait gagner des sous en jouant au foot. Par la suite, j'ai eu très peu de rapports avec l'argent : j'étais un assisté. C'est mon agent qui négociait mes contrats. Pour le reste, la Fédération française de football et mes clubs respectifs me prenaient en charge de A à Z.

Le Nouvel Observateur, octobre 1994.

12 Évasions

▶ *Exprimer la ressemblance et la différence. Comparer.*
▶ *Exprimer des opinions. Donner des conseils.*
▶ *Découvrir des paysages et des façons de s'évader.*

S'ÉCLATER

Oh la, la, la vie en rose
Le rose qu'on nous propose
D'avoir des quantités de choses
Qui donnent envie d'autre chose.
Aïe, on nous fait croire
Que le bonheur, c'est d'avoir
De l'avoir plein nos armoires
Dérision de nous, dérisoire, car...
Foule sentimentale
On a soif d'idéal
Attirés par les étoiles, les voiles
Que des choses pas commerciales
[...]
Du ciel dévale
Un désir qui nous emballe
Pour demain, nos enfants pâles
Un mieux, un rêve, un cheval

Extraits de la chanson *Foule sentimentale,* d'Alain Souchon.

LA TECHNO POUR DES « RAVES » DE JEUNESSE

Sur fond de musique répétitive, sonore et rythmée de façon extrême, la jeunesse s'est créé un nouveau culte : la « rave ». Un but : la fête, qui balaie tous les interdits. Les jeunes se sont inventé un esprit techno auquel la société de consommation a su donner bien des prolongements. [...]

Les « raves » dites « intéressantes » se passent loin, à l'extérieur des centres urbains. Ce sont les « raves sauvages ». Contrairement aux « grandes raves » officiellement organisées, les raves sauvages sont un véritable jeu de piste auquel s'adonne une jeunesse avide de mystères et de ce goût de l'interdit qu'entretient l'action acharnée des policiers. Un petit côté « underground », illégal, qui ajoute du piquant. [...] En général, elles ont lieu dans une grange, un champ, un hangar, un garage. Elles peuvent réunir plusieurs centaines de personnes, voire plusieurs milliers. [...]

Les raves ont quelques règles d'or : les flyers[1] déposés exclusivement dans les passages obligés de la techno (bars, boutiques de fringues ou de disques...) donnent des éléments du jeu de piste : infoline (infos par téléphone), lieu du rendez-vous où l'on apprendra où se tient la fête, nom des disc jockey, pour la musique bien sûr... activité centrale de ces rassemblements. Produite sur l'instant par « mixage » de disques, elle est l'œuvre de ces stars du moment que sont devenus les « DJ ». Une musique éphémère et unique, qui donnera le tempo de la nuit.

Myrien Lahidely, *Le Mutualiste,* septembre 1996.

• **1.** carton d'invitation.

RÊVER

PARTIR

FAIRE

1. Les jeunes « s'éclatent »

a. Lisez et expliquez les extraits de la chanson *Foule sentimentale.* Pourquoi cette chanson de 1993 a-t-elle eu beaucoup de succès, en particulier auprès des jeunes ?
b. Lisez l'article sur les « raves ». Relevez tout ce qui est nouveau dans ce type de « réunion » de jeunes (organisation, musique, comportements). Comment expliquez-vous l'apparition des « raves » dans les années 90 ?

2. Comparaisons

À partir des photos, comparez les différentes façons de s'évader de la vie quotidienne. Quelles sont pour vous les meilleures façons d'oublier tout ce qui vous ennuie ?

COMPARER

LA RESSEMBLANCE ET LA DIFFÉRENCE

1. La ressemblance

• **L'identité :** le/la/les même(s) – pareil – identique – tel (telle, tels, telles) que... – tel quel... – ainsi que...

• La ressemblance

La plage de l'Espiguette au Grau-du-Roi (Languedoc) **ressemble** à un petit coin du désert du Sahara.
On dirait... – C'est un paysage **proche (voisin) de**... – C'est **l'image (la réplique, la copie, le reflet) de**... – C'est **le pendant d'**un coin du Sahara que je connais.

• L'identité ou l'égalité d'une caractéristique

Le sable est **aussi** beau **que** dans le Sahara – Le vent peut souffler **aussi** fort (**que**...) – En hiver, on a **autant** l'impression de solitude (**que**...). – Même s'il n'y a pas **autant** d'espace (**que**...).

• Concordance et accord

Sur cette plage on tourne souvent des scènes de films dont l'action se déroule dans le désert. Le paysage **s'accorde (cadre, correspond, s'harmonise) avec** l'atmosphère du désert – Il y a des **similitudes**, des **analogies**, des **concordances.**

2. La différence

• Infériorité et supériorité

un peu **beaucoup** **bien** **tellement**	**plus /moins** (+ *adj. ou adv.*) **que...** **plus de... / moins de...** (+ *nom*) **que...** **plus / moins** (*placés après le verbe*) **que...**

N.B. : **bien (tellement), meilleur (pire / mieux)** que... **Davantage** se construit avec un verbe et un nom, jamais avec un adverbe.
Il voyage **davantage qu'**avant. Il a **davantage de** loisirs.
→ La beauté de ce paysage est **supérieure / inférieure à...** Il **dépasse (surpasse)... / est en dessous de...**
Dans ses couleurs, on note la **prépondérance** (la **primauté)** du jaune-ocre.

• La distinction

Les plages de l'Atlantique **se différencient (se distinguent) de** celles de la Méditerranée par... – Elles ont quelque chose **en plus / en moins / en mieux.**

3. Mise en relation avec une idée de cause

→ **D'autant plus... mieux / moins (...) que...**
→ **Plus... plus / moins... moins.**

1 EXPRESSION DE LA RESSEMBLANCE

Complétez avec des mots ou expressions de la rubrique 1 du tableau.

Un Français particulièrement chauvin vous parle de ses voyages.

« Moi, voyez-vous, quand je veux de l'exotisme, je n'ai pas besoin d'aller à l'étranger. Je reste en France.

Au lieu d'aller dans le Grand Nord canadien, je vais dans le Vercors. En hiver, on y trouve ... forêts enneigées. Vous pouvez y faire des promenades en traîneaux ... vous les feriez au Québec. Et les chiens qui tirent les traîneaux sont ... à ceux de là-bas.

Connaissez-vous le village de Roussillon ? Ce n'est pas très loin d'Avignon. On ... le Colorado. Ah, bien sûr, c'est juste un canyon de quelques kilomètres. Mais les couleurs des roches sont ... belles et on y trouve ... nuances. Je vous assure, c'est ... un petit coin de Colorado.

Si j'étais cinéaste et que je veuille tourner un western, j'irais en Camargue. On y trouve beaucoup de ... avec le Far-West. D'abord, il y a des cow-boys : ce sont les gardians à cheval des élevages de taureaux. Mais on y trouve aussi des endroits désertiques avec des cactus qui ... parfaitement au style du western. »

Paysages des Pyrénées (à droite) et des Alpes (ci-dessus).

2 EXPRESSION DE LA DIFFÉRENCE

La France est « une terre de contrastes » (comme disent les guides touristiques à propos de n'importe quel pays) et les Français aiment les oppositions. La comparaison entre les lieux de vacances possibles est donc un grand sujet de conversation : mer ou montagne, Alpes ou Pyrénées, Atlantique ou Méditerranée, etc.

À partir des indications du tableau ci-dessous et des photos, imaginez une conversation entre deux couples qui se demandent où ils vont passer les vacances d'été et comparent les avantages et les inconvénients des différents lieux de séjour.

En rédigeant cette conversation, utilisez la plupart des expressions de la rubrique 2 du tableau. En particulier celles qui sont nouvelles pour vous.

	Océan Atlantique	Mer Méditerranée
Climat	pluvieux - température en août : 16° à Brest, 20° à La Rochelle	sec et chaud, Nice : 23° en août
Eau	17° (août) - mer souvent agitée - grandes vagues - courants - marées de grande amplitude	21° (août) - mer calme - pas de marée
Sports	idéal pour surf, planche à voile	idéal pour plongée et natation
Gastronomie	grande abondance et variété de coquillages, crustacés et poissons	poissons et coquillages de la Méditerranée

3 EXPRESSIONS AVEC « PLUS » ET « MOINS »

Complétez avec les expressions suivantes.

Au plus / au moins - De plus - Sans plus - En plus / en moins - D'autant plus / d'autant moins que… - De plus en plus / de moins en moins - Plus… plus / moins… moins - Plus ou moins.

Au retour d'un séjour en Sologne (région de forêts et d'étangs située au sud d'Orléans).

– Alors, ce séjour en Sologne s'est bien passé ?

– Oui, c'était super. [...] j'y suis allé en automne et que les forêts étaient superbes. [...], il n'y avait pas de touristes.

– [...], tu étais tranquille. Et qu'est-ce que tu as fait là-bas ? Tu aimes toujours la pêche ?

– [...]. Avant, je pêchais pour passer le temps. Maintenant, c'est ma passion.

– Et tu chasses ? La Sologne, c'est idéal pour la chasse.

– Avec mon camescope, [...]. D'ailleurs, [...] je vois des cerfs et des canards sauvages, [...] j'ai envie de chasser. Et même si je voulais chasser, ce serait difficile. Là-bas, la chasse est [...] réservée aux gens du pays. C'est un de leur passe-temps favori.

4 COMPARAISONS

Comme le Français chauvin de l'exercice 1, recherchez dans votre pays des lieux et des paysages qui rappellent d'autres pays.

Site de Rousillon (Provence).

Entraînez-vous

1. Forme « d'autant plus / mieux / moins… (que) ».

Une de vos amies prépare ses vacances. Encouragez-la comme dans l'exemple.

• Cette année je veux de l'exotisme. J'ai envie de partir très loin.

– Tu trouveras d'autant plus d'exotisme que tu partiras très loin.

2. Nuancer l'expression de la supériorité.

Cette année vos vacances ont été meilleures que l'an dernier à tous les points de vue. Un ami vous interroge. Répondez en nuançant l'expression de la supériorité avec les mots suivants.

(1) bien - (2) beaucoup - (3) un peu - (4) un peu - (5) tellement - (6) bien (7) beaucoup - (8) beaucoup.

• Comparé à celui de l'an dernier, ton séjour s'est bien passé ?

– Il s'est bien mieux passé.

LE RÉCIT LITTÉRAIRE

Né en 1945, Patrick Modiano est un romancier qui a apporté à la littérature actuelle un univers et un ton nouveaux. Prix Goncourt 1978 avec Rue des boutiques obscures, *il s'est constitué, roman après roman, un assez large public de fidèles.*
Voici la première page d'une de ses œuvres les plus récentes.

Elle était de taille moyenne, et lui, Gérard Van Bever, légèrement plus petit. Le soir de notre première rencontre, cet hiver d'il y a trente ans, je les avais accompagnés jusqu'à un hôtel du quai de la Tournelle et je m'étais retrouvé dans leur chambre. Deux lits, l'un près de la porte, l'autre au bas de la fenêtre. Celle-ci ne donnait pas sur le quai et il me semble qu'elle était mansardée.

Je n'avais remarqué aucun désordre dans la chambre. Les lits étaient faits. Pas de valises. Pas de vêtements. Rien qu'un gros réveil, sur l'une des tables de nuit. Et, malgré ce réveil, on aurait dit qu'ils habitaient ici de manière clandestine en évitant de laisser des traces de leur présence. D'ailleurs, ce premier soir, nous n'étions restés qu'un bref moment dans la chambre, juste le temps d'y déposer des ouvrages d'art que j'étais fatigué de porter et que je n'avais pas réussi à vendre chez un libraire de la place Saint-Michel.

Et c'était justement place Saint-Michel qu'ils m'avaient abordé en fin d'après-midi, au milieu du flot de gens qui s'engouffraient dans la bouche du métro et de ceux qui, en sens inverse, remontaient le boulevard. Ils m'avaient demandé où ils pourraient trouver une poste dans les environs. J'avais eu peur que mes explications ne fussent trop vagues car je n'ai jamais su indiquer le plus court trajet d'un point à un autre. Alors j'avais préféré les guider moi-même jusqu'à la poste de l'Odéon. Sur le chemin, elle s'était arrêtée dans un café-tabac et elle avait acheté trois timbres. Elle les avait collés sur l'enveloppe, de sorte que j'avais eu le temps d'y lire : Majorque.

Elle avait glissé la lettre dans l'une des boîtes sans vérifier si c'était bien celle où il était écrit : Étranger – Par Avion. Nous avions fait demi-tour vers la place Saint-Michel et les quais. Elle s'était inquiétée de me voir porter les livres, parce qu'« ils devaient être lourds ». Puis elle avait dit d'une voix sèche à Gérard Van Bever :

– Tu pourrais l'aider.

Il m'avait souri et il avait pris l'un des livres – le plus grand – sous son bras.

Patrick Modiano, *Du plus loin de l'oubli,* Gallimard, 1996.

1 LECTURE DÉCOUVERTE

a. Au fur et à mesure de votre lecture du roman, notez les déplacements des personnages, leurs actions, les lieux et les indications de temps.

Exemple : (1) Hiver (il y a 30 ans) - N (le narrateur) accompagne une femme et un homme (Gérard Van Bever) jusqu'à leur hôtel du quai de la Tournelle.
(2) ...

- ***Reconstituez la chronologie des évènements.***

b. Caractérisez la première impression que vous fait ce récit.

2 L'ÉTRANGETÉ DU RÉCIT

a. Notez tout ce qui vous paraît étrange, insolite, plutôt inattendu :

– dans ce qui est raconté ou décrit ;

– dans la manière de le raconter.

Exemple : 1re phrase. *Ce qui est décrit* → seulement la taille des deux personnages. L'homme est plus petit que la femme.
Manière de raconter → L'homme est nommé mais pas la femme. Elle restera « Elle » jusqu'à la fin de la page. Le lecteur ne voit le couple que sous la forme de deux silhouettes imprécises.

b. Comparez ce roman avec ceux que vous avez l'habitude de lire :

– la manière de présenter les personnages et les lieux ;

– la chronologie du récit.

c. Précisez l'impression que vous avez donnée en 1.

- ***Quelle relation semble s'établir entre les trois personnages ?***
- ***Qu'avez-vous envie de savoir à la fin de cette page ?***

d. Le titre du roman vous paraît-il en accord avec cette première page ?

3 LES PREMIÈRES RENCONTRES

a. Lisez l'extrait du Grand Meaulnes (ci-contre). Comparez la rencontre entre Meaulnes et Yvonne de Galais avec celle du roman de Modiano : lieu - circonstances - premiers mots - réactions des personnages, etc.

b. Quelles sont les scènes de rencontre de la littérature, du cinéma ou de la vie réelle qui vous ont marqué(e). Racontez.

4 LIEUX MAGIQUES

Présentez des lieux où vous aimeriez placer une scène de roman ou de film. Précisez de quelle scène il s'agit.

Le jeune Augustin Meaulnes, qui s'est perdu dans les forêts de Sologne, finit par arriver dans un étrange domaine où une multitude d'enfants font la fête. Cette fête est donnée à l'occasion du mariage de Frantz de Galais, le fils du châtelain. Meaulnes se mêle aux invités et aperçoit une belle jeune fille blonde. Il ne peut s'empêcher de l'aborder...

Tandis que les enfants couraient avec des cris de joie, que des groupes se formaient et s'éparpillaient à travers bois, Meaulnes s'avança dans une allée, où, dix pas devant lui, marchait la jeune fille. Il se trouva près d'elle sans avoir eu le temps de réfléchir :
« Vous êtes belle », dit-il simplement.
Mais elle hâta le pas et, sans répondre, prit une allée transversale. [...]
Le jeune homme se reprocha vivement ce qu'il appelait sa balourdise, sa grossièreté, sa sottise. Il errait au hasard, persuadé qu'il ne reverrait plus cette gracieuse créature, lorsqu'il l'aperçut soudain venant à sa rencontre et forcée de passer près de lui dans l'étroit sentier. [...]
Cette fois, le jeune homme salua, en disant très bas :
« Voulez-vous me pardonner ?
– Je vous pardonne, dit-elle gravement. Mais il faut que je rejoigne les enfants, puisqu'ils sont les maîtres aujourd'hui. Adieu. »
Augustin la supplia de rester un instant encore. Il lui parlait avec gaucherie, mais d'un ton si troublé, si plein de désarroi, qu'elle marcha plus lentement et l'écouta.
« Je ne sais même pas qui vous êtes », dit-elle enfin. [...]
« Je ne sais pas non plus votre nom », répondit Meaulnes.
Ils suivaient maintenant un chemin découvert, et l'on voyait à quelque distance les invités se presser autour d'une maison isolée dans la pleine campagne.
« Voici la " maison de Frantz ", dit la jeune fille ; il faut que je vous quitte... »
Elle hésita, le regarda un instant en souriant et dit :
« Mon nom ?... Je suis mademoiselle Yvonne de Galais... »
Et elle s'échappa.

ALAIN-FOURNIER, *Le Grand Meaulnes,* 1913.

Le canal Saint-Martin à Paris a servi de décor à de nombreux romans ou films policiers ainsi qu'au célèbre film de Marcel Carné, Hôtel du Nord.

OPINIONS ET CONSEILS

SITUATIONS PRATIQUES

1 OPINIONS LITTÉRAIRES

a. Opinions sur le roman de Patrick Modiano Du plus loin de l'oubli *(voir p. 140). Écoutez la conversation de deux amis qui ont lu le roman.*

• Notez brièvement les jugements qu'ils portent.

Ce dont ils parlent	Ce qu'ils en disent
L'histoire	...

• Faites un résumé de l'histoire racontée dans le roman.

b. Jugements sur les auteurs étudiés au collège ou au lycée. Faites en groupe une liste des 10 à 15 auteurs principaux étudiés dans votre pays et écrivant dans votre langue maternelle.

• En utilisant et en variant les expressions du tableau, formulez (en une phrase) trois opinions sur chacun de ces auteurs (ou sur une de leurs œuvres) :

– l'intérêt, le plaisir que vous avez pris à les lire et à les étudier à l'école ;

– leur actualité ; conseilleriez-vous à des collégiens ou à des lycéens de les lire ?

– votre envie de les relire.

Lamartine ? Je crois que j'ai bien aimé sa poésie quand j'étais au collège. Mais je ne pense pas qu'il vaille la peine d'être lu aujourd'hui. Je ne trouve pas qu'il puisse intéresser les jeunes. D'ailleurs, je n'ai aucune envie de...

2 CONSEILS DE LECTURE

a. Conseils de lecture pour des étudiants étrangers. Une libraire vous propose trois romans contemporains à lire.

• Notez ce qui, dans ces romans, vous paraît intéressant, ennuyeux, difficile, etc.

b. Opinions et conseils à propos du dernier livre que vous avez lu (dialogue avec votre voisin(e)).

• Interrogez votre voisin(e) sur le dernier livre qu'il (elle) a lu. Demandez-lui s'il vaut la peine d'être lu et pourquoi.

DONNER UNE OPINION

• Formules d'introduction

Mon opinion, mon sentiment c'est que... – Pour, selon, d'après moi / lui... – À mon / son avis... – De l'avis de... – De mon point de vue / du point de vue de Pierre – Pour ma part (en ce qui me concerne), je vois les choses différemment – À mon sens, le problème ne se pose pas ainsi.

• Construction des verbes d'opinion et de jugement

Avoir l'impression, le sentiment (de...) (que...) – croire – considérer – estimer – juger – penser – prétendre – trouver.

→ **à la forme affirmative : indicatif**

→ **à la forme négative : indicatif ou subjonctif :** (idée d'incertitude, vue de l'esprit).

Je ne pense pas que ce **soit** un bon livre.

N.B. Construction possible avec *croire, estimer, juger, trouver* :
Je juge ce livre bon, je le trouve même excellent.

• Construction possible avec *considérer* :
Je le considère comme un bon livre.

• Nuancer une opinion

Je trouve ce livre assez (plutôt, très, ...) intéressant.

CONSEILLER / DÉCONSEILLER

• Je vous conseille (recommande) ce livre..., de lire ce livre / Je vous déconseille (je ne vous conseille pas)...

• Un bon conseil – Si vous voulez (si vous me permettez) un conseil : lisez-le !

• Si j'étais vous... (à votre place) je l'achèterais – Vous avez tout intérêt à le lire.

• Il m'invite à... (il me suggère de..., il m'engage à..., il m'incite à..., il me pousse à..., il me persuade de...) lire ce livre / Il me dissuade de...,

• Laissez-vous tenter, séduire ! / Ne vous laissez pas influencer – N'écoutez pas... – Ne prêtez pas l'oreille à...

• Je vous avertis (Je vous aurai averti) – Je vous mets en garde au sujet de... (à propos de..., sur...) – Je vous préviens – J'attire votre attention sur... – Je vous signale... (que...).

Intonation expressive

Intonation de la lecture à haute voix. Après avoir écouté chaque document, complétez le tableau. Répétez le début de chaque moment de lecture à haute voix.

	Qui lit ?	À qui ?	Que lit-il (elle) ?	Dans quelles circonstances ?
①	Un touriste	Son amie / sa femme	Un panneau	Prise d'informations en commun

CONVERSATION ET DÉBAT

3 LECTURES FÉMININES / LECTURES MASCULINES

a. Lisez l'article ci-contre. Relevez :

– les informations données à propos des goûts masculins et féminins en matière de lecture ;
– l'explication de l'origine de ces différences de goûts.

b. Discutez :

– les informations : Vous paraissent-elles justes ? Conviendraient-elles à votre pays ?
– les explications : Sont-elles justes ? suffisantes ?

c. Élargissez votre débat à la presse.

– Existe-t-il une presse féminine et une presse masculine ? Quelles sont leurs spécificités ?
– Lisez-vous indifféremment ces deux types de presse ?

4 LES DEUX LIVRES QUI VOUS ONT LE PLUS MARQUÉ(E)

Présentez le livre qui vous a le plus marqué(e) :

– dans votre enfance ;
– plus tard.

Dites ce que ces livres vous ont apporté.

C'est au mois de novembre que sont décernés en France les grands prix littéraires. Le plus célèbre est le *prix Goncourt* attribué à un roman à la fois nouveau et susceptible de plaire au grand public. Il existe aussi le *prix Fémina* décerné par un jury de femmes, les deux *prix Médicis* (français et étranger), le *prix Interallié* (jury composé de journalistes qui choisissent de préférence une œuvre de journaliste) et le *prix Renaudot* destiné à réparer les éventuelles injustices du Goncourt. Ces grandes opérations médiatiques et commerciales ont le mérite d'orienter les choix du public et de l'inciter à lire.

POURQUOI LES FEMMES LISENT PLUS ET AUTRE CHOSE QUE LES HOMMES

Un récent sondage fait par la SNCF montre que 70 % des hommes consacrent leur temps de transport quotidien à la lecture du journal alors que 69 % des femmes en profitent pour lire un livre, la plupart du temps un roman.

Les femmes auraient-elles, plus que les hommes, besoin de rêve et d'exotisme ? C'est ce que semble confirmer Marion Mazauric, directrice littéraire des éditions J'ai Lu, dont le catalogue comporte trois collections sentimentales :

« Une femme ne lit de romans sentimentaux que pour se faire plaisir et pour rêver, c'est du fantasme pur ! »

Pourtant, lorsqu'on interroge les sociologues sur le penchant « inné » des femmes pour le romanesque, ils se montrent nettement plus circonspects. « Si la lecture féminine est davantage orientée vers la fiction, c'est parce que dans la vie sociale tout ce qui est tourné vers l'intériorisation se trouve plutôt du côté des femmes », explique Bernadette Seibel, directrice de l'Observatoire France Loisirs de la lecture.

Une chose est sûre, les femmes dissocient moins plaisir et lecture que les hommes, condamnés à lire « utile ». Et cela commence très tôt, comme le montre un sondage effectué sur les 8-16 ans.

Les conditions d'apprentissage seraient-elles à l'origine de ce clivage ? Ceux qui initient l'enfant à la lecture sont presque uniquement des représentants du sexe féminin (institutrices, bibliothécaires, professeurs de français). Le jeune garçon identifierait alors la lecture à une activité plutôt féminine. « Les adolescents assimilent spontanément la lecture à une activité efféminée, confirme le sociologue Olivier Donnat, heureusement, il y a Bernard Pivot ! » En résumé, les deux sexes ne sont pas égaux devant la lecture...

D'après *Lire*, avril 1995.

Un guide anti-déprime

Tout au long des pages 144 à 146, vous concevrez et réaliserez à l'intention de tous ceux qui veulent oublier la grisaille du quotidien
UN GUIDE ANTI-DÉPRIME
Vous organiserez votre guide à partir des cinq activités suivantes que vous vous répartirez :
voyages - gastronomie - sports - spectacles - découvertes
Pour chaque type d'activité, vous rechercherez des idées originales, surprenantes, insolites, inattendues. Chaque étudiant rédigera ensuite un ou deux articles à propos de ces idées d'activités.

1. Travail préparatoire

(étude du dossier par petits groupes)

a. Répartissez-vous les cinq activités proposées dans l'introduction. Étudiez la partie du dossier (p. 144 à 146) qui correspond à l'activité que vous avez choisie.
• Lisez et observez les documents, recherchez le sens des mots inconnus.
• Résumez les informations essentielles apportées par les documents.
• Analysez comment l'auteur de l'article a essayé d'intéresser le lecteur.
• Faites la recherche demandée.

b. Présentez votre travail au reste de la classe.

2. Rédaction des articles du guide

a. Dans chaque petit groupe, trouvez des sujets d'articles. Répartissez-vous ces articles et rédigez-les.

b. Les différents articles pourront être réunis dans une petite brochure.

→ Dans votre pays ou dans le reste du monde, recherchez des lieux peu ou pas fréquentés par les touristes mais qui sont intéressants par leur beauté, par leur histoire, par les gens qu'on y rencontre, par les activités qui s'y pratiquent. Recherchez aussi des façons inhabituelles de voyager.

Vous êtes au bord de la **déprime...**

Vous voulez oublier
la crise,
le chômage,
votre patron,
vos voisins,
votre beau-père...

Consultez notre

GUIDE ANTI-DÉPRIME

- *Pour sortir des sentiers battus*
- *Pour faire des expériences nouvelles, surprenantes, insolites*
- *Pour manger, boire, dormir, voyager, visiter différemment*
- *Pour faire de vraies rencontres avec les gens et les lieux*

VOYAGER AUTREMENT

Comme les cochers[1] d'antan[2], prenez les rênes en main.

Entre Bagnoles-de-l'Orne[3] et les chevaux, l'histoire d'amour ne date pas d'hier ! Selon la légende, c'est en effet grâce à eux que la ville découvrit les vertus bienfaisantes de ses sources. Tradition oblige, la région reste sans doute l'un des seuls endroits de France où l'on peut s'initier à la conduite d'attelage. Une expérience unique. Car les allées forestières, le bord des étangs ou la traversée des villages ont un autre charme lorsqu'on les découvre au rythme des chevaux. Peu à peu, on apprend à composer avec la puissance et l'intelligence des bêtes pour manœuvrer la voiture. Vous l'aurez deviné, les enfants adorent ça ! Dernier atout, ce centre en pleine forêt abrite aussi un vrai musée du Cheval et de la Voiture hippomobile. Une journée d'initiation vous coûtera 650 F pour une personne, déjeuner compris. Possibilités de séjour. Le Village du cheval, St-Michel-des-Andaines, 61600 La Ferté-Macé.

Prima, avril 1994.

1. conducteur de voiture à cheval • **2.** autrefois (mot vieilli) • **3.** village situé en Basse-Normandie.

MANGER DIFFÉREMMENT

Retrouver le goût du vrai pain

Vous le saviez, vous, que de plus en plus de boulangeries ne faisaient plus que cuire une pâte pétrie industriellement ? [...] Et que l'artisan qui sculpte et lève[1] de bout en bout sa baguette risque donc de se faire rare ? Sauf dans les beaux quartiers qui cultivent le goût de blé dur, du fournil à bois et de la farine biologique. Au prix chic et fort.

Normal. Il suffit de voir M. Thouseau, boulanger du coin de la rue, marner[2] aux fourneaux en son petit commerce du quai de Valmy dans le 10e arrondissement. Épuisant. Lui, parisien depuis quatre générations et dont l'échoppe[3] fut ouverte en 1903, ne donne ni dans les chichis[4] à l'ancienne ni dans le congelé marketing. Son pain à lui est bon comme le pain classique. Fait dans la nuit pour le matin. Ce pain parisien du lever et du dîner qui va avec le petit noir ou le gros rouge et le papier soie qui crisse autour. Qui ne mollit ni ne se dessèche en bout de journée. Qui manque à la bouche, aux narines et au toucher où que l'on aille sur la mappemonde. [...]

C'est Alice qui tient le magasin et officie. C'est elle qui, là-haut, pétrit le quartier, parle, sourit, fait rêver avec trois sucreries, vertes ou jaunes, les enfants du canal Saint-Martin venus de toute la planète. La jeune serveuse qui aide Alice ? Une beurette[5] qui rayonne. Alice ne fait pas de la philosophie sur l'intégration des immigrés ou l'exclusion des pauvres. Elle intègre et elle inclut par la boulange. Comme ça s'est toujours fait dans ce quartier longtemps très ouvrier.

L'Événement du Jeudi, septembre 1994.

1. quand la pâte augmente de volume sous l'effet de la cuisson • 2. travailler dur (terme d'argot) • 3. petit magasin (terme vieilli) • 4. ici, l'imitation luxueuse de l'ancien • 5. fille d'immigrés d'Afrique du Nord, née en France.

→ **Recherchez des nourritures originales soit parce qu'elles appartiennent à une tradition qui se perd, soit parce qu'elles sont exotiques.**
Recherchez aussi des restaurants intéressants par leur cadre plus que par la nourriture que l'on y sert.

EXPÉRIMENTER DE NOUVEAUX SPORTS

SUR LA CÔTE D'OPALE FAITES DU CHAR À VOILE

Hardelot, Bray-Dunes-Zuydcoote, Gravelines... Les stations littorales du Nord-Pas-de-Calais[1] ont toutes le même dada[2], le char à voile. Sur ces longues plages de sable, sans cesse modifiées par les allées et venues des marées, le soleil n'est pas toujours là mais le vent, lui, est fidèle au rendez-vous. L'histoire de cette voile sur trois roues est étroitement liée à celle de l'aviation. À Berck, au début du siècle, Louis Blériot pilotait déjà son « Aéroplage » peu avant de traverser la Manche aux commandes de son avion, le 25 juillet 1909. Au fil des années, le char à voile est devenu le sport « national » de la Côte d'Opale. Au début tourné vers la compétition, il s'est affirmé, depuis 1985, comme une activité de loisir prisée des Parisiens, des Belges, des Anglais et des Allemands.

Grand avantage de ce sport : on peut le pratiquer été comme hiver. Un week-end suffit pour s'initier. On dirige le char avec les pieds, en orientant la roue avant grâce à un palonnier. La vitesse se contrôle à la main avec l'écoute de voile. À noter : dès

12 ans, les enfants peuvent piloter un char à voile. Avis aux amateurs !

Femme actuelle, avril 1990.

1. région située à l'extrême nord de la France • 2. idée fixe, occupation favorite.

→ **Recherchez des jeux ou des activités à caractère sportif qui ne se pratiquent que dans certaines régions, des nouveaux sports qui ne sont pas encore à la mode. Recherchez des lieux originaux qui donneront un supplément d'intérêt à la pratique d'un sport courant.**

DES SPECTACLES INHABITUELS

ROYAL DE LUXE : LE THÉÂTRE DE RUE EN MAJESTÉ

« Peplum » ? C'est un voyage agité, comique... et gratuit au pays des pharaons revu par Hollywood.
Sur les gradins, agglutinées le long des rambardes[1], aux terrasses des immeubles voisins, 2 000 personnes écarquillent[2] les yeux. Royal de Luxe est dans l'arène. Ce sont des as[3] de la bricole [qui] détournent les clichés du roman-photo, du peplum ou de l'histoire de France. Ils ont renouvelé le théâtre de rue qui, après la flambée de 1968, la fin du Grand Magic Circus, sombrait dans l'animation post-baba-cool ou le happening vieille avant-garde.
« Peplum » ? D'abord des images. Un Sphinx haut comme un étage profère une malédiction en roulant des yeux terribles, un scarabée géant surgit derrière une pyramide. Une armée de centurions tire-au-flanc[4] plantent en guise de campement un parasol et des portes battantes genre saloon. Les chefs s'avancent sur des chevaux à bascule [...].
Une bataille navale met face à face Grecs et Romains. Dans les airs, juchés[5] en haut de longues perches, les galères rament en cadence, s'enflamment, sombrent dans des vagues de fumée bleue, puis rouge sang. Une délirante machine à odeurs nous aura fait sentir l'iode pendant la bataille navale, la fraîcheur moisie d'une cave pendant les scènes de prison.

« Peplum » ? C'est une page d'histoire revue par des cancres surdoués qui réécriraient en bande dessinée les *Atrides*, les *Horaces* et les *Curiaces*, *Titus Andronicus*, *Ben Hur* et autres films à grand spectacle dont les musiques côtoient ici celles de *Zorba le Grec* ou *Aïda*.

Le Nouvel Observateur, octobre 1995.

1. barrière • 2. ouvrir très grands les yeux • 3. un champion • 4. paresseux • 5. se tenant au sommet de...

➔ **Recherchez des spectacles inhabituels, des spectacles ayant pour cadre un lieu original.**
Il existe peut-être aussi des façons originales d'assister à un spectacle (par exemple en se faisant engager comme figurant dans la mise en scène en plein air et à grand spectacle d'un opéra de Verdi...).

DÉCOUVERTES INATTENDUES

À BRUXELLES, LE MÉTRO EST UN MUSÉE

Tableaux, sculptures, bas-reliefs, photomontages et bandes dessinées, rien n'y manque. Depuis vingt ans, 55 artistes ont signé au total les 57 œuvres des 42 stations. En direction des quartiers populaires, ouverte il y a trois ans à peine, la mini-ligne du sud est sans nul doute l'un de ses fleurons[1]. Œuvre du dessinateur François Schuyten, la station *Porte-de-Hal* est un enchantement. Soudain, les portes s'ouvrent au cœur d'une fantastique « mise en scène » sur les rêves et cauchemars de la modernité. Un peu plus loin, la station *Victor-Horta* est un arrêt non moins « obligatoire ». Brillant hommage au fameux architecte-décorateur du début du siècle, elle touchera amateurs et nostalgiques de l'Art nouveau. Tout comme les dessins grandeur nature de Hergé feront rêver les fans de Tintin. Mais si chaque station offre sa tonalité et sa patte[2], il en est une que le voyageur ne devra pas manquer : la station *Parvis-Saint-Gilles*. Ici, l'art se fait porte-parole de la condition humaine et du politique. Baptisé le *Dyade*, un revêtement mural sur les droits de l'homme occupe tout l'espace carrelé de la station.

L'Événement du Jeudi, octobre 1996.

1. une des meilleures illustrations • 2. son style.

➔ **Recherchez des œuvres d'art qui ne se trouvent pas dans les musées, des œuvres originales faites par des personnes qui ne sont pas des artistes (comme le Palais Idéal du facteur Cheval, p. 78) ou qui sont façonnées par la nature elle-même.**
Pensez aussi à toutes les curiosités qu'on peut trouver dans une ville ou dans une région et qui ne figurent jamais dans les guides touristiques.

1 BILAN DE VOTRE APPRENTISSAGE DU FRANÇAIS

À partir des questions suivantes, faites un bilan personnel et subjectif de votre apprentissage du français. Vous pouvez faire ce bilan soit en organisant un débat en classe, soit en rédigeant vos opinions.

a. Vos connaissances. Quels sont les domaines dans lesquels vous avez le plus appris ?
- la grammaire
- le vocabulaire
- les habitudes et les modes de vie des Français
- la culture française (littérature, art, géographie, histoire, etc.)

b. Vos capacités. Qu'est-ce que vous savez le mieux faire ?
- parler
- rédiger
- comprendre ce que vous entendez
- comprendre ce que vous lisez

c. Réflexion sur la façon d'apprendre. Faites un bilan des méthodes que vous avez utilisées, des activités que vous avez faites pour développer les quatre aptitudes énumérées en b.

- Ce qui vous a posé le plus de problèmes
- D'après vous, on apprend d'autant mieux à parler que...
- Quelles sont les activités qui vous ont paru les plus profitables ? les moins profitables ?
- Ce qu'il aurait fallu faire en plus... en classe ? dans votre travail personnel ?

d. Le livre.
- Qu'est-ce que vous avez le plus aimé dans ce livre ?
- Qu'est-ce que vous avez aimé le moins ?
- Qu'est-ce qui, d'après vous, était en trop ?
- Qu'est-ce qui manquait ?

e. Ce que cette année de français vous a apporté en plus.
- Vous a-t-elle donné l'envie de continuer des études de français ?
- Vous a-t-elle donné de l'assurance pour vaincre votre peur de parler ?
- Vous a-t-elle apporté des connaissances (en dehors des connaissances linguistiques) ? Avez-vous découvert des choses nouvelles ?
- Vous a-t-elle permis de mieux connaître les autres étudiant(e)s, de faire des rencontres amicales ?

2 QUELLE IMAGE AVEZ-VOUS GARDÉE DE LA FRANCE ET DES FRANÇAIS ?

Répondez en groupe et confrontez vos points de vue.

a. Leurs goûts. Les Français sont-ils plutôt...
- café ou thé ?
- cassoulet ou pizza ?
- petit déjeuner ou déjeuner ?
- villa ou appartement ?
- football ou rugby ?
- algèbre ou géométrie ?

b. Leur mémoire.
- Quels sont les trois évènements qui ont le plus marqué les Français depuis 1945 ?
- Quels sont les cinq personnages qui ont le plus marqué leur Histoire ?
- Quelles sont les trois périodes de leur Histoire dont ils sont les plus fiers ?

c. Leur espace. Quels sont les réalités, les idées, les traits de mentalité qui se rattachent aux mots suivants ?
- l'hexagone
- la province
- la France d'outre-mer
- l'espace francophone

d. Leurs symboles.
- Leur devise est : « Liberté, Égalité, Fraternité ». Que signifie pour eux, aujourd'hui, chacun de ces mots.
- Ils représentent leur État sous la forme d'une femme qu'ils appellent Marianne. Quels sentiments éprouvent-ils envers cette femme ?
- Ils se sont donné pour symbole le coq. De par sa nature, son mode de vie, etc., cet animal est-il bien choisi ?

e. Leur personnalité.
- Quel est leur principal défaut ?
- Quelle est leur principale qualité ?
- Qu'est-ce qui les vexe le plus ?
- Qu'est-ce qui les valorise le plus ?
- Qu'est-ce qu'ils ont soin de cacher ?
- Qu'est-ce qu'ils aiment montrer ?
- Qu'est-ce qui les inquiète ?
- Qu'est-ce qui les rassure ?
- Sont-ils, finalement, très différents de vous ?

CONJUGAISON DES VERBES AVOIR – ÊTRE – REGARDER – SE LAVER – ALLER

	PRÉSENT	PASSÉ SIMPLE	IMPARFAIT	FUTUR	PASSÉ COMPOSÉ	PLUS-QUE-PARFAIT
AVOIR	J'ai Tu as Il a Nous avons Vous avez Ils ont	J'eus Tu eus Il eut Nous eûmes Vous eûtes Ils eurent	J'avais Tu avais Il avait Nous avions Vous aviez Ils avaient	J'aurai Tu auras Il aura Nous aurons Vous aurez Ils auront	J'ai eu Tu as eu Il a eu Nous avons eu Vous avez eu Ils ont eu	J'avais eu Tu avais eu Il avait eu Nous avions eu Vous aviez eu Ils avaient eu
ÊTRE	Je suis Tu es Il est Nous sommes Vous êtes Ils sont	Je fus Tu fus Il fut Nous fûmes Vous fûtes Ils furent	J'étais Tu étais Il était Nous étions Vous étiez Ils étaient	Je serai Tu seras Il sera Nous serons Vous serez Ils seront	J'ai été Tu as été Il a été Nous avons été Vous avez été Ils ont été	J'avais été Tu avais été Il avait été Nous avions été Vous aviez été Ils avaient été
REGARDER	Je regarde Tu regardes Il regarde Nous regardons Vous regardez Ils regardent	Je regardai Tu regardas Il regarda Nous regardâmes Vous regardâtes Ils regardèrent	Je regardais Tu regardais Il regardait Nous regardions Vous regardiez Ils regardaient	Je regarderai Tu regarderas Il regardera Nous regarderons Vous regarderez Ils regarderont	J'ai regardé Tu as regardé Il a regardé Nous avons regardé Vous avez regardé Ils ont regardé	J'avais regardé Tu avais regardé Il avait regardé Nous avions regardé Vous aviez regardé Ils avaient regardé
SE LAVER	Je me lave Tu te laves Il se lave Nous nous lavons Vous vous lavez Ils se lavent	Je me lavai Tu te lavas Il se lava Nous nous lavâmes Vous vous lavâtes Ils se lavèrent	Je me lavais Tu te lavais Il se lavait Nous nous lavions Vous vous laviez Ils se lavaient	Je me laverai Tu te laveras Il se lavera Nous nous laverons Vous vous laverez Ils se laveront	Je me suis lavé Tu t'es lavé Il s'est lavé Nous nous sommes lavés Vous vous êtes lavés Ils se sont lavés	Je m'étais lavé Tu t'étais lavé Il s'était lavé Nous nous étions lavés Vous vous étiez lavés Ils s'étaient lavés
ALLER	Je vais Tu vas Il va Nous allons Vous allez Ils vont	J'allai Tu allas Il alla Nous allâmes Vous allâtes Ils allèrent	J'allais Tu allais Il allait Nous allions Vous alliez Ils allaient	J'irai Tu iras Il ira Nous irons Vous irez Ils iront	Je suis allé Tu es allé Il est allé Nous sommes allés Vous êtes allés Ils sont allés	J'étais allé Tu étais allé Il était allé Nous étions allés Vous étiez allés Ils étaient allés

FUTUR ANTÉRIEUR	CONDITIONNEL PRÉSENT	CONDITIONNEL PASSÉ	SUBJONCTIF PRÉSENT	SUBJONCTIF PASSÉ	IMPÉRATIF PRÉSENT
J'aurai eu	J'aurais	J'aurais eu	Que j'aie	Que j'aie eu	
Tu auras eu	Tu aurais	Tu aurais eu	Que tu aies	Que tu aies eu	Aie
Il aura eu	Il aurait	Il aurait eu	Qu'il ait	Qu'il ait eu	
Nous aurons eu	Nous aurions	Nous aurions eu	Que nous ayons	Que nous ayons eu	Ayons
Vous aurez eu	Vous auriez	Vous auriez eu	Que vous ayez	Que vous ayez eu	Ayez
Ils auront eu	Ils auraient	Ils auraient eu	Qu'ils aient	Qu'ils aient eu	
J'aurai été	Je serais	J'aurais été	Que je sois	Que j'aie été	
Tu auras été	Tu serais	Tu aurais été	Que tu sois	Que tu aies été	Sois
Il aura été	Il serait	Il aurait été	Qu'il soit	Qu'il ait été	
Nous aurons été	Nous serions	Nous aurions été	Que nous soyons	Que nous ayons été	Soyons
Vous aurez été	Vous seriez	Vous auriez été	Que vous soyez	Que vous ayez été	Soyez
Ils auront été	Ils seraient	Ils auraient été	Qu'ils soient	Qu'ils aient été	
J'aurai regardé	Je regarderais	J'aurais regardé	Que je regarde	Que j'aie regardé	
Tu auras regardé	Tu regarderais	Tu aurais regardé	Que tu regardes	Que tu aies regardé	Regarde
Il aura regardé	Il regarderait	Il aurait regardé	Qu'il regarde	Qu'il ait regardé	
Nous aurons regardé	Nous regarderions	Nous aurions regardé	Que nous regardions	Que nous ayons regardé	Regardons
Vous aurez regardé	Vous regarderiez	Vous auriez regardé	Que vous regardiez	Que vous ayez regardé	Regardez
Ils auront regardé	Ils regarderaient	Ils auraient regardé	Qu'ils regardent	Qu'ils aient regardé	
Je me serai lavé	Je me laverais	Je me serais lavé	Que je me lave	Que je me sois lavé	
Tu te seras lavé	Tu te laverais	Tu te serais lavé	Que tu te laves	Que tu te sois lavé	Lave-toi
Il se sera lavé	Il se laverait	Il se serait lavé	Qu'il se lave	Qu'il se soit lavé	
Nous nous serons lavés	Nous nous laverions	Nous nous serions lavés	Que nous nous lavions	Que nous nous soyons lavés	Lavons-nous
Vous vous serez lavés	Vous vous laveriez	Vous vous seriez lavés	Que vous vous laviez	Que vous vous soyez lavés	Lavez-vous
Ils se seront lavés	Ils se laveraient	Ils se seraient lavés	Qu'ils se lavent	Qu'ils se soient lavés	
Je serai allé	J'irais	Je serais allé	Que j'aille	Que je sois allé	
Tu seras allé	Tu irais	Tu serais allé	Que tu ailles	Que tu sois allé	Va
Il sera allé	Il irait	Il serait allé	Qu'il aille	Qu'il soit allé	
Nous serons allés	Nous irions	Nous serions allés	Que nous allions	Que nous soyons allés	Allons
Vous serez allés	Vous iriez	Vous seriez allés	Que vous alliez	Que vous soyez allés	Allez
Ils seront allés	Ils iraient	Ils seraient allés	Qu'ils aillent	Qu'ils soient allés	

CONJUGAISONS DES VERBES RÉGULIERS ET IRRÉGULIERS

QUELQUES PRINCIPES DE CONJUGAISONS

Modes et temps		Principes de conjugaison à connaître pour utiliser les tableaux des pages suivantes
INDICATIF	Présent	• Les verbes en **-er** se conjugent comme « **regarder** » sauf : – le verbe « aller » – les verbes en **-yer, -ger, -eler, -eter** qui présentent quelques différences. • Pour les autres verbes, la seule règle générale est la terminaison **-s, -s, -t, -ons, -ez, -ent.** Mais il y a des exceptions (« pouvoir », « vouloir », etc.). Il faut donc apprendre les conjugaisons de ces verbes par types.
	Passé simple	• Pour les verbes en **-er**, partir de l'infinitif : **parler → il/elle parla – ils/elles parlèrent.** • Pour les autres verbes, il y a souvent une ressemblance avec l'infinitif ou le participe passé mais ce n'est pas une règle générale : **finir → il/elle finit – ils/elles finirent ; pouvoir** (participe passé : pu) → **il/elle put – ils/elles purent.**
	Imparfait	• Il se forme à partir de la 1re personne du pluriel du présent : **nous faisons → je faisais – tu faisais,** etc. Ensuite, la terminaison est la même pour tous les verbes : **-ais, -ais, -ait, -ions, -iez, -aient.**
	Futur	• Les verbes en **-er** (sauf « aller ») se conjugent comme « **regarder** ». • Pour les autres verbes, il faut connaître la 1re personne. Ensuite, seule la terminaison change : je fer**ai** – tu fer**as** – il/elle fer**a** – nous fer**ons** – vous fer**ez** – ils/elles fer**ont**.
	Passé composé	• Il se forme avec les auxiliaires « **avoir** » **ou** « **être** » + **participe passé.** • Les verbes utilisant l'auxiliaire « être » sont : – **les verbes pronominaux** – les verbes suivants : **aller – arriver – décéder – descendre – devenir – entrer – monter – mourir – naître – partir – rentrer – retourner – rester – sortir – tomber – venir,** ainsi que leurs composés en *-re* : **redescendre – redevenir**, etc.
	Plus-que-parfait	**« Avoir » ou « être » à l'imparfait + participe passé.**
	Passé antérieur	**« Avoir » ou « être » au passé simple + participe passé.**
	Futur antérieur	**« Avoir » ou « être » au futur + participe passé.**
CONDITIONNEL	Conditionnel présent	• Il se forme à partir de la 1re personne du singulier du futur : **je ferai → je ferais.** • Ensuite, la terminaison est la même pour tous les verbes : je fer**ais** – tu fer**ais** – il/elle fer**ait** – nous fer**ions** – vous fer**iez** – ils/elles fer**aient**.
	Conditionnel passé	**« Avoir » ou « être » au conditionnel + participe passé.**
SUBJONCTIF	Subjonctif présent	• Pour la plupart des verbes, partir de la 3e personne du singulier du présent : **ils regardent → que je regarde ; ils finissent → que je finisse ; ils prennent → que je prenne ; – ils peigent → que je peigne.** Mais il y a des exceptions : **savoir → que je sache,** etc. • Ensuite, la terminaison est la même pour tous les verbes : que je regard**e** – que tu regard**es** – qu'il/elle regard**e** – que nous regard**ions** – que vous regard**iez** – qu'ils/elles regard**ent**.
	Subjonctif passé	**« Avoir » ou « être » au présent du subjonctif + participe passé.**

	Modes et temps	Principes de conjugaison à connaître pour utiliser les tableaux des pages suivantes
IMPÉRATIF	Présent	• Pour la plupart des verbes, on utilise les formes de l'indicatif. Le « -s » de la deuxième personne du singulier à l'indicatif présent des verbes en « -er » et du verbe « aller » disparaît sauf quand une liaison est nécessaire : **Parle ! – Parles-en ! – Va ! – Vas-y !** • Les verbes « avoir », « être » et « savoir » utilisent les formes du subjonctif : **Sois** gentil ! – **Aie** du courage ! – **Sache** que je t'observe !
	Passé	**Formes du subjonctif passé.**
	PARTICIPE PRÉSENT ET GÉRONDIF	• Ils se forment souvent à partir de la 1re personne du pluriel du présent de l'indicatif, mais il y a des exceptions : **nous allons → allant ; nous pouvons → pouvant.**

Mode de lecture des tableaux ci-dessous (les verbes sont classés selon la terminaison de leur infinitif).

INFINITIF	1re personne du futur	Verbes ayant une conjugaison identique (sauf dans le choix de l'auxiliaire)
Conjugaison du présent	1re personne du subjonctif	
	3e personne du singulier du passé simple	
	participe passé	

VERBES EN -ER

Se conjugent comme « **parler** »

Cas particuliers

Verbes en -yer

PAYER	je paierai	appuyer balayer bégayer déblayer envoyer essayer essuyer	flamboyer nettoyer renvoyer
je paie tu paies il paie nous payons vous payez ils paient	que je paie que je paye		
	il paya		
	payé		

Verbes en -ger

Quand la terminaison commence par les lettres **a** ou **o**, mettre un **e** entre le **g** et la terminaison

nous mangeons *(présent)*

je mangeais *(imparfait)*

je mangeai *(passé simple)*

Verbes en -eler et -eter

APPELER	j'appellerai	Tous les verbes en **-eler** et **-eter** sauf les verbes du type « **acheter** »
j'appelle tu appelles il appelle nous appelons vous appelez ils appellent	que j'appelle il appela appelé	

ACHETER	j'achèterai	congeler déceler démanteler geler modeler peler racheter
j'achète tu achètes il achète nous achetons vous achetez ils achètent	que j'achète il acheta acheté	

Le verbe «aller» est irrégulier

ALLER	j'irai
je vais tu vas il va nous allons vous allez ils vont	que j'aille il alla allé

VERBES EN -IR

FINIR	je finirai	abolir accomplir affermir agir applaudir assainir s'assoupir	avertir choisir démolir dépérir éblouir frémir guérir	haïr (1) jaillir obéir périr punir réagir réfléchir	réjouir remplir répartir réunir subir unir
je finis tu finis il finit nous finissons vous finissez ils finissent	que je finisse il finit fini	(1) présent : je hais, nous haïssons – passé simple : il haït, ils haïrent.			

VENIR	je viendrai	appartenir contenir entretenir maintenir obtenir retenir soutenir tenir	advenir convenir devenir intervenir parvenir prévenir provenir se souvenir
je viens tu viens il vient nous venons vous venez ils viennent	que je vienne il vint venu		

COURIR	je courrai	accourir parcourir recourir secourir
je cours tu cours il court nous courons vous courez ils courent	que je coure il courut couru	

OUVRIR	j'ouvrirai	couvrir découvrir recouvrir entrouvrir rouvrir offrir souffrir
j'ouvre tu ouvres il ouvre nous ouvrons vous ouvrez ils ouvrent	que j'ouvre il ouvrit ouvert	

PARTIR	je partirai	sentir consentir ressentir mentir repartir se repentir	sortir ressortir
je pars tu pars il part nous partons vous partez ils partent	que je parte il partit parti		

ACQUÉRIR	j'acquerrai	conquérir quérir requérir
j'acquiers tu acquiers il acquiert nous acquérons vous acquérez ils acquièrent	que j'acquière il acquit acquis	

CUEILLIR	je cueillerai	accueillir recueillir assaillir tressaillir
je cueille tu cueilles il cueille nous cueillons vous cueillez ils cueillent	que je cueille il cueillit cueilli	

DORMIR	je dormirai	(s')endormir (se) rendormir
je dors tu dors il dort nous dormons vous dormez ils dorment	que je dorme il dormit dormi	

SERVIR	je servirai	desservir resservir
je sers tu sers il sert nous servons vous servez ils servent	que je serve il servit servi	

MOURIR	je mourrai
je meurs tu meurs il meurt nous mourons vous mourez ils meurent	que je meure il mourut mort

FUIR	je fuirai	s'enfuir
je fuis tu fuis il fuit nous fuyons vous fuyez ils fuient	que je fuie il fuit fui	

VERBES EN -DRE

VENDRE	je vendrai	défendre descendre fendre pendre dépendre suspendre tendre	attendre entendre étendre prétendre vendre revendre répandre	fondre confondre pondre répondre correspondre tondre perdre	mordre tordre rompre (*sauf :* il rompt présent) corrompre interrompre
je vends tu vends il vend nous vendons vous vendez ils vendent	que je vende il vendit vendu				

PRENDRE	je prendrai	apprendre comprendre entreprendre reprendre surprendre
je prends tu prends il prend nous prenons vous prenez ils prennent	que je prenne il prit pris	

PEINDRE	je peindrai	atteindre éteindre teindre étreindre craindre contraindre plaindre
je peins tu peins il peint nous peignons vous peignez ils peignent	que je peigne il peignit peint	

JOINDRE	je joindrai	adjoindre rejoindre
je joins tu joins il joint nous joignons vous joignez ils joignent	que je joigne il joignit joint	

COUDRE	je coudrai
je couds tu couds il coud nous cousons vous cousez ils cousent	que je couse il cousit cousu

VERBES EN -OIR

DEVOIR	je devrai	apercevoir concevoir décevoir percevoir recevoir (sans accent sur le «u» du participe passé)
je dois tu dois il doit nous devons vous devez ils doivent	que je doive	
	il dut	
	dû, due	

VOIR	je verrai	revoir entrevoir prévoir (*sauf* au futur : je prévoirai)
je vois tu vois il voit nous voyons vous voyez ils voient	que je voie	
	il vit	
	vu	

POUVOIR	je pourrai
je peux tu peux il peut nous pouvons vous pouvez ils peuvent	que je puisse
	il put
	pu

VOULOIR	je voudrai
je veux tu veux il veut nous voulons vous voulez ils veulent	que je veuille
	il voulut
	voulu

SAVOIR	je saurai
je sais tu sais il sait nous savons vous savez ils savent	que je sache
	il sut
	su

VALOIR	je vaudrai	équivaloir
je vaux tu vaux il vaut nous valons vous valez ils valent	que je vaille	
	il valut	
	valu	

S'ASSEOIR	je m'assiérai	N.B. : Autre conjugaison du verbe « s'asseoir » : *présent* : je m'assois *futur* : je m'assoirai *passé simple* : je m'assis
je m'assieds tu t'assieds il s'assied nous nous asseyons vous vous asseyez ils s'asseyent	que je m'asseye	
	il s'assit	
	assis	

VERBES EN -TRE

BATTRE	je battrai	abattre combattre débattre s'ébattre
je bats tu bats il bat nous battons vous battez ils battent	que je batte	
	il battit	
	battu	

METTRE	je mettrai	admettre commettre émettre omettre permettre promettre	remettre soumettre transmettre
je mets tu mets il met nous mettons vous mettez ils mettent	que je mette		
	il mit		
	mis		

CONNAÎTRE	je connaîtrai	méconnaître reconnaître paraître apparaître disparaître transparaître
je connais tu connais il connaît nous connaissons vous connaissez ils connaissent	que je connaisse	
	il connut	
	connu	

CROÎTRE	je croîtrai	accroître décroître
je crois tu crois il croît nous croissons vous croissez ils croissent	que je croisse	
	il crût	
	crû	

NAÎTRE	je naîtrai
je nais tu nais il naît nous naissons vous naissez ils naissent	que je naisse
	il naquit
	né

VERBES EN -UIRE

CONDUIRE	je conduirai	cuire déduire induire introduire produire reconduire réduire	reproduire séduire construire traduire détruire instruire luire	reluire nuire
je conduis tu conduis il conduit nous conduisons vous conduisez ils conduisent	que je conduise			
	il conduisit			
	conduit			

VERBES EN -IRE

ÉCRIRE	j'écrirai	décrire inscrire prescrire proscrire transcrire souscrire
j'écris tu écris il écrit nous écrivons vous écrivez ils écrivent	que j'écrive	
	il écrivit	
	écrit	

LIRE	je lirai	élire réélire relire
je lis tu lis il lit nous lisons vous lisez ils lisent	que je lise	
	il lut	
	lu	

DIRE	je dirai	contredire interdire médire prédire redire
je dis tu dis il dit nous disons vous dites ils disent	que je dise	
	il dit	
	dit	

RIRE	je rirai	sourire
je ris tu ris il rit nous rions vous riez ils rient	que je rie	
	il rit	
	ri	

SUFFIRE	je suffirai
je suffis tu suffis il suffit nous suffisons vous suffisez ils suffisent	que je suffise
	il suffit
	suffi

AUTRES VERBES EN -RE

FAIRE	je ferai	défaire parfaire refaire satisfaire
je fais tu fais il fait nous faisons vous faites ils font	que je fasse	
	il fit	
	fait	

PLAIRE	je plairai	déplaire (se) taire
je plais tu plais il plaît nous plaisons vous plaisez ils plaisent	que je plaise	
	il plut	
	plu	

VIVRE	je vivrai	revivre survivre
je vis tu vis il vit nous vivons vous vivez ils vivent	que je vive	
	il vécut	
	vécu	

CONCLURE	je conclurai	exclure inclure *(part. passé :* inclus/incluse)
je conclus tu conclus il conclut nous concluons vous concluez ils concluent	que je conclue	
	il conclut	
	conclu	

BOIRE	je boirai
je bois tu bois il boit nous buvons vous buvez ils boivent	que je boive
	il but
	bu

CROIRE	je croirai
je crois tu crois il croit nous croyons vous croyez ils croient	que je croie
	il crut
	cru

SUIVRE	je suivrai	poursuivre
je suis tu suis il suit nous suivons vous suivez ils suivent	que je suive	
	il suivit	
	suivi	

INDEX

GRAMMAIRE

ACTES DE COMMUNICATION ET NOTIONS GÉNÉRALES

VOCABULAIRE ET CIVILISATION

LITTÉRATURE (AUTEURS)

TEXTES

Table des Matières

SITUATIONS ORALES	SITUATIONS ÉCRITES	PROJETS
Faire face aux situations d'incompréhension. Définir, expliquer, interpréter.	Définitions et explications. Faire des hypothèses sur le contenu d'un texte.	*Un dictionnaire personnel et original.* Rédaction d'un article de dictionnaire qui compile les définitions, les connaissances, les idées reçues, les souvenirs.
Récits de souvenirs. Situations relatives au temps (horaires, etc).	Récits littéraires et non littéraires. Les mots clés du texte.	*Profession scénariste.* Création et rédaction d'un scénario de film.
Expression de la demande. Expression de la satisfaction et de l'insatisfaction.	Ecrits propres aux offres et aux demandes d'emploi. L'interprétation psychologique des textes littéraires.	*Le parcours du demandeur d'emploi.* De l'examen des offres d'emploi à l'entretien d'embauche.
Demander / donner des renseignements sur une organisation spatiale, administrative ou sociale.	Décrire une organisation spatiale, sociale ou politique. La compréhension des mots inconnus.	*Utopie.* Imaginer et décrire l'organisation d'un pays utopique (urbanisme, politique, lois, etc).
Faire des projets et des promesses. Exprimer sa confiance ou sa méfiance. Mettre en garde - Rassurer.	Textes didactiques - États des lieux et analyse de besoins. Présentation et argumentation d'un projet.	*Une réalisation pour notre époque.* À partir d'une analyse des besoins, conception, argumentation et présentation d'un projet de réalisation pour une ville ou une région.
Expression de la surprise ou de l'indifférence. Expression de la peur et encouragements.	Demandes de renseignements. Rédaction de textes de caractère explicatif.	*Reportage à Montségur.* Rédaction d'un article de presse sur un lieu touristique et historique, et sur ses mystères.
Situations de choix : propositions, hésitations, décisions, acceptations, remerciements.	Cohérence de la description. Textes appréciatifs.	*Récital de poésie.* À partir de poèmes connus, conception et réalisation d'un spectacle poétique avec texte de présentation et mise en scène.
Expression du déroulement et des conséquences des actions. Jugements : approbations, désapprobation, pardon et réprimandes.	Construction d'une argumentation. Introduire et conclure une démonstration.	*Le comité se mobilise.* Négociations, lettres et pétitions pour défendre une cause.
Actes de communication propres aux conversations et aux débats (demander, prendre la parole, etc).	Expression de l'opinion. Argumentation contradictoire.	*La marche du siècle : L'école aujourd'hui.* Simulation de l'émission de télévision avec pour sujet de débat les problèmes d'éducation.
Demandes d'autorisation. Autorisations et refus. Excuses.	La correspondance privée.	*L'invitation.* Simulation des différents moments d'une réception chez des Français.
Situations d'achat et opérations bancaires.	Le récit de fiction. Le compte rendu.	*Étude de marché.* Conception et réalisation des différentes étapes d'une étude pour l'amélioration d'un produit ou la création d'un nouveau produit.
Expression des opinions. Conseiller ou déconseiller.	Texte de présentation et d'information. Comparaisons et mises en valeur.	*Un guide anti-déprime.* Réalisation collective d'un guide proposant des activités originales.

Crédits photo : 4 h : Carrefour ; 4 b et 5 h : Hanoteau ; 5 b : Ministère de la Culture ; 6 : Archives Nathan ; 7 : EXPLORER/Gleizes ; 8 h : CIRIC/Pinoges ; 8 b : EXPLORER/Nacivet ; 9 h : EXPLORER/Cordier ; 9 b : HOA-QUI/Thibault ; Ville de Nîmes, extrait du plan, D.R. ; 11 : EXPLORER/Frances ; 12 h : Gounod ; 12 b : Michel Leiris, « Amour » in **Mots sans mémoire,** Éditions Gallimard ; 13 hg : J. Carelman ; 13 bd : Hanoteau ; 15 : France 3/Harot ; 16 : Archives Nathan ; 17 hg : Photothèque SDP/Pictures ; 17 hm : RAPHO/Tulane ; 17 hd : EXPLORER/Le Toquin ; 17 mg : Giraudon ; 17 mm : Hanoteau ; 17 md : JERRICAN/Gaillard ; 17 b : Giraudon ; 18 h : Giraudon ; 18 b : Edimedia ; 19 h : Archives Nathan ; 19 b : Josse ; 20 g : Cat's Collection ; 20 d : Enguerand ; 21 : EXPLORER/Lanaud ; 23 g : EXPLORER/Plassart ; 23 d : ANA/Hernandez ; 24 : SYGMA/Fabian ; 25 h et b : Cat's Collection ; 26 h : Cat's Collection ; 26 b : Cat's Collection ; 27 : Kharbine-Tapabor ; 28 hg : MAGNUM/Tikhomeroff ; 28 bg : GAMMA/Simon ; 29 hg : SYGMA/CNES/Bardou ; 29 hm : GAMMA/Olympia ; 29 hd : GAMMA/Godin ; 29 bg : GAMMA/Deville ; 29 md : GAMMA/Gaillarde ; 29 bd : GAMMA/Apesteguy ; 32 : R.M.N. ; 33 h : R.M.N. ; 33 b : M.N.A.M., Paris ; 35 : GAMMA/Buu-Stevens ; 36 : JERRICAN/Limier ; 37 : Archives Nathan ; 38 : EXPLORER/Wysocki ; 39 h : A.K.G.; 39 b : Archives Nathan ; 40 h : EXPLORER/Borredon ; 40 b : DIAF/Mazin ; 41 hg : EXPLORER/Jourdan ; 40 hd : EXPLORER/Brun ; 41 mg : JERRICAN/Martin ; 40 nd : EXPLORER/Porcher ; 41 bg : EXPLORER/Nacivet ; 41 bd : ANA/Thibault ; 42 : Archives Nathan/Hanoteau ; 43 : JERRICAN/Fusto Raga ; 44 : Dagli Orti ; 45 h : HOA-QUI/Renaudeau ; 45 b : ANA/Mac Intyre ; 47 : JERRICAN/Labat ; 48 h : Archives Nathan ; 48 mg : Kharbine-Tapabor ; 48 b : Bulloz ; 49 : Suisse Tourisme ; 50 h : Charmet ; 50 m : HOA-QUI/Pavard ; 50 b : Sophie Dutertre ; 51 : GAMMA/Gaillarde ; 52 h : GAMMA/Simon ; 52 b : EURELIOS/Plailly ; 53 h : COSMOS/SPL/Nasa ; 53 mg : CIEL et ESPACE/Joly ; 53 md : GAMMA/Kermani ; 53 bg : GAMMA/Kermani-Liaison ; 54 g : JERRICAN/Gaillard ; 54 d : JERRICAN/Bramaz ; 55 : JERRICAN/Somatino ; 59 : R.M.N./Montparnasse Multimédia ; 60 h : JERRICAN/Sittler ; 60 m : Eurotunnel ; 60 b : Médecins du Monde ; 61 d : JERRICAN/Guignard ; 62 hd : JERRICAN/Fuste Raga ; 62 bd : SEA and SEE/Février ; 63 : SIPA/Renavand ; 64 : Charmet : 65 hg : COSMOS/SPL/Baum ; 65 hd : ANA/Durazzo ; 65 mg : RAPHO/Heitman ; 65 mm : Josse ; 65 md : GAMMA ; 65 bg : ANA/Gutierrez ; 66 h : COGIS ; 66 b : DIAF/Garcin ; 67 h : Y. Véron ; 67 b : MEDIALP/Macherel ; 68 h : CIEL et ESPACE/Nasa ; 68 b : ANA/Goriaïnov ; 71 g : Archives Nathan ; 71 hd : DIAF/Gérard ; 71 bd : GAMMA/Franceschi ; 72 hd : DIAF/Sierpinski ; 72 md : DIAF/Thierry ; 72 bd : DIAF/Pratt-Pries ; 73 : Edimedia ; 75 : Lauros-Giraudon ; 76 hg et bg : Gounod ; 76 m et bd : Marie-Claire/Sabatier ; 76 hd : Croisières Paquet ; 77 : B. Enguerand ; 78 : EXPLORER/Zeno ; 79 g : Archives Nathan, D.R./Gounod ; 79 d : Opinel et Laguiole ; 80 : ENGUERAND/Masson ; 81 : GAMMA/Simon ; 83 : EXPLORER/Jalain ; 85 h : R.M.N. ; 85 m : EXPLORER/Jalain ; 85 b : EXPLORER/Garde ; 86 h : ANA/Mounicq ; 86 m : EXPLORER/Borredon ; 86 b : Giraudon ; 87 : ANA/Rey ; 88 h : GAMMA/Robert ; 88 m : SYGMA ; 88 b : GAMMA/Stevens ; 89 h : GAMMA/Quidu ; 89 b : GAMMA/Job ; 91 : Hanoteau ; 92 h : GAMMA/Apesteguy-Benainous ; 92 b : S. Attal ; 93 : Publicis/Radio France ; 95 : JERRICAN/Charon ; 96 : SIPA/Kessler ; 99 : EXPLORER/Jourdan ; 100 : Photothèque Perrin ; 101 hg : Cabu ; 101 hd : Charmet ; 101 bg : Brétecher ; 101 bd : Archives Nathan ; 102 : C.E.E. ; 103 : RAPHO/Setboun ; 104 h : Doc. Cinestar ; 104 b : Archives Nathan ; 105 : Doc. Cinestar ; 107 h : SIPA/Mobard ; 107 b : EXPLORER/Royer ; 108 h : FR3/Triquet ; 108 b : DIAF/Dannic ; 109 : JERRICAN/Sittler ; 110 : Vu/Doury ; 112 : Dagli Orti ; 113 h : Charmet ; 113 b : Doc. Cinestar ; 114 : TOP/Rivière ; 119 h : JERRICAN/Daudier ; 119 b : SIPA/Simon ; 125 hg : Peugeot ; 125 hd : Archives Nathan/Peugeot ; 125 m : Différences Communication ; 125 b : Levi's/Archives Nathan ; 128 : Charmet ; 129 h : Charmet ; 129 b : Archives Nathan ; 131 : Vu/Pellegrin ; 132 hg : Roger-Viollet ; 132 mg : Roger-Viollet ; 132 bg : JERRICAN/Favre ; 132 hd : JERRICAN/Wolf ; 134 : JERRICAN/Gaillard ; 135 g : Patagonia ; 135 bd : VANDYSTADT/Allport/Cannon ; 136 h : DIAF/Minier ; 136 b : VISA/Schreiber ; 137 hg : SPECTO/Coqueux ; 137 hd : EXPLORER/Boiteau ; 137 mg : EXPLORER/Muller ; 137 mm : EXPLORER/Hoches ; 137 md : SEA and SEE/Antoine ; 137 b : EXPLORER/Delimage ; 138 : VISA/Maisant ; 139 hg : VISA/Marmounier ; 139 hd : JERRICAN/Labat ; 139 b : EXPLORER/Dupont ; 140 : SUNSET/Lacz ; 141 : EXPLORER/Dubois ; 143 : SIPA/Chamussy ; 144 : EXPLORER/Roy ; 145 : EXPLORER/Charmet ; 145 b : JERRICAN/Gaillard ; 146 : M. ENGUERAND ; 146 b : EXPLORER/Loirat ; 147 : ANA/Rakmanov.

Édition : Marie-Christine Couet-Lannes
Fabrication : André Doucet
Conception graphique : Evelyn Audureau
Mise en page : Marie Linard
Couverture : J.S.M.
Illustrations : Benoît du Peloux
Cartographie : Graffito
Coordination artistique : Catherine Tasseau

avec la collaboration de Christine Morel

N° d' editeur: 10121171. Janvier 2005 Imprimé en Italie par Vincenzo Bona